古代歷史文化研究輯刊

初編

王明蓀 主編

第11冊

唐五代兩浙地區經濟發展之研究

朱祖德 著

國家圖書館出版品預行編目資料

唐五代兩浙地區經濟發展之研究／朱祖德 著 — 初版 — 台北
縣永和市：花木蘭文化出版社，2009〔民98〕
目 2+244 面；19×26 公分
（古代歷史文化研究輯刊 初編；第 11 冊）
ISBN：978-986-6449-39-0（精裝）
1. 經濟發展　2. 隋唐五代史　3. 浙江省
552.2823　　　　　　　　　　　　　　　98002307

ISBN - 978-986-6449-39-0

9 789866 449390

古代歷史文化研究輯刊
初 編 第十一冊　　　　　　　ISBN：978-986-6449-39-0

唐五代兩浙地區經濟發展之研究

作　　者　朱祖德
主　　編　王明蓀
總 編 輯　杜潔祥
出　　版　花木蘭文化出版社
發 行 所　花木蘭文化出版社
發 行 人　高小娟
聯絡地址　台北縣永和市中正路五九五號七樓之三
　　　　　電話：02-2923-1455／傳眞：02-2923-1452
網　　址　http://www.huamulan.tw 信箱 sut81518@ms59.hinet.net
印　　刷　普羅文化出版廣告事業
初　　版　2009 年 3 月
定　　價　初編 20 冊（精裝）新台幣 31,000 元　　　　版權所有・請勿翻印

唐五代兩浙地區經濟發展之研究

朱祖德　著

作者簡介

本書作者朱祖德先生，台北市人，中國文化大學史學研究所博士。現為環球技術學院通識教育中心專任助理教授，並任淡江大學歷史學系及中原大學通識教育中心兼任助理教授。主要學術專長為隋唐史、三國史、中古經濟史、中西交通史及區域研究等領域。目前已在學術性期刊上，發表有關中古經濟史、城市經濟研究及中西交通史等方面學術性論文十餘篇，另通識教育方面論文三篇。

提　要

　　第一章「緒論」：敘述本文的撰寫動機及對象，並界定研究範圍及闡述所採用的研究方法，對以往的研究成果亦加以說明及介紹。

　　第二章「兩浙地區經濟環境」：說明兩浙地區的地理環境及經濟條件、六朝時期的經濟開發及唐代人口的分佈及其變化。

　　第三章「兩浙地區的經濟發展」：詳述兩浙地區的農業發展、手工業的進步及交通運輸條件，並對商業的佈局及草市、鎮的興起和發展進行論述。

　　第四章「兩浙城市經濟的發展」：首述六朝時期兩浙地區的經濟發展，其次詳述唐五代時期兩浙地區城市經濟的發展，最後，論述兩浙地區城市分佈的變遷及其原因。

　　第五章「安史亂後兩浙地區與中央關係之演變」：敘述安史之亂後，唐中央對兩浙的倚賴與其原因，並對兩浙藩鎮與中央關係的由密而疏進行論述，再者，吳越國的經濟建設及對五代政局的影響，亦本章所要探討的重要論點。

　　第六章「結論」：對本書的論點進行總結性的敘述，並期許唐代區域經濟史研究，在未來能有更豐碩的成果。

目

次

附 表

附 圖

第一章 緒 論

第一節 研究動機與對象

　　唐代在安史之亂後，由於河北藩鎮不輸賦稅，唐中央政府乃仰賴江淮地區賦稅為主要財政收入，故對兩浙在內的江淮地區積極經營，加以北方人口大量南遷，並帶來先進技術，而使兩浙地區經濟快速發展。故兩浙地區在中晚唐時期遂成為唐廷最重要的賦稅支柱。《舊唐書》卷一四〈憲宗紀上〉載：

> 史官李吉甫撰《元和國計簿》，總計天下方鎮，凡四十八，管州府二百九十五，縣一千四百五十三，戶二百四十四萬二百五十四。……每歲賦入倚辦，止於浙江東西、宣歙、淮南、江西、鄂岳、福建、湖南等八道，合四十九州，一百四十四萬戶，比量天寶供稅之戶，則四分有一。〔註1〕

足見安史之亂後，唐帝國倚賴浙江東西、宣歙、淮南、江西、鄂岳、福建、湖南等八道為命脈，而以浙江東西為首，其對江南賦稅之需求及依賴不言可喻。《新唐書・食貨志》載：

> 貞元初，關輔宿兵，米斗千錢，……（崔造）增江淮之運，浙江東、西歲運米七十五萬石，復以兩稅易米百萬石，江西、湖南、鄂岳、福建、嶺南米亦百二十萬石，詔浙江東、西節度使韓滉，淮南節度使杜亞運至東、西渭橋倉。〔註2〕

〔註1〕 劉昫等撰，《舊唐書》（台北，鼎文書局景印，1993 年 2 月初版 7 刷），卷一四，〈憲宗紀上〉，頁 424。

〔註2〕 宋祁、歐陽修等撰，《新唐書》（台北，鼎文書局景印，1993 年 2 月初版 7 刷），

《新唐書‧崔造傳》亦記載德宗時，浙江東西道每歲入運米七十五萬石。〔註3〕兩浙每年運米達七十五萬石，另以兩稅易米一百萬石，合計達一百七十五萬石；另五道以兩稅易米共有一百二十萬石，相較之下，可見兩浙地區稻米產量甚高，側面顯示兩浙地區在米糧北運中所佔的分量。而本書以兩浙地區為研究對象，乃因兩浙地區在唐代不僅在經濟上有驚人的發展，在唐末五代時期亦發揮其政治上的影響力，誠東南之精華區域，故以兩浙地區為主要研究範疇。

因兩浙地區在中晚唐經濟上有其特殊的重要性，故撰寫本書，探究唐五代時期兩浙地區的經濟發展，以期瞭解兩浙地區在唐五代時期經濟發展的情形及其對唐末政局的影響。

兩浙地區因經濟繁榮，在安史亂後成為賦稅重地，因而受到唐中央重視，對其節度使或觀察使的選任十分關注，常以宰相或中央官吏等重臣領之，據研究兩浙歷任節度或觀察使，曾任宰相或在任後官至宰相者共有 20 人，佔兩浙全部藩帥比例達 20%，其比率之高在較受唐中央關切的江淮藩鎮中亦為少數。〔註4〕而兩浙藩帥在任前為中央朝臣或在任後為中央朝臣者共約 72 人次，佔藩帥總人數更高達七成五，〔註5〕足見兩浙地區受唐廷重視的程度。唐廷往往因兩浙藩帥的忠勤，而為之建節，〔註6〕或加號為「使相」，〔註7〕在在顯示唐廷對兩浙地區藩帥的向心力及安定重視。至唐後期，兩浙地區仍對唐中央最為支持，無論在經濟、政治、軍事各方面均成為唐廷的重要支柱。但若非在經濟上有雄厚的基礎，兩浙地區也無法對唐中央提供強而有力經濟、軍事上的支持。故撰寫本書的動機除在探討此時期兩浙地區的經濟發展外，更進一步是探究其對當時政局所發生的影響，以期對兩浙地區在唐五代時期的地位有全面性的認識。

卷五三，〈食貨三〉，頁 1369～1370。

〔註3〕《舊唐書》，卷一三○，〈崔造傳〉，頁 3626。

〔註4〕參見本書第五章第二節詳論。

〔註5〕據王壽南，《唐代藩鎮與中央關係之研究》（臺北，大化書局，1980 年 9 月初版），頁 814～831，〈唐代藩鎮總表‧浙西〉及〈唐代藩鎮總表‧浙東〉統計。

〔註6〕如韓滉加號鎮海軍節度，浙東觀察使劉漢宏加號威勝軍節度，其後浙東觀察使董昌亦加號義勝軍節度等，均是顯例。

〔註7〕如浙西韓滉、路隨、杜審權、曹確、趙隱、周寶及錢鏐；浙東董昌等藩帥均曾為使相。

第二節　研究範圍與方法

一、研究範圍

　　本書所稱之「兩浙地區」乃是指唐代江南東道〔註8〕中的浙江西道、浙江東道地區而言，大致相當今江蘇省南部地區及浙江省大部分地區。依史籍記載，江南道之分東西道，應在玄宗開元二二年（734），然據學者研究江南道之分道應早在景雲二年（711）時。〔註9〕開元二二年初置十五道採訪處置使時，江南東道採訪處置使即由潤州刺史劉日正兼領。而浙江東、西道節度使係乾元元年（758）置，但在十年間先後罷爲觀察使，而浙西在德宗建中二年（781）時復建節，賜號「鎮海軍」，〔註10〕其後置廢不常；浙東則在唐末劉漢宏爲觀察使時始復建節。〔註11〕

　　浙江東、西道雖非景雲十三道之一，亦不是開元十五道之一，但在唐代史料中卻常稱之爲「浙江東、西」，如《舊唐書》卷一四〈憲宗紀上〉即稱：「每歲賦入倚辦，止於浙江東西、宣歙、淮南、江西、鄂岳、福建、湖南等八道，合四十九州，一百四十四萬戶」。〔註12〕而《新唐書·食貨志》亦稱：「（崔造）增江淮之運，浙江東、西歲運米七十五萬石，復以兩稅易米百萬石，……詔浙江東、西節度使韓滉，淮南節度使杜亞運至東、西渭橋倉」，〔註13〕是浙江東、西道置節度使雖非常制，然「浙江東、西」在憲宗元和後亦已成爲習慣用法，而本書爲避免誤會及敘述方便起見，故使用「兩浙地區」之名稱。而本書主要

〔註8〕　江南東道其前身江南道爲太宗貞觀元年（627）所設的十道之一，初僅爲地理名詞，後始演變爲監察區。據嚴耕望氏研究，江南之分東西道應在景雲二年時，開元二二年，初置十五道採訪處置使時，即由潤州刺史劉日正兼領江南東道採訪處置使，浙江東、西道節度使係乾元元年（758）置，其後置廢不常。參見《冊府元龜》，卷一六二，〈帝王部·命使二〉，頁 1952 上及 1955 上；嚴耕望〈景雲十三道與開元十六道〉，原刊《中研院史語所集刊》第 36 本（1965 年12 月），後收入氏著，《嚴耕望史學論文選集》（臺北，聯經出版事業公司，1991年 5 月初版），頁 194〜199 及高橋繼男，〈唐代後半期における巡院の地方監察業務について〉，收入《星博士退官紀念中國史論集》，1978 年，頁 49〜50。
〔註9〕　參見嚴耕望，〈景雲十三道與開元十六道〉，頁 194〜199。
〔註10〕　見《舊唐書》，卷一二九，〈韓滉傳〉，頁 3600〜3601，並參見司馬光撰，胡三省注，《資治通鑑》（臺北，世界書局，1974 年 3 月 6 版），卷二一七，德宗建中二年（781）六月庚寅條，頁 7301。
〔註11〕　見《新唐書》，卷六八，〈方鎮五〉，頁 1903〜1927 及本書第五章第二節詳論。
〔註12〕　同註1。
〔註13〕　同註2。

是探討唐五代時期兩浙地區的經濟發展及其變化，並側重在安史之亂後直至五代時期，兩浙地區在經濟發展上的成果及其所產生的影響。

二、研究方法

本書旨在對唐五代時期兩浙地區的經濟發展經過、成果及影響作深入的分析和探究，其目的不僅在於增進對兩浙地區的經濟發展的瞭解，乃是要更進一步探討兩浙地區經濟發展的大環境背景因素及與其他鄰近地區的關連性。另一方面，藉著探討兩浙地區經濟發展所呈現出的經濟實力，闡明兩浙地區在中晚唐時期對唐帝國財政收入所產生的影響，以期對唐五代時期兩浙在經濟、政治等方面所發揮的影響力有全面性的瞭解。

本書在寫作過程中，廣泛運用統計、分析及比較等研究方法，並廣泛採用國內外學者有關區域空間理論及研究方法，如影響甚大的美國學者施堅雅的區域理論，〔註14〕日本學者斯波義信的城市影響層次論及研究區域經濟的方法，〔註15〕成一農有關地緣政治結構的論述及張偉然有關文化區域、地理觀念的論述等，〔註16〕從多角度對唐代兩浙，乃至於江淮地區的經濟發展及城市分佈問題，作深入的探討，其目的在於探究兩浙地區在江淮，甚至全國所發揮的作用及影響。本書第五章論及五代時享國最久——吳越國的經濟發展，並說明其立國方針與經濟發展的關聯性，以期瞭解五代時期以吳越國為主體的兩浙經濟，在北宋時期所以能發揮其影響力的原因。

第三節　研究回顧

包括兩浙在內的江南地區，在唐代常與淮南地區並稱「江淮」，因江淮地區均位於長江下游一帶，故長江下游地區與江淮有相當的關連性。學界對「江

〔註14〕施堅雅所主張的區域理論，參見施堅雅主編，葉光庭等譯，陳橋驛校，《中華帝國晚期的城市》（北京，中華書局，2002年4月初版2刷）

〔註15〕日本學者斯波義信的城市影響層次論及研究區域經濟的方法，參見斯波義信著，方健、何忠禮譯，《宋代江南經濟史研究》（南京，江蘇人民出版社，2001年1月初版）一書。

〔註16〕成一農有關地緣政治結構的論述及張偉然有關文化區域、地理觀念的論述等，參見成一農撰，〈唐代的地緣政治結構〉，載李孝聰主編，《唐代地域結構與運作空間》（上海，上海辭書出版社，2003年8月初版），頁8～59及張偉然撰，〈唐人心目中的文化區域及地理意象〉，載李孝聰主編，《唐代地域結構與運作空間》（上海，上海辭書出版社，2003年8月初版），頁307～412。

南」的定義雖不一，〔註17〕但其區域不外乎長江以南地區，狹義甚至僅有兩浙及宣歙地區，〔註18〕本書雖將重點放在兩浙地區的經濟發展，事實上卻是整個江南地區經濟發展的的縮影，因兩浙在唐五代的發展及繁榮，正是當時江南地區經濟繁榮的反映。故凡涉及江南及長江下游的區域經濟研究，均屬本節之範疇。

一、總　論

在江南及長江下游的區域經濟研究方面，首推江蘇省六朝史研究會及江蘇省社科院歷史所主編的《古代長江下游的經濟開發》一書，該書是 1987 年「長江下游 3～9 世紀社會經濟研討會」的論文集，作者群可以說囊括魏晉至唐代區域經濟方面的研究學者，論述主題涵蓋農業、手工業、商業、交通、水利、城市經濟、土地制度及戶口賦稅等，內容涉及古代南方經濟發展水準的評估及歷史上經濟重心南移的過程、標誌及開始時間等各方面重大問題，對區域史研究有重大意義，故具有重要參考價值。

而北京大學盛唐叢書中由李孝聰主編的《唐代地域結構與運作空間》一書，作者群以地理空間的角度，從地域結構、區域開發、人口、茶葉產銷及文化區域等方面，切入主題，明確的顯示區域史研究的重要性及前瞻性，是相當創新的作法。

鄭學檬的《中國古代經濟重心南移和唐宋江南經濟研究》（修訂版〔註19〕）一書，則探究了受到國內外學者所重視的經濟重心南移問題，並對經濟重心南移的定義、標準及分期有精闢的研究，並對唐宋時期江南的經濟問題作了精闢的論述，此外，也對太湖地區及福建地區的經濟情形作了深入的論述，是一部唐宋經濟史方面的力作。

〔註17〕 參見孟昭庚、張學鋒，〈論唐代江南在唐帝國地位的演變〉，載《古代長江下游的經濟開發》（西安，三秦出版社，1989 年 8 月初版），頁 114；張劍光，《唐五代工商業佈局研究》（南京市，江蘇古籍出版社，2003 年 5 月），頁 2～4及李伯重撰，〈「江南地區」之界定〉，收入氏著，《多視角看江南經濟史》（北京，三聯書店，2003 年 5 月初版），頁 447～460。

〔註18〕 如孟昭庚、張學鋒，〈論唐代江南在唐帝國地位的演變〉，載《古代長江下游的經濟開發》，頁 114；吳松弟，《中國移民史》（隋唐五代卷）（福州市：福建人民出版社，1997 年 7 月初版），頁 269～270 及張劍光，《唐五代工商業佈局研究》，頁 4。

〔註19〕 該書曾在 1996 年 6 月由岳麓出版社出版，2003 年再版時作了不少的增訂，且增加了「制度變遷」專章。

　　另外，唐長孺的《魏晉南北朝隋唐史三論》，雖不是論述經濟問題的專書，而在魏晉至唐代的經濟問題上有相當多的創見，釐清了中古時期經濟發展的脈絡，對唐代經濟史研究亦十分有價值。

二、經濟重心南移的探討

　　在經濟重心南移問題方面，除鄭學檬《中國古代經濟重心南移和唐宋江南經濟研究》一書外，主要有楊遠的《西漢至北宋中國經濟文化向南發展》，該書分為上、下冊，從戶口、糧食生產及進士籍貫等各方面來分析，中國古代經濟文化由北向南發展的趨勢。此外，杜瑜的《中國經濟重心南移 —— 唐宋間經濟發展的地區差異》，則以橫跨唐宋的方式，進行經濟重心南移的討論，呈現較完整的脈絡。

　　至於單篇的重要論文則有日本學者桑原隲藏撰，黃約瑟譯的〈歷史上所見的南北中國〉、曹爾琴的〈唐代經濟重心的南移〉、林立平的〈試論唐宋之際城市分佈重心的南遷〉、施和金的〈唐宋時期經濟重心南移的地理基礎〉、魏明孔的〈隋唐手工業與我經濟重心的南北易位〉及王洪軍的〈唐代水利管理及其前後期興修重心的轉移〉等多篇文章，對研究經濟重心南移課題均十分有參考價值，其中，桑原隲藏的〈歷史上所見的南北中國〉一文是較早敘及經濟重心南移課題的論文。

三、農業發展

　　在農業方面則有李伯重的《唐代江南農業的發展》及張澤咸的《隋唐時期農業》二本專書；而史念海的〈隋唐時期長江下游農業的發展〉、鄭學檬的〈五代時期長江流域及江南地區的農業經濟〉、李天石的〈唐代江蘇地區農業經濟發展述論〉、魏嵩山的〈丹陽湖區圩田開發的歷史過程〉、楊章宏的〈歷史時期杭嘉湖地區水利事業的發展與興廢〉、陳雄的〈論隋唐宋元時期寧紹地區水利建設及其興廢〉及張劍光、鄒國慰合著的〈唐五代環太湖地區的水利建設〉等文章，均是對兩浙地區農業有深入研究的論文。

四、手工業

　　張澤咸的《唐代工商業》分為上、下兩篇，對唐代手工業及商業作全面性的評述，為目前工商業方面最完備的的著作，十分有價值。魏明孔的《隋唐手工業研究》一書，對隋唐時期手工業的發展及經濟重心南移問題頗多著

墨。劉玉峰的《唐代工商業形態論稿》一書，亦頗有新見。

在區域手工業的研究方面，張劍光的《唐五代江南工商業布局研究》針對宣歙、兩浙等地區的工商業佈局作了細部的論述，全書達 40 萬字，是目前研究江南工商業的重要參考書籍。

在各種手工業的研究方面，以冶金業、製瓷業、製茶業、紡織業及製鹽業等研究成果較多。

冶金業以張澤咸的〈唐代的五金生產〉一文，較具代表性。金銀生產方面，加藤繁著，譯者不詳的《唐宋時代之金銀研究》是日本學者加藤繁在《中國經濟史考證》外的另一部重要著作，對唐宋時期的金銀製造有深入研究。齊東方的《唐代金銀器》，內容結合了文獻及出土實物，並詳述唐代金銀的生產、製造、販售及南北方器物的差距等，是研究唐代金銀業的重要著作。

製瓷業方面，馮先銘的《中國陶瓷》（隋唐五代部分）及中國硅酸鹽學會主編的《中國陶瓷史》（隋唐五代部分）二書對唐代的兩浙瓷器製造有詳盡的介紹。齊東方的《隋唐考古》及秦浩的《隋唐考古》的陶瓷部分，對唐五代的瓷器研究頗有助益。

學位論文方面，則有康才媛的《唐代越窯青瓷的研究》及陳瑋靜的《唐代長江中下游地區瓷器手工業之研究》二本博士論文，前者精研越窯所生產的青瓷器，後者則對唐代江南瓷器的型式、製造及銷售作了深入的研究。論文部分，則有鄭建華的〈越窯貢瓷與相關問題〉及〈浙江青白瓷業遺址初論〉二文，對「貢瓷」的定義及瓷窯分佈的研究甚有見地。

紡織業方面，以盧華語的《唐代桑蠶絲綢研究》最具代表性。論文方面，嚴耕望的〈唐代紡織工業之地理分佈〉及王永興的〈試論唐代紡織業的地理分佈〉二文，對唐代紡織業的種類、技術、前後期差異及南北分布等，作了深入的探究。

製鹽業方面，陳衍德、楊權合著的《唐代鹽政》及郭正忠編的《中國鹽業史》（古代篇）較為重要，可說是必備參考書；而日本學者佐伯富在《中國鹽政史の研究》第三章及第四章唐及五代部分，對巡院、鹽商及鹽法等方面多所著墨，頗值得參考。

在茶葉的生產及銷售方面，專書有孫洪昇的《唐宋茶葉經濟》；重要論文則有林文勛的〈唐代茶葉產銷的地域結構及對全國經濟聯繫的影響〉及王洪軍的〈唐代的茶葉生產──唐代茶葉史研究之一〉、李季平、王洪軍合撰〈唐

代淮南、江南兩道的茶葉生產〉及陳勇、黃修明合撰的〈唐代長江下游的茶葉生產與茶葉貿易〉等數篇論文，對於唐代茶葉的生產、製作、運銷及茶稅等重要課題的研究極有助益。

造船業方面，有朱惠勇的《中國古船與吳越古橋》唐代部分及王賽時的〈論唐代的造船業〉等論著，對唐代造船業的分佈地及技術的進步等方面進行廣泛探討。

五、商業貿易

專書方面，桑原騭藏著，楊鍊譯的《唐宋貿易港研究》及凍國棟的《唐代的商品經濟與經營管理》二書均有重要參考價值。在草市的萌芽及發展方面，傅宗文的《宋代草市鎮研究》，對草市的起源、草市向鎮縣轉化等問題作了深入的深究。日本學者加藤繁的〈唐宋時代的市〉、〈關於唐宋的草市〉及〈唐宋時代的草市及發展〉等三篇論文，加藤氏是較早研究唐代草市的學者，對於唐代草市的論述甚為精闢，是研究唐代商業的重要參考資料；日本學者宮崎市定在〈東洋的近世〉一文中亦敘及草市、夜市的興起。

六、人口研究

唐代人口研究方面，以凍國棟所著《唐代人口問題研究》及《中國人口史》第二卷（隋唐五代時期）〔註20〕二書最具代表性，對唐代整體人口的分佈、流動及結構均作了完整的敘述。另吳松弟的《中國移民史》（隋唐五代部分），則針對移民問題作了大量的實例考察及深入探討，在唐代移民史方面研究具有代表性。

翁俊雄有關人口的專著有《唐初政區與人口》、《唐朝鼎盛時期政區與人口》、《唐代人口與區域經濟》及《唐後期政區與人口》等，為翁氏一系列有關唐代前、中、後期人口的研究，呈現出唐代人口在各階段的不同發展，《唐代人口與區域經濟》一書更說明了唐代各地人口成長與區域經濟發展的關連性，同時也揭示了唐代人口研究的進一步方向。

此外，陳勇、劉秀蘭合撰的〈唐後期長江下游戶口考〉及陳勇的〈唐後期的人口南遷與長江下游的經濟發展〉二文，則對中晚唐時長江下游的人口數量及遷移問題作了深入探討。

〔註20〕此書原則上為氏著《唐代人口問題研究》一書的增訂本。

七、交通運輸

交通運輸方面，劉希爲的《隋唐交通》、楊淑洪撰的《唐代漕運運輸之研究》及全漢昇撰的〈唐宋帝國與運河〉等論著，其中全氏撰的〈唐宋帝國與運河〉一文揭示了唐宋經濟史上的運河研究課題，有相當大的影響力。劉希爲的《隋唐交通》一書是目前少見的隋唐交通史專著，楊淑洪的《唐代漕運運輸之研究》，研究課題不但涉及廣泛且深入，是研究唐代經濟史的重要參考論著。此外，嚴耕望的《唐代交通圖考》也是影響極大的交通及地理著作，可惜嚴氏尚未完成其計畫中的江南部分即已謝世，故無緣得見。

八、區域研究

在區域研究方面，日本學者斯波義信著，方健、何忠禮譯的《宋代江南經濟史研究》，雖其內容主要是敘述宋代的部分，但對唐代江南經濟研究有很大的啓發性，而部分內容亦涉及唐五代時期，有相當重要參考價值。

張學恕的《中國長江下游經濟發展史》隋唐五代部分及陳勇，《唐代長江下游經濟發展研究》對長江下游的經濟發展有相當翔實且完整的敘述。邵承芬的《唐代江南道研究 —— 以經濟發展爲探討重心》是目前學術界少數進行唐代整體區域經濟比較研究的論文之一，對江南道內的經濟局勢亦進行了分析；此外，作者對江南道的城市依其性質，進行了分類，頗具參考價值。

魏嵩山的《太湖流域開發探源》及李志庭的《浙江地區開發探源》二書是研究江南區域經濟史方面的重要著作。此外，江蘇社會科學院江蘇史綱編寫組的《江蘇史綱》古代卷，則對江蘇南部地區有細部的敘述，可作爲參考。

有關長江下游及太湖區域的研究論文，有方亞光的〈論唐代江蘇地區的經濟實力〉、翁俊雄的〈唐代長江三角洲核心地區經濟發展初探〉、鄭學檬的〈唐五代太湖地區經濟試探〉及〈關於唐五代太湖地區社會經濟發展問題的再認識〉等多篇論文，此外，張劍光、鄒國慰合撰的〈略論唐代環太湖地區經濟的發展〉及〈唐五代環太湖地區的水利建設〉二文，對兩浙太湖地區的經濟發展研究，具有重要參考價值。

九、城市史研究

城市方面研究，專書有黃新亞的《消逝的太陽 —— 唐代城市生活長卷》、程存潔的《唐代城市史研究初篇》及陳國燦、奚建華合著的《浙江古代城鎮史研究》三書，其中《唐代城市史研究初篇》一書，上篇爲東都（洛陽）研

究，下篇則為唐王朝邊城研究。此外，施堅雅主編，葉光庭等譯，陳橋驛校訂的《中華帝國晚期的城市》，則完整的呈現了各國學者治區域史的方法和概念，值得借鏡。

論文方面有史念海的〈隋唐時期的交通與都會〉一文，對隋唐時期的交通路線及城市有廣泛性的探討，另史念海的〈隋唐時期運河和長江的水上交通及其沿岸的都會〉一文，則對長江及運河的水路交通及沿線的都市有深入的研究。

個別城市部分，蘇州則有王衛平、王建華等合著的《蘇州史紀》及錢公麟、徐亦鵬等合著的《蘇州考古》等專書。論文較要者有柴德賡的〈從白居易詩文中論証唐代蘇州的繁榮〉、凍國棟的〈唐代蘇州商品經濟的發展初探〉及朱祖德的〈試論唐代蘇州繁榮的經濟基礎〉等數篇。此外，涉及蘇州城市研究的，尚有日本學者礪波護的〈唐宋時代にわける蘇州〉一文。

杭州部分，有周峰所主編的《隋唐名郡杭州》及《吳越首府杭州》二書，二書均為論文集形式，內容包括杭州農業、手工業、商業、戶口及文化等方面的專文，而《吳越首府杭州》一書尚包括北宋時期杭州的發展。重要論文則有魏嵩山的〈杭州城市的興起及其城區的發展〉及日本學者愛宕元的〈唐代州縣城郭と規模の構造〉，其中愛宕元文揭示了杭州州城規模的變化過程，對瞭解兩浙地區其他州城規模的擴大及演變亦十分有助益。

越、明二州部分，專書有樂承耀的《寧波古代史綱》隋唐五代部分；論文則有孟文鏞的〈唐代越州經濟的發展〉、樂祖謀的〈歷史時期寧紹平原城市的起源〉、陳橋驛的〈歷史時期紹興城市的形成與發展〉及日本學者斯波義信的〈寧波及其腹地〉等數篇專文。

由於國內外學者在江南的區域經濟史研究，已達到相當廣度及深度，並在部分課題中取得豐碩成果，對本書的撰寫有極大助益。換言之，本書的寫作過程中相當程度有賴於前輩學者的心血及成果。在本書中所引用前輩學者論著之處，絕大部分已在註解中說明，在此對他們表達由衷的感謝。

第二章 兩浙地區經濟環境

第一節 兩浙地區自然條件

　　兩浙地區主要由沖積平原及丘陵兩種地形所組成。在地域上包括長江三角洲的南部、皖浙丘陵東部、巢蕪盆地東部及東南丘陵的北部等地區，〔註1〕長江三角洲南部則可再細分為太湖流域及寧紹平原兩部分。

　　唐代浙江西道的潤、常、蘇、湖、杭等五州主要分佈在長江三角洲和皖浙丘陵東北部分，潤州在巢蕪盆地東部，杭州則分屬於皖浙丘陵及長江三角洲二地區；浙江東道的越、明二州則位於寧紹平原，而處、溫、台等州則主要分佈在東南丘陵區的北部，〔註2〕睦、衢、婺等三州分佈在皖浙丘陵東南部分。

　　本區在氣候上屬副熱帶季風氣候華中型，〔註3〕溫暖多雨，本區冬天除特殊情況外，一月份平均氣溫亦在零度以上，東南丘陵在永嘉（溫州）以南，

〔註 1〕參閱王益厓，《中國地理》（臺北，正中書局，1970 年 10 月台 7 版），〈東南丘陵〉，頁 361～368；〈巢蕪盆地〉、〈皖浙丘陵〉，頁 440～447；〈長江三角洲〉，頁 422～439；劉鴻喜，《中國地理》（臺北，五南圖書公司，1991 年初版 5 刷），〈東南丘陵〉，頁 85～94；〈巢蕪盆地〉、〈皖浙丘陵〉，頁 253～264；〈長江三角洲〉，頁 265～283 及任德庚，《中國地理》（臺北，東大圖書公司，1995 年 2 月修訂 6 版），〈東南丘陵〉，頁 153～156；〈長江三角洲〉，頁 203～208；〈巢蕪盆地‧皖浙丘陵〉，頁 220～221。
〔註 2〕參閱參閱王益厓，《中國地理》，〈東南丘陵〉，頁 361～368；〈巢蕪盆地〉、〈皖浙丘陵〉，頁 440～447；〈長江三角洲〉，頁 422～439 及譚其驤主編，《中國歷史地圖集》，第五冊，隋唐五代十國時期（上海，地圖出版社，1982 年 10 月初版），頁 55～56，〈江南東道圖〉。
〔註 3〕長江三角洲及皖浙丘陵二區均屬華中，而東南丘陵以福州西南一線為分界，以南屬華南型，本區東南丘陵部分均在福州以北，故為華中型。

幾乎全年均爲生長季節，溫州即以氣候溫暖而得名。〔註4〕而據學者研究唐代氣溫較今天爲高，爲中國歷史上的一個溫暖時期。〔註5〕當時華南地區甚至有大象、犀牛、鱷魚等熱帶動物出沒，〔註6〕甚至兩浙地區境內亦曾有象群出現，《十國春秋・吳越武肅王世家下》云：「寶正六年（931），秋七月有象入信安境，王命兵士取之圈而育焉」，〔註7〕可見唐五代時期兩浙地區氣溫較今日爲高。氣溫高則有助於農作物的成長，故過去認爲可能性不高的二熟稻，在此情形下可能性大幅提高，據倪根金引張養才的研究顯示，歷史時期氣候溫暖期單季稻可在黃河流域栽培，而雙季稻可以推進到長江兩岸，歷史上氣候冷暖變化，可引起單、雙季稻種植地區的南北移動，其變動約爲兩個緯距。〔註8〕故左思，〈吳都賦〉云吳郡「國稅再熟之稻，鄉貢八蠶之綿」，〔註9〕即可能就是此種情況下的產物。

　　由於氣溫與農業的發展關係十分密切，故氣溫的上昇或下降對農業的發展的影響甚大，唐前期屬溫暖期，農牧分界線北移，農耕區擴大，使北方農業的基礎穩固。〔註10〕但在唐中期時因氣候的變遷，氣溫下降，故緯度較高的北方農業的發展受到限制，南方農業所受限制相對較小。〔註11〕故中晚唐時期，全國經濟重心的南移趨勢的形成，其原因除安史之亂造成北方經濟的

〔註4〕 任德庚著，《中國地理》，頁 156～157。

〔註5〕 劉昭民著，《中國歷史上氣候之變遷》（臺北，商務印書館，1992 年 12 月修訂版 1 刷），頁 100～112，作者從氣候紀錄、動物之分佈、柑橘果樹之分佈、地理景觀、唐詩記載及節氣物候等論證，認爲唐代平均氣溫較今高 1 度左右；並參見藍勇，〈唐代氣候變化與唐代歷史興衰〉，《中國歷史地理論叢》，2001 年 3 月，頁 4～6，藍氏並認爲中唐時期氣溫下降是使北方民族南侵，造成安史之亂的原因之一。

〔註6〕 劉昭民著，《中國歷史上氣候之變遷》，頁 103～106；翁俊雄氏認爲除氣溫較高的因素外，人口增加、經濟的發展及交通的開拓等，均是唐代虎、象增加的原因，參見翁俊雄，〈唐代虎、象的行蹤〉，載《唐研究》第三卷，頁 381～391。

〔註7〕 吳任臣撰，《十國春秋》，收入《新五代史附十國春秋》（臺北，鼎文書局，1990 年 11 月 5 版），卷七八，〈吳越武肅王世家下〉，頁 512 上。

〔註8〕 原見倪根金，〈試論氣候變化對我國古代北方農業經濟的影響〉，載《農業考古》1988 年第 1 期，此處轉引自藍勇，〈唐代氣候變化與唐代歷史興衰〉，《中國歷史地理論叢》，2001 年 3 月，頁 8。

〔註9〕 見蕭統編，李善注，《文選》（臺北，華正書局，1984 年初版），卷五，頁 87

〔註10〕 藍勇，〈唐代氣候變化與唐代歷史興衰〉，《中國歷史地理論叢》，2001 年 3 月，頁 7～10。

〔註11〕 藍勇，〈唐代氣候變化與唐代歷史興衰〉，頁 7～8 及 11～12。

破壞外，〔註12〕氣候變遷的因素亦應列入考慮。

　　兩浙地區除因氣候溫暖外，五、六月份梅雨季所帶來的豐沛水量，亦有助於稻米等農作物生長。〔註13〕肥沃的太湖淤積地區及沖積平原爲本區農業發展奠下良好的基礎，〔註14〕而夏季的高溫和多雨，亦是使本地區成爲重要糧食生產地的主要原因之一。〔註15〕另一方面，因本區丘陵地形佔地甚廣，且冬季氣溫高，加以丘陵地又宜茶樹生長，幾乎所有州郡均出產茶葉，故本區茶產量甚大，茶葉品類亦多。蠶絲爲絲織業的基本原料，而太湖平原的養蠶業起源甚早，〔註16〕不但品質高，且生產量亦大。

　　手工業方面，燒製瓷器所需的原料的瓷土主要產於丘陵山區，兩浙瓷土礦源十分豐富，且距地表不深，易於開採；〔註17〕另一方面，燒製瓷器需要大量的木材（炭）作爲燃料，而本區南部因多爲丘陵地形，森林茂盛，故木材來源不虞匱乏。〔註18〕由於本區兼有上述豐富的製瓷原料及山林資源，是以唐時越、明、婺、溫、台等州均生產瓷器，尤以越窯所生產的瓷器最爲著名。此外，兩浙地區因古代白堊紀時花崗岩體的侵入，故銅、鐵、銀、錫等金屬礦藏均十分豐富。〔註19〕此外，本區東臨大海，海鹽生產起源甚早，而本區所產的鹽爲浙鹽，鹽色潔白，品質高於淮南地區所產的淮鹽。〔註20〕

　　綜上所述，兩浙地區因屬副熱帶季風華中型氣候，溫暖多雨，適合農作物生長，故成爲唐代重要稻米產地，又因地型多丘陵地，故宜茶樹等經濟作物之培植。兩浙的山區多林木且富藏瓷土，故瓷器的製造起源甚早，加以金屬礦藏

〔註12〕參見曹爾琴，〈唐代經濟重心的南移〉，《歷史地理》，第 2 輯（1982 年 2 月），頁 147〜150 及拙作，〈唐代揚州的盛況及其繁榮因素試析〉，《淡江史學》，第十期（1999 年 6 月），頁 295〜297「經濟重心南移的影響」部分。

〔註13〕見王益厓，《中國地理》，〈中部地方〉，頁 432 及任德庚著，《中國地理》，頁 208。

〔註14〕見王益厓，《中國地理》，〈中部地方〉，頁 425〜429。

〔註15〕見王益厓，《中國地理》，〈中部地方〉，頁 419 及 434。

〔註16〕《史記・吳太伯世家》云：「初，楚邊邑卑梁氏之處女與吳邊邑之女爭桑，二女家怒相滅。兩國邊邑長聞之，怒而相攻，滅吳之邊邑。吳王怒，故遂伐楚，取楚之二都」，參見《史記》，卷三十一，〈吳太伯世家〉，頁 1462。

〔註17〕詳見許輝、蔣福亞主編，《六朝經濟史》（江蘇，江蘇古籍出版社，1993 年 7 月初版），頁 330，

〔註18〕參閱陳橋驛撰，〈古代紹興地區天然森林的破壞及其對農業的影響〉，載氏著《吳越文化論叢》（北京，中華書局，1999 年 12 月初版），頁 258〜281。

〔註19〕王益厓，《中國地理》，〈中部地方〉，頁 418〜419。

〔註20〕王益厓，《中國地理》，〈中部地方〉，頁 433。

豐富，故製茶、絲織、製瓷、鑄錢、鑄銅、金銀製造等手工業均十分發達。

交通方面，兩浙地區臨江傍海，境內河渠縱橫，加以運河中穿，因之水陸運輸均十分便利，水陸交通的便利使商業貿易亦興盛。

第二節　六朝時期的開發

六朝時期江南地區特別是兩浙，之所以在經濟上有相當的發展，部分歸功於來自北方的大量移民，使生產勞動力不虞匱乏，且由北方移民所帶來的先進耕作技術及農具，是促使六朝時期兩浙地區得以開發，經濟上能持續成長的重要原因。

六朝時期長江流域已形成三吳、江漢、巴蜀等三個新經濟區。〔註21〕而所謂「三吳」所指地區，歷來有不同說法，〔註22〕《資治通鑑》卷九四東晉成帝咸和三年（328）五月乙未條胡注，列舉了三種異說，〔註23〕三說相同處是均有吳、吳興二郡，而主要問題在於另一郡究竟是丹陽、義興抑或會稽郡。而《元和郡縣圖志》則認為吳郡、吳興及丹陽為三吳。〔註24〕以當時經濟的發展來看，丹陽為三吳之一的可能性較大，但無論是上述何種組合，其核心區均在長江下游南側、太湖流域及會稽一帶地區。因此可以說，廣義的三吳係指今江蘇南部、浙江東部一帶，狹義的三吳則應是以太湖流域為中心的蘇南及浙北地區；〔註25〕更精確的說，即是以吳郡、吳興及丹陽地區為三吳。三吳地區是江南開發較早，經濟發展亦頗為迅速的地區，三吳均位於兩浙地區，故從三吳地區的經濟發展，可略知兩浙地區在六朝時的發展歷程。

〔註21〕見許輝、蔣福亞主編，《六朝經濟史》（江蘇，江蘇古籍出版社，1993 年 7 月初版），頁 66，

〔註22〕有以吳郡、吳興、丹陽郡為三吳者，亦有以吳郡、吳興、會稽郡為三吳者，尚有以吳郡、吳興、義興郡為三吳者，而以贊成第一種說法者較多，詳見許輝、蔣福亞主編，《六朝經濟史》（江蘇，江蘇古籍出版社，1993 年 7 月初版），頁 74～75，但其謂廣陵亦屬於三吳經濟區，則有待商榷，因其除了傳統上屬於不同經濟區外，且有長江相隔，與太湖流域相距過遠，故其說法應不能成立。

〔註23〕司馬光撰，胡三省注，《資治通鑑》（臺北，世界書局，1974 年 3 月 6 版），卷九四，成帝咸和 3 年 5 月乙未條，頁 2956～2957。

〔註24〕李吉甫，《元和郡縣圖志》（北京，中華書局，1995 年 1 月初版 2 刷），卷二六，〈江南道一・蘇州〉，頁 600。

〔註25〕參見許輝撰，〈東晉、南朝前期徐、揚地區經濟的發展〉，收入《古代長江下游的經濟開發》（西安，三秦出版社，1989 年 8 月初版），頁 69。

六朝時包括兩浙地區在內的江南，已有相當程度的開發，江南的經濟發展，可從《宋書》卷五四〈孔季恭傳〉末史臣曰中窺知一二，其曰：

> 既揚部分析，境極江南，考之漢域，惟丹陽會稽而已。……地廣野豐，民勤本業，一歲或稔，則數郡忘飢。會土帶海傍湖，良疇亦數十萬頃，膏腴上地畝值一金，鄠、杜之間，不能比也。荊城跨南楚之富，揚部有全吳之沃，魚鹽杞梓之利，充仞八方，絲綿布帛之饒，覆衣天下。〔註26〕

劉宋時丹陽、會稽二地約爲唐代潤州、越州、明州三州之地，從「地廣野豐，民勤本業，一歲或稔，則數郡忘飢」有關農業生產的敘述，可看出丹陽、會稽的農業已有相當發展。其指「揚部」在當時包括丹陽、吳興、義興、吳、會稽、臨海、永嘉、東陽、新安郡等地區，約等於唐代的潤、常、蘇、湖、杭、睦、越、明、處、婺、衢、台、溫等十三州之地，而「揚部有全吳之沃，魚鹽杞梓之利，充仞八方，絲綿布帛之饒，覆衣天下」，足見兩浙地區除農業外，漁業、製鹽業及紡織業等亦已開始嶄露頭角。

農業爲手工業、商業的基礎，故首述農業的發展，兩浙地區的原始農業在新石器時代業已開始，在寧紹平原上的河姆渡文化和杭嘉湖平原上的桐鄉羅家角等遺址中，已發現稻穀的存在。〔註27〕在春秋時期因吳、越二國的興起而有進一步的開發。由於吳國所在的太湖流域在新石器時代，是良渚文化和馬家濱文化的分佈地區，其基本特點是水稻農業、定居、木建、紡織業和玉石工業等，均先後達到了各自的相同時代的最高水平。〔註28〕吳國的農業就建立在此良好的基礎上，而有進一步發展。

農業的發展與農田水利的建設往往有密切關係，吳國農業亦得力於水利灌溉設施。《史記・河渠書》云：

> 於楚，西方則通渠漢水、雲夢之野，東方則通（鴻）溝江淮之間；於吳，則通渠三江、五湖。……此渠皆可行舟，有餘則用溉浸，百

〔註26〕沈約等撰，《宋書》（臺北，鼎文書局，1987年1月5版），卷五四，〈孔季恭・羊玄保・沈曇慶傳〉，頁1540。

〔註27〕參見浙江省文管會、浙江博物館，〈河姆渡遺址第一期發掘報告〉、〈河姆渡遺址動植物遺存的鑑定報告〉，載《考古學報》1978年第1期；羅家角考古隊〈桐鄉羅家角遺址發掘報告〉，載1981年《浙江省文物考古所學刊》及李志庭，《浙江地區開發探源》（南昌，江西教育出版社，1997年9月初版），頁45。

〔註28〕見唐嘉弘，〈河姆渡文化的歷史地位〉，載氏著《先秦史新探》（河南大學出版社，1988年6月初版），頁328。

姓（享）其利。至於所過，往往引其水益用漑田疇之渠，以萬億計，然莫足數也。〔註29〕

三江即北江、中江、南江，五湖即太湖。〔註30〕一般來說當時的水利工程，均有便利交通及灌溉農田兩種目地。〔註31〕但吳的「通渠三江五湖」水利工程，據史念海先生認為「像漢水雲夢之野和三江五湖附近的渠道，灌溉的意義還是比較大一些。」〔註32〕

《吳越春秋》中提到越國曾向吳國借糧食，而吳國一次就出借給越國糧食萬石，〔註33〕吳國能在短時間內，借出數量如此大的糧食，足見其農業生產的發達，而有相當的存糧。

吳國農業生產之進步，還可從出土的青銅農具看出，因金屬農具較之木製或石製農具，可以有更高的耕作效率。在吳國地區出土的青銅農具除砍伐墾田的斧、錛、鋸之外，尚有掘地刨土、耕作鋤草的鋤、臿、鎒、钁、鏟等，另一方面則有專門收割的銅銍和鋸鐮等，凡農業生產所需要的工具，可以說到了完全具備的程度。〔註34〕其中鋸鐮是半月形的收割工具，外形及功能與今日割稻的鐮刀基本相似，江蘇地區共出土36件。〔註35〕吳國在當時就以硬度較高的青銅器取代了木、石製的工具，對於農業發展所產生的效益不言可喻。

除了稻米等農作物的生產外，在經濟作物方面，桑樹的培植亦有相當發展，在《史記‧吳太伯世家》中就有楚邊邑卑梁氏之處女與吳邊邑之女爭桑，導致兩國戰爭的記載，〔註36〕《史記》此段記載雖有誇大吳、楚國邊邑農女

〔註29〕司馬遷，《史記》（台北，鼎文書局，1986年10月3版），卷二十九，〈河渠書〉，頁1407。

〔註30〕見《史記》，卷二十九，〈河渠書〉，頁1407，「三江五湖」注引集解及索隱；五湖三江問題參見魏嵩山，《太湖流域開發探源》（南昌，江西教育出版社，1993年4月初版），頁1～5。

〔註31〕見史念海，〈春秋戰國時代農工業的發展及其地區的分佈〉，收入氏著《中國史地論稿（河山集）》（台北，弘文館出版社，1986年1月初版），頁105。

〔註32〕同前註，頁106。

〔註33〕見皇甫遵著，周生春校注考證，《吳越春秋輯校匯考》（上海古籍出版社，1997年7月初版），卷九，〈勾踐陰謀外傳〉，頁149。

〔註34〕見蕭夢龍，〈吳國青銅器的發展、特色、成就〉，《蘇州大學學報》（哲學社會科學版），1997年第1期，頁110。

〔註35〕見雲翔，〈齒刃銅鐮初論〉，《考古》，1985年第3期；並參見張雲，《春秋時代的吳國》（台北，台灣大學歷史所碩士論文（未刊本），1993年），頁127。

〔註36〕《史記》，卷三十一，〈吳太伯世家〉，頁1462。

爭桑事件導致戰爭的嫌疑，因吳、楚之不睦其來有自，應並非僅因此爭桑事件而導致戰爭，但側面亦顯示吳國當時桑樹種植及養蠶業己有相當規模。

到了東漢初年，越州（時屬會稽郡）已有相當開發，如《後漢書‧循吏‧任延傳》云：

> 時天下新定，道路未通，避亂江南皆未還中土，會稽頗稱多士，（會稽都尉任）延到，……省諸卒，令耕公田，以周窮急。〔註37〕

其後延轉任九眞太守，〔註38〕九眞舊俗不知牛耕，「延乃令鑄作田器，教之墾闢，田疇歲歲開廣，百姓充給。」；〔註39〕稍晚章帝時廬江太守王景「教用犂耕，由是墾闢倍多，境內豐給。」，〔註40〕上述二例說明東漢時北從廬江郡南到九眞郡，牛耕已十分普遍，而九眞在今越南北部，東漢時尙屬落後地區，然已開始牛耕，且在延任官會稽後，故在包括兩浙在內的江南地區，在當時應有部分地區已使用牛耕，惜因史料缺乏，無確切證據，故暫時無法下江南已廣泛使用牛耕的定論。

在水利建設方面，鑒湖（鏡湖）是東漢時江南最大水利灌漑工程之一。《通典‧州郡十二》云：

> 順帝永和五年，馬臻爲太守，創立鏡湖。在會稽、山陰兩縣界，築塘蓄水，水高丈餘，田又高海丈餘，若水少則泄湖灌田，若水多則閉湖泄田中水入海，所以無凶年。其堤塘，周迴三百一十里，都漑田九千餘頃。〔註41〕

從「漑田九千餘頃」可見鏡湖對會稽地區農業發展的貢獻。其他水利建設，尚有余杭的上、下兩湖，目地是攔蓄苕溪洪水。另外，本區尚有西漢時所興修的長興縣皁塘及浙東句章縣的陂堰等。〔註42〕

在三國時期（220～280），孫吳對農業的開發主要表現在農田水利設施的興建、土地的擴大開墾、農業生產技術的改進等數方面。孫吳的農田水利設

〔註37〕見范曄，《後漢書》（台北，洪氏出版社，1993年2月初版7刷），卷七六，〈循吏‧任延傳〉，頁2460～2461。

〔註38〕九眞郡，爲漢初南越趙佗置，轄境約當今越南清化全省及義靜省東部地區。

〔註39〕見范曄，《後漢書》，卷七六，〈循吏‧任延傳〉，頁2462。

〔註40〕見范曄，《後漢書》，卷七六，〈循吏‧王景傳〉，頁2466。

〔註41〕杜佑，《通典》（北京，中華書局，1992年再版），卷一八二〈州郡十二〉，頁4832～4833。

〔註42〕參見李學勤、徐吉軍主編，《長江文化史》，上冊，頁242及李志庭，《浙江地區開發探源》（南昌，江西教育出版社，1997年9月初版），頁241～242。

施建設，主要集中於揚州，如孫權開鑿了從建業到錢塘的運道，灌溉兩岸的農田；〔註43〕吳興西湖水利工程溉田達三萬頃；〔註44〕張昭所建的婁湖溉田亦有數十頃。〔註45〕孫休永安三年（260）「都尉嚴密建丹陽湖田，作浦里塘」，〔註46〕可能因工程未臻完善，〔註47〕八年後奚熙再次議請「建起浦里田，欲復嚴密故跡」。〔註48〕孫吳農業因水利建設的大量興修，使單位生產量大幅提高，較東漢時提高一倍半，〔註49〕生產總量亦同時有增加。

在土地的擴大開墾方面，乃因當時江南地區大部分地曠人稀，故鼓勵開墾，其中屯田亦是一種手段。孫吳屯田最早見於記載的是陸遜「出爲海昌屯田都尉，並領縣事」，〔註50〕其後「縣連亢旱，遜開倉穀以振飢民」，〔註51〕可見屯田已有績效。

孫吳主要屯田地區集中在今安徽、江蘇、湖北等地區，在今江蘇省南部地區則有毗陵（今江蘇常州市，約爲唐代常州之境）、江乘、湖熟、溧陽等地，而以毗陵爲中心，並設有毗陵典農校尉，《宋書·州郡志》云：「吳時分吳郡無錫以西爲毗陵典農校尉」，〔註52〕故毗陵爲一級屯田區。〔註53〕而新都都尉陳表、吳郡都尉顧承，「各率所領人會佃毗陵，男女各數萬口。」〔註54〕由男女各數萬人會佃，可見毗陵屯田的規模甚大。

〔註43〕 參見張大可，〈論孫吳政權對江南的開發〉，載氏著，《三國史研究》（甘肅人民出版社，1994年12月初版2刷），頁303。

〔註44〕 樂史，《太平寰宇記》（台北，文海書局，1979年初版），卷三四，〈江南東道〉；並參見張大可，〈論孫吳政權對江南的開發〉一文。

〔註45〕 李吉甫，《元和郡縣圖志》（北京，中華書局，1995年1月初版2刷），卷二六，〈江南道一·潤州〉，頁595。

〔註46〕 陳壽著，裴松之注，《三國志》（台北，洪氏出版社，1984年8月2版），卷六四，〈濮陽興傳〉，頁1451。

〔註47〕 許輝、蔣福亞主編，《六朝經濟史》（江蘇，江蘇古籍出版社，1993年7月初版），頁242。

〔註48〕 《三國志》，卷六一，〈陸凱傳〉，頁1403。

〔註49〕 《三國志》，卷六○，〈鍾離牧傳〉，頁1392，並參見張大可，前引文，頁303～304。

〔註50〕 陳壽，《三國志》，卷五八，〈陸遜傳〉，頁1343。

〔註51〕 同前註。

〔註52〕 沈約等撰，《宋書》（臺北，鼎文書局，1987年1月5版），卷三五，〈州郡一〉，頁1040。

〔註53〕 許輝、蔣福亞主編，《六朝經濟史》（江蘇，江蘇古籍出版社，1993年7月初版），頁60。

〔註54〕 《三國志》，卷五二，〈諸葛瑾傳〉，頁1236引裴注。

　　綜上所述，孫吳對江南的開發，不僅在大規模屯田、農業生產量的提高、手工業的進步及商業貿易的繁榮等方面均有相當理想的成果，並且爲六朝、隋唐時期江南經濟繁榮奠下堅實的基礎。

　　東晉南朝時，由於江南地區較北方地區相對安定，較少受戰爭破壞，而大批北方人民帶著他們的先進生產技術及工具遷入南方，故江南的生產力獲得迅速的提高，〔註55〕故以往在中原精耕細作的農業生產方式已在南方開展，農業進步主要表現在水利建設的興建及墾田的增加上，像古丹陽湖區的圩田〔註56〕、丹陽郡的練塘、建康附近的赤山塘、晉陵郡的新豐塘〔註57〕、寧紹平原的鑑湖水利工程的擴大，〔註58〕均對農業發展有所助益，如當時練塘及新豐塘的功能除灌溉農田外，同時亦有在梅雨季及颱風時蓄洪及枯水期濟運等功能。〔註59〕此外，太湖平原的治水治田水利工程（包括荻塘興建、通江港浦的疏通、開鑿、泄水造田等及太湖排水工程等建設）〔註60〕均是在此時期完成的。

　　此外，在本區尚有一些像及通濟堰等塘堰方面的水利工程，〔註61〕這些水利建設對當時兩浙地區農業的發展，產生了正面且積極的作用。

　　在手工業方面，在隋代以前兩浙地區的毗陵（今常州市）、吳郡（今蘇州）、會稽（今紹興）、余杭（今杭州）、東陽（今金華）等地已是「川澤沃衍，有海陸之饒，珍異所聚，故商賈并湊」。〔註62〕而《宋書》卷五四史臣曰：

〔註55〕　參見唐長孺著，《三至六世紀江南大土地所有制的發展》（上海，人民出版社，1957年初版），頁2～3。

〔註56〕　見汪家倫撰，〈東晉南朝江南農田水利的發展〉，載江蘇省六朝史研究會編，《六朝史論集》（合肥，黃山書社，1993年9月初版），頁94～100。

〔註57〕　晉元帝時，晉陵內史張闓所立，「舊晉陵地廣人稀，且少陂渠，田多惡穢，闓創湖成溉灌之利」，後張闓因此功超爲大司農，見李吉甫撰，《元和郡縣圖志》（北京，中華書局，1995年1月初版2刷），卷二十五，頁592。

〔註58〕　參見陳橋驛撰，〈古代鑑湖興廢與山會平原水利〉，載氏著《吳越文化論叢》（北京，中華書局，1999年12月初版），頁230～257。

〔註59〕　見潘鏞著，《隋唐時期的運河與漕運》（西安，三秦出版社，1986年5月），頁46及頁59，並參閱鄭學檬著，《中國古代經濟重心南移和唐宋江南經濟研究》（長沙，岳麓出版社，2003年10月修訂再版），頁75；除練塘外，新豐塘亦有此種功能。

〔註60〕　見許輝、蔣福亞主編，《六朝經濟史》，頁247～248。

〔註61〕　見汪家倫，〈東晉南朝江南農田水利的發展〉，頁101～104。

〔註62〕　魏徵、令狐德棻等撰，《隋書》（臺北，鼎文書局，1987年5月5版），卷三十一，〈地理志下〉，頁887。

荊城跨南楚之富，揚部有全吳之沃，魚鹽杞梓之利，充仞八方，絲
綿布帛之饒，覆衣天下。〔註63〕

從以上敘述，可知當時兩浙地區的製鹽業、紡織業等均十分發達。而在手工
業的工匠及勞動人口方面，唐長孺先生認為：

由於城市的存在，不少農民走到城中去當小商販，他們經常沿著水
道交通路線來往於各城市間，成為沒有戶籍的「估客」、「浮浪人」。
〔註64〕

故當時大量從農村來的「估客」、「浮浪人」，成為城市及山澤田野間的屯、治、
別墅等手工業作坊的勞力來源，〔註65〕如《世說新語・政事篇》云：

自中原喪亂，民離本域，江左造創，豪族并兼，或客寓流離，名籍
不立。太元中，外禦強氏，蒐簡民實，三吳頗加澄檢，正其里伍。
其中時有山湖遁逸，往來都邑者。〔註66〕

足見「山湖遁逸，往來都邑者」不在少數，這些人中許多成為手工業作坊的
勞作者。

首先在冶金業方面，本區鑄錢業在西漢時即已開始發展，如吳王濞「招
致天下亡命者〔盜〕鑄錢、煮海水為鹽，以故無賦，國用富饒。」〔註67〕由
於當時本區亦屬吳王轄境，而丹陽出銅礦，提供了鑄錢及製銅業豐富的原料，
故冶金業應有相當發展，其產品主要有錢幣和銅鏡兩種。當時會稽郡的銅鏡
製造最為發達，主要以生產神獸鏡、畫像鏡著稱於世。〔註68〕

在六朝時期，丹楊地區因礦藏富饒，仍為冶金業重鎮，《三國志・吳志・
諸葛恪傳》云：

丹楊地勢險阻，與吳郡、會稽、新都、鄱陽四郡鄰接，周旋數千里，
山谷萬重，其幽邃民人，未嘗入城邑，⋯⋯山出銅鐵，自鑄甲兵。

〔註63〕沈約等撰，《宋書》（臺北，鼎文書局，1987年1月5版），卷五四，頁1540。

〔註64〕參見唐長孺著，《三至六世紀江南大土地所有制的發展》（上海，人民出版社，
1957年初版），頁5。

〔註65〕見唐長孺，〈南朝的屯、邸、別墅及山澤佔領〉，載《山居存稿》（北京，中華
書局，1989年7月初版），頁21～23。

〔註66〕見劉義慶撰，余嘉錫箋疏，《世說新語箋疏》（台北，仁愛書局，1984年10
月初版），卷三，〈政事篇〉，謝靈運條注引《續晉陽秋》，頁185。

〔註67〕《史記》，卷一〇六，〈吳王濞傳〉，頁2822。

〔註68〕李學勤、徐吉軍主編，《長江文化史》（南昌，江西教育出版社，1996年10
月第二版），上冊，頁257。

〔註69〕
另《元和郡縣圖志》亦云:「銅冶山,在縣(句容縣)北六十五里,出銅鉛,歷代採鑄」〔註70〕足見孫吳時期,丹楊地區的冶金業已十分發達。而會稽郡的郡治山陰亦是當時銅鏡鑄造業的中心之一,〔註71〕產品不但品質精良,在市場上亦十分受歡迎,甚至遠銷至日本。〔註72〕

　　在製鹽業方面,本區東方因濱臨大海,故均為海鹽產區,製鹽業乃十分發達。據《漢書‧地理志》記載會稽郡的海鹽縣「有鹽官」,可見該在西漢已產鹽。〔註73〕《漢書‧荊燕吳傳》載:吳王濞「東煮海水為鹽,以故無賦,國用饒足。」,〔註74〕當時吳王濞轄地包括會稽郡,而兩浙地區均屬會稽郡轄境,故本區製鹽業起源甚早。

　　到了孫吳時期,兩浙地區的製鹽業已有相當發展,《會稽典錄》記虞翻對王景興說:會稽(約為唐越、明州之地)「東漸巨海,西通五湖,南暢無垠,北渚浙江,……山有金木鳥獸之殷,水有魚、鹽、珠、蚌之饒」,〔註75〕表明會稽富魚鹽之饒,而孫休永安七年(264)「秋七月,海賊破海鹽(今浙江海鹽),殺司鹽校尉駱秀」,〔註76〕從孫吳置司鹽校尉以管理食鹽來看,當時生產量已不少。另外,東吳大將朱桓死時「家無餘財,權賜鹽五千斛以周喪事」,〔註77〕除顯示東吳鹽產量甚大外,更進一步,說明當時鹽已具有準貨幣的地位,是社會上通用的錢幣代用品。

　　在造船業方面,兩浙地區北臨長江,運河中穿,東近大海,水路網絡密集,船隻的需要量既大,船隻的製造就成為傳統的手工業。在浙江餘姚的河

〔註69〕《三國志》,卷六四,〈諸葛恪傳〉,頁1431。
〔註70〕李吉甫撰,《元和郡縣圖志》(北京,中華書局,1995年1月初版2刷),卷二十五,〈江南道一〉,頁598。
〔註71〕見湖北省博物館、鄂州市博物館編,《鄂城三國六朝銅鏡》(北京,文物出版社,1986年),俞偉超序,頁1～2。
〔註72〕見王仲殊,〈關於日本三角緣神獸鏡的問題〉,載《考古》,1981年第4期,頁346～347及354～356。
〔註73〕班固等撰,《漢書》(臺北:鼎文書局,1991年9月7版),卷二十八上,〈地理八〉,頁1591。
〔註74〕《漢書》,卷三十五〈荊燕吳傳〉,頁1904。
〔註75〕陳壽,《三國志》(台北,洪氏出版社,1984年8月再版),卷五七,〈虞翻傳〉注引,頁1325。
〔註76〕《三國志》,卷四八,〈三嗣主傳第三〉,頁1161。
〔註77〕《三國志》,卷五六,〈朱桓傳〉,頁1315。

姆渡遺址考古發掘中，出土了六支木槳，反映早在新石器時期，寧紹地區已具有造船的能力。〔註78〕春秋時期造船業則有進一步的發展，當時吳、越二國疆域大致在唐代的兩浙境內，而吳、越二國均立國於水鄉澤國之間，向以舟船為交通工具，故都擅長水師作戰。吳楚、吳越之間的戰爭亦常以水軍作戰。《史記・吳太伯世家》云：「王僚二年（525BC），公子光伐楚，敗而亡王舟（餘皇），光懼，襲楚，復得王舟而還。。」〔註79〕吳國甚至以水軍伐齊。〔註80〕吳、越間的「笠澤之役」則主要以水戰進行，「笠澤之戰，越以三軍潛涉，蓋以舟師勝。」〔註81〕而越國以水軍戰勝吳軍，足見吳國亦以水軍迎戰。

吳、越國能以舟師參加上述大型戰役，足見其均有相當龐大的水軍。特別是吳國伐齊之役，從海上攻打像齊國這樣的大國，除了必需有大量的戰船外，船隻本身需有堅固的結構，才能在海上航行，足見吳國當時造船技術的高超。吳國能進行多次的大規模水戰，其造船業應相當發達，如《越絕書》記載闔廬時建有欐溪城（船宮），〔註82〕雖然現存這方面資料不多，但吳國有相當進步的造船業是值得肯定的，而越國的造船業亦相當發達，方能在水戰中擊敗吳國。

在三國時期兩浙地區造船業則有長足進步，因本區河川密佈，水上交通便捷，故船隻十分重要。同時因處分裂時期，對外作戰也需要大量戰船，在兩浙地區內的主要造船地點，有臨海郡永寧縣（今浙江溫州）及橫嶼船屯（今浙江平陽）等地。另孫吳在建安郡尚設有典船校尉（今福建省），掌管謫徒之人作船。臨海郡太守奚熙及會稽太守郭誕均曾「送付建安作船」。〔註83〕劉宋時，永嘉地區仍設有「橫嶼船屯」，〔註84〕東晉南朝時吳郡及會稽郡的造船業均有相當發展。〔註85〕

〔註78〕 參見杜瑜，《中國經濟重心南移──唐宋間經濟發展的地區差異》（台北，五南出版社，2005年4月初版），頁288～289。

〔註79〕 見《史記》，卷三十一，〈吳太伯世家〉，頁1461。

〔註80〕 見《史記》，卷三十一，〈吳太伯世家〉，頁1473。

〔註81〕 皇甫遵著，周生春校注考證，《吳越春秋輯校匯考》（上海古籍出版社，1997年7月初版），頁162，引徐天祐注。

〔註82〕 見袁康著，李步嘉校釋，《越絕書校釋》（武昌，武漢大學出版社，1992年初版），〈外傳記吳地傳〉。

〔註83〕 《三國志》，卷五二，〈孫皓傳〉，頁1170並參見馬植杰，《三國史》，頁309。

〔註84〕 《宋書》，卷二十五，〈州郡志〉，頁1037。

〔註85〕 許輝、蔣福亞主編，《六朝經濟史》，頁337。

　　東晉南北朝時期兩浙的造船業持續發展，隋平陳後，文帝就因吳越地區造船過大過多，而下詔：「吳、越之人，往承弊俗，所在之處，私造大船，因相聚結，致有侵害。其江南諸州，人間有船長三丈已上，悉括入官。〔註86〕」文帝對吳越地區大船的禁令，主要爲要防止江南反叛，另一方面，則側面反映了吳越地區的精湛造船技術，而當時吳越地區主要是指唐代的兩浙地區。

　　製瓷業方面，兩浙地區早在漢代製瓷業即已開始發展，在東漢時會稽郡的寧波及上虞、永嘉一帶是釉瓷主要產區。特別是上虞縣的窯場遺址多而集中，是當時原始瓷器的主要產地。〔註87〕至於出現時間較晚的青瓷，根據考古發現，東漢後期在今浙江的紹興、上虞一帶，首先出現了青瓷器。同時據鑒定此時期瓷器製品已完全「符合近代瓷的標準」，應是眞的瓷器。〔註88〕

　　僅上虞一地即發現多處東漢窯址，永嘉地區亦發現 3 處漢代窯址，金衢地區雖未發現漢代窯址，但據出土瓷器來判斷，在漢代婺州窯已開始生產。〔註89〕六朝時期兩浙地區的製瓷業，主要以今日浙江地區爲主，窯址主要集中在今上虞、餘姚及紹興等越窯分佈地，另在金華、永嘉等地區亦發現瓷窯遺址。據統計上虞目前發現的孫吳瓷窯有 30 餘處，比東漢時增加 4～5 倍，兩晉時更達 60 餘處。〔註90〕其他尚有婺州窯、甌窯等，〔註91〕這些地區到唐代仍是主要的瓷器生產地。

　　在此三大瓷窯外，在南北朝時期產量甚大的德清窯，〔註92〕在兩浙的瓷器中亦佔一席之地，德清窯過去認爲只在南北朝時生產瓷器，經考古發現，已經證實其在中唐時尚有生產。德清窯的主要產品爲黑瓷，亦偶有青瓷生產，只不過影響力不及前三大窯系。〔註93〕

〔註86〕《隋書》，卷二，〈高祖下〉，頁 43。

〔註87〕見朱伯謙，〈戰國秦漢時期的陶瓷〉《朱伯謙論文集》（北京，紫禁城出版社，1990 年），並參見李學勤、徐吉軍主編，前引書，頁 245～246。

〔註88〕見李家治，〈我國瓷器出現時期的研究〉《硅酸鹽學報》，1978 年第 3 期，並參見李學勤、徐吉軍主編，前引書，頁 246。

〔註89〕見劉淑芬，〈三至六世紀浙東地區的經濟發展〉，載氏著，《六朝的城市與社會》（台北，學生書局，1992 年 10 月初版），頁 211。

〔註90〕見許輝、蔣福亞主編，《六朝經濟史》，頁 328～329。

〔註91〕同前註。

〔註92〕詳見馮先銘著，《中國陶瓷》（上海，上海古籍出版社，1997 年 10 月初版 7刷），頁 269～271。

〔註93〕見秦浩，《隋唐考古》，頁 274 及馮先銘著，《中國陶瓷》（上海，上海古籍出版社，1997 年 10 月初版 7 刷），頁 271。

　　紡織業方面，《隋書·地理志》云永嘉俗近豫章，而豫章「一年蠶四五熟，勤於紡績」，〔註94〕而永嘉郡唐時分為處、台、溫州三州，其中溫州即因氣候溫暖而得名，故一年蠶四五熟並不誇張。蠶絲生產量大，側面顯示了絲織業的進步。

　　在商業貿易方面，三國時期孫吳與蜀、魏的雙邊貿易十分興盛，鄧芝使吳，「致馬二百匹，錦千端及方物，……吳亦致方土所出，以答其厚意焉」。〔註95〕吳與魏間常有大宗貿易，見《三國志·吳志·吳主傳》所載，吳魏間私人貿易雖屬非法，但吳魏互市卻未曾中斷。〔註96〕當時孫吳最發達的貿易網絡，是以都城建康為中心的長江中下游地區。〔註97〕

　　南北朝時期，南朝與北魏等政權間的互市交易亦十分活躍，如《魏書》載北魏「又于南垂互市，以致南貨，羽毛齒革之屬無遠不至」，〔註98〕此處「南貨」，即指南方的商品，而當時南朝的京城及精華地帶（如吳郡、丹陽、會稽等地）均在兩浙地區，故江南的商貨泰半集中在該區，使兩浙地區商業貿易十分繁盛。由於互市對南北朝都有好處，故蕭梁時沿邊州郡均與北魏交易，如郁州「民俗多與魏人交市」，〔註99〕可見當時南北互市之盛況。

　　從事南北貿易者，除了一般的商人外，也有官吏兼營的。而北魏袁翻論及選派戍衛南邊守將時說，守邊諸將「皆無防寇禦賊之心，唯有通商聚斂之意」，〔註100〕由此可知邊境守將從商之普遍，甚至到「無防寇禦賊之心」的程度，側面顯示南北貿易的興盛。

　　南北朝時期南方的經濟發展已有超越北方的情形，唐長孺先生認為從草市的出現、商稅的收取、貨幣的較廣泛使用、官僚經商的普遍等方面來看，南朝的商業經濟的發展超過北方許多。〔註101〕而《南齊書·顧憲之傳》云：「吳

〔註94〕《隋書》，卷三十一，〈地理志下〉，頁887

〔註95〕《三國志》，卷四七，〈吳主傳〉裴注引《吳歷》，頁1130。

〔註96〕馬植杰，《三國史》（北京，人民出版社，1994年1月初版1刷），頁271。

〔註97〕張大可，〈論孫吳政權對江南的開發〉，頁308。

〔註98〕魏收，《魏書》（臺北，鼎文書局，1993年10月7版），卷一一〇，〈食貨志〉，頁2858。

〔註99〕姚察，《梁書》（台北，鼎文書局，1993年1月），卷一六，〈張稷傳〉，頁2720。

〔註100〕見《魏書》，卷六九，〈袁翻傳〉，頁1539。

〔註101〕見唐長孺著，《魏晉南北朝隋唐史三論》（武漢，武漢大學出版社，1992年12月初版），第二篇〈論南北朝的差異〉，頁131～148。

興無秋，會稽豐登，商旅往來，倍多常歲」，〔註102〕因吳興連年欠收，故會稽的商旅往來頻繁，甚至包稅人（杜元懿）要提高一倍商稅，〔註103〕側面反映當時會稽商業的發展程度。

兩浙地區當時主要的商品有稻米、瓷器、鹽、絲、布及水產品等。其中青瓷的銷售地區由東漢時的浙江東北部，擴大到三國以後的蘇南地區、安徽馬鞍山等地，甚至遠達遼寧的遼陽。〔註104〕而東漢末年杭州人全柔就曾經營糧食販運業，其中一次使其子全琮販運米數千斛到吳，可見經營規模之大。〔註105〕茲舉建康、吳、會稽及京口等地為例，以說明六朝時期城市經濟的發展。

建康（秣陵、建鄴、金陵）〔註106〕曾為孫吳、東晉、宋、齊、梁、陳等朝代都城，在政治力影響超越一切的時代，〔註107〕不但有眾多的中央官員、戍衛的禁軍，再加上僑寄衣冠及當地人口，故戶口殷實，工商業均十分發達，故《隋書・地理志》云：

> 丹陽舊京所在，人物本盛，小人率多商販，君子資於官祿，市廛列
> 肆，埒於二京。〔註108〕

將丹陽（建康）與漢魏舊都長安、洛陽相較，足見其繁榮情形。

按丹陽（唐代潤州地區）即南北朝時建康附近地區，從《隋書・地理志》的記載，可知足見此地商業頗盛，甚至與長安、洛陽相比亦不遜色。《太平御覽》引《丹陽記》云「建康大市，孫權所立，建康東市，同時立，建康北市，永安中立，秣陵斗場市，隆安中發樂營人交易因成市也。」〔註109〕東晉安帝

〔註102〕蕭子顯撰，《南齊書》（臺北，鼎文書局，1987 年 1 月 5 版），卷四六，〈顧憲之傳〉，頁 807。

〔註103〕蕭子顯撰，《南齊書》，卷四六，〈顧憲之傳〉，頁 807～809；當時包稅制度參見唐長孺著，《魏晉南北朝隋唐史三論》，頁 141～142。。

〔註104〕見李志庭，前引書，頁 318。

〔註105〕見《三國志》，卷六十，《吳書》第十五，〈全琮傳〉，頁 1381。

〔註106〕按建康即故楚金陵邑，唐時為潤州江寧縣，唐初曾為昇州，旋廢，晚唐又置。在六朝時多次更名，吳名建業，宋為建康，又名丹陽、金陵、秣陵，參見《宋書》，卷三五，〈州郡一〉，頁 1029～1030；《舊唐書》（台北，鼎文書局景印，1993 年 2 月初版 7 刷），卷四〇，〈地理三〉，頁 1584 及許嵩撰，孟昭庚等點校，《建康實錄》（上海，上海古籍出版社，1987 年初版），卷一，〈吳上〉，頁 1～3，其中以《建康實錄》對建康的歷史沿革說明最為詳細清楚。

〔註107〕見拙作，〈北魏的工商業〉，《淡江史學》，第十四期（2003 年 12 月），頁 269。

〔註108〕《隋書》，卷三十一，〈地理志下〉，頁 887。

〔註109〕見李昉等編，《太平御覽》（台北，商務印書館，1968 年台一版），卷八二七，頁 3819 上引《丹陽記》。

元興三年（404）二月建康發大水，「濤水入石頭（城），是時貢使商旅，方舟萬計，漂敗流斷，骸胔相望，江左雖有濤變，未有若斯之甚。」〔註110〕由「方舟萬計」一語，雖有誇張之意，亦見當時建康商船雲集之狀，側面反映建康商業貿易的繁榮景況。在戶口方面，據研究在孫吳時建康人口已有二十萬，蕭梁時更增至三、四十萬。〔註111〕建康（金陵）的地位一直要到隋文帝平陳後，才因揚州治所移至江都（揚州）等因素而衰落。〔註112〕

　　吳（今江蘇蘇州市），是當時本區內最重要的商業區，吳在西漢時是當時會稽郡的治所，到東漢時因將會稽郡分為吳及會稽二郡，故會稽郡治所乃移往山陰（今紹興）。吳位於富庶的太湖流域，早在春秋時期吳國就建都於此（姑蘇），〔註113〕《史記·貨殖列傳》云：

> 夫吳自闔廬、春申、〔吳〕王濞三人招致天下之喜游子弟，東有海鹽
> 之饒，章山之銅，三江、五湖之利，亦江東之一都會也。〔註114〕

依司馬遷之言，吳郡有豐富的物產且交通便利，故能成「江東之一都會」。

　　吳郡在六朝時期已有相當程度開發，與吳興、丹陽並稱「三吳」地區，〔註115〕是東晉南朝時，江南開發較早且最富庶的地區。〔註116〕左思在〈吳都賦〉中對當時的農業經濟情況作了描述：

> 其四野則畛畷無數，膏腴兼倍，……煮海為鹽，採山鑄錢，國稅再
> 熟之稻，鄉貢八蠶之綿。〔註117〕

故史稱「自晉氏渡江，三吳最為富庶，貢賦商旅，皆出其地」。〔註118〕既稱「貢賦商旅，皆出其地」，足見六朝時期吳郡所在的三吳地區已成為當時江南的精華地區，不僅戶口殷實，且工商業皆相當發達，才能擔負起沈重的進貢和賦稅。

〔註110〕《宋書》，卷三十三，〈五行四〉，頁956及房玄齡等撰，《晉書》（臺北，鼎文書局，1976年10月初版），卷二十七，〈五行上〉，頁817。

〔註111〕見郭黎安，〈南京歷史人口的變遷及其歷史原因〉，收入《江蘇史論考》（南京市，江蘇古籍出版社，1989年10月初版），頁97～98。

〔註112〕江都取代建康地位原因，詳見方亞光，〈六朝隋唐時期的金陵與廣陵〉，收入《古代長江下游的經濟開發》（西安，三秦出版社，1989年8月初版），頁92～95。

〔註113〕參見蕭孟龍，〈吳國的三次遷都試探〉，《吳文化研究論文集》（1993年），頁29。

〔註114〕司馬遷，《史記》（台北，鼎文書局，1986年10月3版），卷一二九，〈貨殖列傳〉，頁3267。

〔註115〕見本章有關三吳的論述。

〔註116〕參見李吉甫《元和郡縣圖志》，卷二十五，〈江南道一·蘇州〉，頁600。

〔註117〕蕭統編，李善注，《文選》（臺北，華正書局，1984年初版），卷五，頁87。

〔註118〕《資治通鑒》，卷一六三，簡文帝大寶元年五月己巳條，頁5045。

　　會稽〔註119〕（今浙江紹興），在春秋時期就已建城，東漢永建四年（129），吳郡、會稽分治，會稽成爲郡治（原治吳郡）。〔註120〕會稽在孫吳、西晉時期因持續開發，而漸爲富庶，除鑒湖水利工程效益甚大外，永嘉之亂後，北方人民大量南移，而會稽因其地理位置適中，故成爲北來移民的樂土，包括王羲之、謝安等顯要家族亦在會稽安家立業，〔註121〕而一般人民遷入的則不計其數，故時人稱會稽郡治山陰爲「海內劇邑」。〔註122〕

　　由於人口的大量增加，使得各行各業欣欣向榮，出現了「今之會稽，昔之關中」〔註123〕的盛況。到劉宋時，依《宋書》卷五四史臣曰的記載，會稽已是：「帶海傍湖，良疇亦數十萬頃，膏腴上地畝值一金」，且有「魚鹽杞梓之利，充仞八方，絲綿布帛之饒，覆衣天下」，〔註124〕可見其農業及手工業均相當發達，相較於兩漢時期，經濟發展十分快速。

　　手工業方面，會稽的製瓷業、鑄鏡業和紡織業（麻織業）〔註125〕均有相當發展，尤以製瓷業最爲發達，在山陰及上虞均曾發現西晉窯址，僅上虞一地就發掘出窯址六十餘處。〔註126〕而唐代的越窯亦是繼承六朝時期會稽製瓷業的堅實基礎。〔註127〕會稽郡的郡治山陰縣在漢末建安年間，已是銅鏡鑄造業的中心之一。〔註128〕

〔註119〕南北朝前期會稽郡治山陰縣，到陳代始析山陰爲山陰及會稽二縣，隋平陳改山陰爲會稽，其後唐代亦曾析會稽置山陰縣，旋又廢，是會稽、山陰二者關係十分密切，爲方便敘述且避免混清，故通稱爲「會稽」：參見沈約等撰，《宋書》（臺北，鼎文書局，1987年1月5版），卷三五，〈州郡一〉，頁1030及《元和郡縣圖志》，卷二十六，〈江南道二・越州〉，頁618。

〔註120〕參見皇甫遵著，周生春校注考證，《吳越春秋輯校匯考》，頁130～131及陳橋驛撰，〈歷史時期紹興城市的形成與發展〉，頁355～363。

〔註121〕見陳橋驛撰，〈歷史時期紹興城市的形成與發展〉，載氏著《吳越文化論叢》（北京，中華書局，1999年12月初版），頁364。

〔註122〕《宋書》，卷八一，〈顧覬之傳〉，頁2079。

〔註123〕房玄齡等撰，《晉書》（臺北，鼎文書局，1976年10月），卷七七，〈諸葛恢傳〉，頁2042。

〔註124〕沈約等撰，《宋書》（臺北，鼎文書局，1987年1月5版），卷五四，頁1540。

〔註125〕詳見陳橋驛撰，〈歷史時期紹興城市的形成與發展〉，頁363。

〔註126〕見劉淑芬，〈三至六世紀浙東地區的經濟發展〉，載氏著，《六朝的城市與社會》（台北，學生書局，1992年10月初版），頁212。

〔註127〕六朝及唐宋時的越窯爲一脈相承且前後連貫的瓷窯體系，見許輝、蔣福亞主編，《六朝經濟史》，頁328注解。

〔註128〕見湖北省博物館、鄂州市博物館編，《鄂城三國六朝銅鏡》（北京，文物出版社，1986年初版），俞偉超序，頁1～2。

在商業方面，會稽因土地肥沃，稻米生產量大，故有糧商的出現，如會稽山陰（紹興）人賀琛年青時家貧，就「常往還諸暨，販粟以自給」，〔註129〕而《南齊書・顧憲之傳》載：「吳興無秋，會稽豐登，商旅往來，倍多常歲」，〔註130〕更顯現出會稽包括糧食交易在內商業行爲的活絡。會稽因製瓷業、鑄鏡業和紡織業（麻織業）的發達，故瓷器、銅鏡、紡織品的交易均十分活躍，如吳縣獅子山傅氏家族墓所出土兩件青瓷的穀倉刻辭，表明爲會稽及始寧所生產。〔註131〕

《初學記》卷二十四〈市〉引晉王彪之《整市教》云：「近檢校山陰市多不如法，或店肆錯亂，或商估沒漏，假冒豪疆之名，擁護貿易之利，凌踐平弱之人，專固要害之處，屬城承寬亦皆如之。」〔註132〕足見會稽山陰市商業的繁榮情況。

京口（今江蘇鎮江市）亦爲重鎮，《隋書・地理志》云：「京口東通吳（郡）、會（稽），南接（長）江、（太）湖，西連都邑，亦一都會也」，〔註133〕足見其交通及商業地位均十分重要。

第三節　唐代兩浙地區人口的分佈與變化

一、人口的分佈概況

唐代兩浙地區人口分佈並不平均，以人口密度來看，在貞觀十三年（639）時，兩浙地區中杭、潤、常、湖、婺等州，每平方公里人口數超過10人，其他5州，人口密度最低的台州，每平方公里只有2.92人〔註134〕（見表2-4），

〔註129〕姚思廉，《梁書》（台北，鼎文書局，1993年1月初版7刷），卷三十八，〈賀琛傳〉，頁540。

〔註130〕蕭子顯撰，《南齊書》（臺北，鼎文書局，1987年1月5版），卷四六，〈顧憲之傳〉，頁807。

〔註131〕見張志新，〈江蘇吳縣獅子山西晉墓清理簡報〉，載《文物資料叢刊》第三輯（北京，文物出版社，1980年5月初版），頁136。

〔註132〕見徐堅等著，徐松輯，《初學記》，收入商務印書館景印《四庫全書》（台北，商務印書館景印，1983年初版），第890冊，卷二四，〈市第十五〉，頁393上。

〔註133〕《隋書》，卷三十一，〈地理志下〉，頁887。

〔註134〕有關兩浙區各州的面積數字乃是採自翁俊雄，《唐初政區與人口》（北京，北京師範學院出版，1990年初版）第三部分「貞觀十三年江南道州縣、戶口統計表」，頁286。其面積是翁氏據《中國歷史地圖集》，第五冊「隋唐五代時期」，用「求積儀」求出。

另處州、蘇州人口密度亦較低。一般來說，位於太湖流域的浙西諸郡，人口均較多，如杭、潤、常、湖等；而沿海或位於山區的州郡，人口相對較少，如台、處等州，唯一例外是蘇州，雖位於富庶的太湖流域，人口密卻僅 3.94，可能與沿海地區開發較低有關，兩浙地區人口分佈呈現不均衡的情形。

在天寶十二載（753）時，〔註 135〕人口分佈發生變化，各州人口密度均大幅上昇，潤、常、湖、杭、婺、越等州，每平方公里人口數超過 50 人，其餘 7 州，人口密度最低的爲溫州，每平方公里亦有 20.56 人，〔註 136〕較貞觀時人口密度最低的台州（每平方公里 2.92 人）增加近十倍，戶口增長可謂驚人。而台、蘇二州的每平方公里人口增加率更達十倍以上，顯示沿海地區的開發加速，人口才有如此快速的成長。

整體而言，浙西諸州人口密度較浙東諸州爲高，浙東除越、婺二州外，其他諸州人口密度均低於浙西州郡，沿海州郡除杭、越二州外，人口密度均較低，而山區諸州如睦、衢、處等州人口密度均低於平均值（每平方公里 52.7 人）。人口密度較高的州郡幾乎都在太湖流域，如潤、常、湖、杭等州，而蘇州在前期人口密度較潤、常爲低，是因沿海人口較少，但在中唐後，戶口大量增加，元和時爲兩浙諸州中戶口最多者，據估計每平方公里口數（人口密度）應達 47.44。〔註 137〕

從戶口數來看，兩浙地區在天寶時期只有潤、常、婺等三州達十萬戶，原則上北部諸州戶口較南部諸州爲多。蘇州雖位於太湖流域，但在前期戶口仍較婺、潤、常、越、杭、台等州爲低，是因沿海人口較少，但在中唐後，戶口大量增加，元和時戶數達 100,808，爲兩浙地區戶口最多者，亦是兩浙地區唯一在安史之亂後戶口仍然上昇的州郡。

〔註 135〕天寶戶有天寶十一年、天寶十二年等說法，本書採用經翁俊雄論證的天寶十二年的數字，見翁俊雄著，《唐朝鼎盛時期政區與人口》（北京，首都師範大學，1995 年 9 月初版），頁 18～29。

〔註 136〕翁俊雄著，《唐朝鼎盛時期政區與人口》（北京，首都師範大學，1995 年 9 月初版），頁 204～205，其中湖州口數改採《新唐書・地理志》的數字，而未用翁氏之《舊唐書》數字，因湖州口數，翁氏採《舊唐書・地理志》的數字爲 177,698，但此數字若與湖州的戶數 73,306 相較，顯然偏低，故改採《新唐書・地理志》數字（口數爲 477,698）。

〔註 137〕採用翁俊雄著，《唐朝鼎盛時期政區與人口》，頁 204 之蘇州面積及李吉甫，《元和郡縣圖志》（北京，中華書局，1993 年 2 月初版 7 刷），卷二五，〈浙江西道・蘇州〉，頁 600 之蘇州戶數乘以 6.5 推算口數，按天寶時蘇州每戶平均達 8 人；而潤常湖等州每戶平均約在 6.5 人左右，故採此數字。

表 2-1　唐代兩浙地區各階段戶數比較表〔註 138〕

州　名	貞觀戶數	開元戶數	天寶戶數	元和戶數	備　註
潤　州	25,361	91,635	102,033	55,400	
常　州	21,182	96,475	102,631	54,767	
蘇　州	11,859	68,093	76,421	100,808	
湖　州	14,135	61,133	73,306	43,467	
杭　州	30,571	84,252	86,258	51,276	
睦　州	12,064	55,516	54,961	9,054	
越　州	25,890	107,645	90,279	20,685	
婺　州	37,819	99,409	144,086	48,036	
衢　州〔註 139〕	——	62,288	68,472	17,426	
處　州〔註 140〕	12,899	33,278	42,936	19,726	原名括州
溫　州〔註 141〕	——	37,554	42,814	8,484	
台　州	6,583	50,000	83,868		
明　州〔註 142〕	——		42,027	4,083	
合　計	198,363	847,278	1,010,092	429,131	

二、州縣增置與戶口增長

　　唐代兩浙地區經濟有長足進步，不論在農業發展、工商業的進步繁榮及交通水利建設等各方面都有驚人的成果。而經濟發展往往體現在人口的增長上，當時地方政府也往往因戶口的增加而析置新州、縣以便管理。隋時兩浙地區只有 8 郡下轄 33 縣，到了唐天寶時已有 13 州 76 縣，增加了 5 個州（郡）

〔註 138〕本表據《舊唐書》（台北，鼎文書局景印，1993 年 2 月初版 7 刷），卷四○，〈地理三〉，頁 1583～1598 及李吉甫，《元和郡縣圖志》，卷二五至二六，〈浙江西道〉、〈浙江東道〉，頁 589～630 等資料製作；並參考杜佑撰，王文錦等點校，《通典》（北京，中華書局，1992 年再版），卷一八二，〈州郡十二〉，頁 4824～4838。本表所列貞觀戶為貞觀十三年（639）戶數，開元戶為開元十八年（730）戶數，天寶戶為天寶十二載（753）戶數，元和戶則為元和八年（813）戶數。

〔註 139〕武德四年（621）置，武德六年（623）州廢，武則天垂拱二年（686）析婺州的信安、龍丘、常山三縣復置，故無貞觀縣數、戶數。貞觀戶數

〔註 140〕本括州，大曆十四年因避德宗諱，故更州名為處州。

〔註 141〕高宗上元元年（674）析括州（處州）的永嘉、安固二縣置，故無貞觀縣數、戶數。

〔註 142〕玄宗開元二十六年（738）置，故無貞觀縣數、戶數。

級單位，縣數也成長了 130%（見表 2-2），即是人口增加的明顯例證。

從隋代到唐天寶年間，兩浙縣級單位增置亦十分快速，其中永嘉郡及東陽郡縣數成長均達兩倍，其他州亦有相當增幅（見表 2-2）。在戶口成長上，則更為驚人，隋代兩浙地區共有 133,487 戶，唐天寶時則躍升到 1,010,092 戶，增長率達 656.7%（見表 2-2）。

其中永嘉郡在隋時有 4 縣，戶數為 10,542，唐天寶時析置為 3 州共 15 縣，戶數合計達 169,618 戶（增長率 1509%），縣數及人口成長均十分驚人。而東陽郡的戶口成長亦相當突出，隋代僅有 19,850 戶，唐天寶時不但析置為二州，且人口增長至 212,558 戶，人口成長率達十倍；其他如吳郡戶口成長也相當快速，戶數成長率為 714.8%。

兩浙地區之所以能在天寶年間人口有如此大的增長，其原因有四：首先是從隋末以來，江南相對北方而言較為安定，故有相當多的北方人民南遷。其次，兩浙地區自六朝以來一直存在著戶口不實的現象，私家大族挾藏戶口以為私附的狀況，直到隋代仍然存在。但到了唐代，由於推行嚴密的籍帳制度，使得江南豪族無法再像過去一樣蔭庇人戶。其三，唐初北方特別是京畿、關東一帶徭役十分沈重，而包括兩浙在內的江南地區相對輕緩，有利於人口的增長。〔註 143〕而最重要的因素則是兩浙地區整體經濟有著大幅度的成長，才能使本地區人口增長如此快速。

表 2-2　兩浙地區隋唐時期縣數、戶數比較表〔註 144〕

州郡名	隋縣數	隋大業戶數	唐天寶縣數	唐天寶戶	縣　數 增長率	戶　口 增長率
丹陽郡 （潤州）	3	24,125	6	102,033	133%	422.9%
毗陵郡 （常州）	4	17,599	5	102,631	25%	583.1%

〔註 143〕參見凍國棟，《唐代人口問題研究》（漢口，武漢大學出版社，1993 年 10 月初版），頁 208。

〔註 144〕參見魏徵，《隋書》（台北，鼎文書局景印，1993 年 10 月初版 7 刷），卷三一，〈地理下〉，頁 876～879 及劉昫等撰，《舊唐書》（台北，鼎文書局景印，1993 年 2 月初版 7 刷），卷四○，〈地理三〉，頁 1583～1598；並參閱宋祁、歐陽修等撰《新唐書》（台北，鼎文書局景印，1993 年 2 月初版 7 刷），卷三一，〈地理五〉，頁 1057～1063。

吳郡	蘇州	5	18,377	6	76,421	125%	714.8%
	湖州			5	73,306		
余杭郡（杭州）		6	15,380	9	86,258	50%	460.8%
遂安郡（睦州）		3	7,343	6	54,961	100%	648.5%
會稽郡	越州	4	20,271	7	90,279	175%	652.7%
	明州			4	42,027		
東陽郡	婺州	4	19,850	7	144,086	200%	1070.8%
	衢州			5	68,472		
永嘉郡	處州	4	10,542	5	42,936	275%	1509%
	台州			6	83,868		
	溫州			4	42,814		
總計		33	133,487	75	1,010,092	130.3%	656.7%

在唐代，兩浙地區成長亦十分驚人，貞觀年間只有 198,363 戶，天寶時已達 1,010,092 戶，戶數成長五倍有餘（見表 2-3）。其中成長率在五倍以上者有台、湖、蘇三州，台州人口成長率 1,174%居冠，蘇州（544%）次之，湖州為 418%；而成長最少的杭州亦有近二倍的增長。從人口的大幅增加，可知兩浙地區在唐代經濟發達的景況。此外，兩浙地區在每平方公里的口數（人口密度）的增加方面，亦十分可觀。而開元二十六年（738）齊澣因安輯逃戶，而於越州鄮縣析置明州，〔註145〕表明唐前期較荒蕪的沿海地區，已開始有人口聚集。

從《新唐書‧五行志》的記載，可從側面瞭解各州戶口的狀態，如總章二年（669）六月「括（處）州大風雨海溢壞永嘉、安固二縣，溺死者九千七十人」，〔註146〕處州在貞觀時戶數只有 12,899 戶，僅一次水災就有溺死近 10,000 人，則此時處州人口應有相當增長；再者，僅僅過了 5 年（上元元年）就唐廷就析處州永嘉、安固二縣置溫州，可見永嘉、安固二縣的人口是相當多的，否則無法在水災後很快的恢復其戶口數，而成立新縣（因析置新縣有一定的戶口數）；此外，文明元年（684）七月「溫州大水，漂千餘家」，

〔註145〕《新唐書》，卷一二八，〈齊澣傳〉，頁 4470。
〔註146〕《新唐書》，卷三六，〈五行三〉，頁 928。

〔註 147〕以一家五口計算，漂溺達五千餘人，其時距析置溫州不過 10 年。咸亨四年（673）七月「婺州大雨，山水暴漲，溺死五千餘人」，〔註 148〕而在十餘年後（垂拱二年，686）即析婺州的信安、龍丘、常山三縣置衢州，應和婺州的戶口大量增加有關。以上史料，側面顯示了處州、婺州的戶口均較貞觀時大有增長。

表 2-3　唐代兩浙地區貞觀、天寶時期縣、戶數比較表〔註 149〕

州　名	貞觀縣數	貞觀戶數	天寶縣數	天寶戶數	縣增長率	戶數增長率	備　註
潤　州	5	25,361	6	102,033	20%	302%	
常　州	4	21,182	5	102,631	25%	385%	
蘇　州	4	11,859	6	76,421	50%	544%	
湖　州	5	14,135	5	73,306	——	418%	
杭　州	5	30,571	9	86,258	80%	182%	
睦　州	3	12,064	6	54,961	100%	356%	
越　州	5	25,890	7	90,279	40%	249%	
婺　州	5	37,819	7	144,086	40%	280%	
衢　州	——	——	5	68,472	——	——	原屬婺州
處　州	4	12,899	5	42,936	25%	233%	原名括州
溫　州	——	——	4	42,814	——	——	原屬處州
台　州	2	6,583	6	83,868	200%	1174%	
明　州	——	——	4	42,027	——	——	原屬越州
合計／平均	42	198,363	75〔註 150〕	1,010,092	79%	409%	

　　唐代兩浙地區的人口分佈並不平均，各州人口密度差異極大，在貞觀十三年（639）時，兩浙地區中每平方公里人口數超過 10 人的州，僅有杭、潤、常、湖、婺等 5 州，其他蘇、越、睦、台、處等 5 州，人口密度均低於 10（人口數/平方公里），而台州、處州及蘇州人口密度甚至低於每平方公里 5 人（見

〔註 147〕《新唐書》，卷三六，〈五行三〉，頁 929。
〔註 148〕《新唐書》，卷三六，〈五行三〉，頁 929。
〔註 149〕本表據《舊唐書・地理志》製作。
〔註 150〕《新唐書・地理志》及《舊唐書・地理志》兩浙總領縣數不同，除因唐末的昇州的設置外，《舊唐書・地理志》蘇州領縣亦較《新唐書・地理志》多一縣。

表 2-4），足見兩浙人口分佈的不均衡性。

在天寶十二載（753）時，兩浙人口分佈發生了巨大的變化，各州人口密度均大幅上升，人口密度較高的潤、常、湖、杭、婺、越等 6 州，每平方公里人口數均超過 50 人，其餘 7 州，人口密度最低的爲溫州，每平方公里亦有 20.56 人，〔註151〕較貞觀時人口密度最低的台州（每平方公里 2.92 人）增加近十倍，戶口增長可謂驚人。而台、蘇二州的每平方公里人口增加率更達十倍以上，顯示沿海地區的開發加速，人口才有如此快速的成長。

表 2-4　唐代兩浙地區各州人口密度分析表〔註152〕

州　名	貞觀十三年			天寶十二載			每平方公里人口增加數	每平方公里人口增加率
	面　積	口　數	密度	面　積	口　數	密　度		
潤　州	7,919	127,104	16.05	7,919	662,706	83.67	67.62	421%
常　州	8,472	111,606	13.17	8,472	690,673	81.52	67.35	511%
蘇　州	13,813	54,471	3.94	13,813	632,655	45.80	41.86	1,062%
湖　州	6,446	76,430	11.86	6,446	477,698〔註153〕	74.11	62.25	525%
杭　州	8,104	153,720	18.97	8,104	585,963	72.31	53.34	281%
睦　州	8,288	59,068	7.13	8,288	382,513	46.15	39.02	547%
越　州	14,366	124,010	8.63	9,209	529,589	57.51	48.88	566%
婺　州	21,180	228,990	10.81	10,498	707,152	67.36	56.55	523%
衢　州	———	———	———	10,682	440,411	41.23	———	———

〔註151〕 翁俊雄著，《唐朝鼎盛時期政區與人口》（北京，首都師範大學，1995 年 9 月初版），頁 204～205，其中湖州口數改採《新唐書・地理志》數字，而未用翁氏之《舊唐書》數字。

〔註152〕 參見翁俊雄，《唐初政區與人口》（北京，北京師範學院出版，1990 年初版）第三部分「貞觀十三年江南道州縣、戶口統計表」，頁286 及翁俊雄著，《唐朝鼎盛時期政區與人口》（北京，首都師範大學，1995 年 9 月初版），頁204～205，各州的面積是翁氏據《中國歷史地圖集》，第五冊「隋唐五代時期」，用「求積儀」求出。

〔註153〕 湖州口數，翁氏採《舊唐書・地理志》的數字爲 177,698，但此數字若與湖州戶數 73,306 相較，顯然偏低，故改採《新唐書・地理志》數字（口數 477,698），並參見張劍光，《唐五代江南工商業布局研究》（南京，江蘇古籍出版社，2003 年 5 月初版），頁 34。

處　州	29,652	101,606	3.43	17,865	258,248	14.49	10.76	314％
溫　州	——	——	——	11,787	241,694	20.56	——	——
台　州	12,155	35,383	2.92	12,155	489,015	40.23	37.31	1,278％
明　州	——	——	——	5151	207,032	40.15	——	——
合計／平均	130,395	1,072,388	9.78	130,389	6,305,349	52.7	48.49	603％

表 2-5　唐代兩浙地區州縣級別與全國州縣級別對照表〔註 154〕

州縣級別　地區比例%	州								縣							
	總數	輔	雄	望	緊	上	中	下	總數	赤	畿	望	緊	上	中	下
浙　西	6	0	1	2	0	3	0	0	39	0	0	16	12	10	1	0
浙　東	7	0	0	0	0	6	0	0	37	0	0	8	6	20	3	0
兩　浙	13	0	1	2	0	9	0	0	76	0	0	24	18	30	4	0
全　國	357	4	6	10	10	109	29	189	1573	6	82	78	111	446	296	554
兩浙／全國	3.6	0	16.7	20	0	8.26	0	0	4.8	0	0	30.8	16.2	6.7	1.4	0

　　從表 2-5 可看出兩浙地區雄級州、望級州比例甚高，合計達 36.7％，而上州亦佔全國百分之 8.26％，而無中下州。在縣的等第方面，望級縣比例達 30.8％，緊級縣亦有 16.2％，望級縣加上緊級縣已近五成，中州僅佔 1.4％，且多在浙東。據《唐六典・尚書戶部》戶部郎中、員外郎條記載在玄宗開元時，兩浙望縣僅潤州曲阿、江寧，常州晉陵，蘇州吳縣，杭州餘杭，越州會稽，婺州金華等六縣。〔註 155〕

　　在憲宗元和時期，兩浙地區戶口雖較天寶時減少，而兩浙地區望縣卻達

〔註 154〕 本表依《新唐書・地理志》等資料製成，並參考方亞光，〈論唐代江蘇地區的經濟實力〉，頁 32。另浙西昇州因等級不明，不列入州數計算。其中越州爲中都督府故未列其等第，然據《唐會要》，卷七十，〈州縣分望道〉載潤州、常州及越州三州在武宗會昌五年升爲望州，故應可視爲望州。然李林甫等撰，《唐六典》（北京，中華書局，1992 年 1 月初版），卷三，〈尚書戶部〉，列全國望縣 85 個，與《新唐書・地理志》望縣數不同，乃因二書的資料來源不同，從表 2～7 所列兩浙望緊縣升格時間，可知《新唐書・地理志》所記載的資料時間遠較《唐六典》爲晚，故出現不同的望縣數字。

〔註 155〕 李林甫等撰，《唐六典》（北京，中華書局，1992 年 1 月初版），卷三，〈尚書戶部〉，頁 73。

17 個之多，其中越州 4 個最多，常州、蘇州及婺州等州均為 3 個，潤州 2 個，湖州及衢州各 1 個。〔註 156〕而從區域來看則呈現不均衡的現象，浙西望、緊級州縣明顯多於浙東，而等級較低的上、中州亦多在浙東地區，而浙東的望縣又集中在越州及婺州二州，故在浙東地區人口的分佈，亦呈現不均衡性。

另一方面，在各州的望縣普遍增加下，杭州卻不增反減，在唐前期有餘杭為望縣，但到了元和時則不但不增加，反而被降等。而越州在開元時期達十萬七千餘戶，元和時只有二萬餘戶，卻有會稽、山陰、諸暨、剡等四個縣為望縣，〔註 157〕是疑問較大的兩州。雖唐代史料未明載多少戶口為望縣，但上縣的標準為六千，二千戶以上為中縣，〔註 158〕而越州有 4 個望縣，甚他緊縣 2 個，上縣僅 1 個，如望縣、緊縣均以上縣的標準六千戶計（實際上應不止此數），則越州至少應有 42,000 戶以上的人口。

如從與戶口有密切關連的鄉數來看，據《唐六典·尚書戶部》戶部郎中、員外郎條記載，「百戶為里，五里為鄉」，〔註 159〕如此每鄉為 500 戶，即按每鄉 300 戶計算，元和時越州有 145 鄉，也應有 43,500 戶才合理，〔註 160〕雖然鄉數與戶數減幅未必相同，但越州開元時有 107,645 戶，鄉 210，元和時僅有 20,685 戶，卻有 145 鄉，戶減幅達 81%，鄉數減幅只有 31%，差距過大，顯然不合理。從各種跡象顯示，可知越州元和戶數較實際戶數低估甚多，從以上推估，合理戶數應在 42,000 左右。

此外，從《唐會要》，卷七十，〈州縣分望道〉中，可對州縣等第的升降有進一步的瞭解。蘇州在大曆十三年（778）二月升雄州，且為江淮地區唯一的雄州。潤州、常州及越州三州也在武宗會昌五年升為望州。在縣的部分（參見表 2-7），可觀察出有幾個年代升等的縣比較多，如開元四年（716）、大曆六年（771）、大曆十二年（777）及會昌四年（844）等，主要是與人口成長有關。雖此份資料的記載並不是十分完整，〔註 161〕但其所顯現的就是在唐代，特別在中晚唐時期，兩浙戶口增加的實際情形。

〔註 156〕參見《元和郡縣圖志》，卷二五至卷二六，頁 589～630。

〔註 157〕《元和郡縣圖志》，卷二六，〈江南二〉，頁 617～620。

〔註 158〕李林甫等撰，《唐六典》，卷三，〈尚書戶部〉，頁 73。

〔註 159〕李林甫等撰，《唐六典》，卷三，〈尚書戶部〉，頁 73。

〔註 160〕越州開元時有 107,645 戶，210 個鄉，平均一鄉 513 戶，唐後期戶口減耗，每鄉戶數應較開元時減少，故取一鄉 300 戶來計算。

〔註 161〕據《新唐書·地理志》載兩浙望、緊縣共 42 縣，而此處僅記有 32 縣。

表 2-6　兩浙諸州等第的變化

州　名	《舊唐書》	《元和郡縣圖志》	《新唐書》
潤　州	上	上	望
常　州	上	緊	望
蘇　州	上	緊	雄
湖　州	上	上	上
杭　州	上	上	上
睦　州	──	上	上
越　州	中都督府	都督府	中都督府
明　州	上	上	上
婺　州	──	上	上
衢　州	──	上	上
處　州	──	上	上
台　州	上	上	上
溫　州	上	上	上

表 2-7　兩浙地區屬縣等第的上昇〔註 162〕

州　名	縣　名	等　第	年　代	州　名	縣　名	等　第	年　代
潤　州	曲　阿	望　縣	開元四年	杭　州	餘　杭	望　縣	開元四年
潤　州	江　寧	望　縣	開元四年	杭　州	錢　塘	望　縣	會昌四年
潤　州	丹　徒	望　縣	大曆十二年	杭　州	鹽　官	緊　縣	會昌四年
潤　州	句　容	望　縣	會昌四年	杭　州	新　城	緊　縣	元和六年
常　州	晉　陵	望　縣	開元四年	睦　州	分　水	緊　縣	大曆六年
常　州	武　進	望　縣	大曆十二年	越　州	會　稽	望　縣	開元四年
常　州	無　錫	望　縣	大曆十二年	越　州	諸　暨	望　縣	大曆十二年
常　州	江　陰	望　縣	會昌四年	越　州	剡	望　縣	大曆十二年
蘇　州	吳	望　縣	開元四年	越　州	蕭　山	緊　縣	大曆十二年
蘇　州	長　洲	望　縣	大曆十二年	婺　州	金　華	望　縣	開元四年
蘇　州	嘉　興	望　縣	大曆六年	婺　州	東　陽	望　縣	大曆十二年
蘇　州	崑　山	望　縣	會昌四年	婺　州	永　康	望　縣	大曆十二年
蘇　州	海　鹽〔註 163〕	緊　縣	會昌四年	婺　州	蘭　溪	緊　縣	大曆十二年

〔註162〕見王溥撰，《唐會要》（臺北，世界書局，1990 年 4 月 5 版），卷七十，〈州縣
　　　　分望道・江南道〉，頁 1239～1240。

湖 州	烏 程	望 縣	大曆十二年	衢 州	信 安	望 縣	大曆十二年
湖 州	長 城	望 縣	會昌四年	衢 州	龍 丘	緊 縣	大曆十二年
湖 州	安 吉	緊 縣	會昌四年	台 州	臨 海	望 縣	會昌四年

從表 2-7 觀察到兩浙地區中，潤、蘇、常、越、婺等數州，望、緊縣較多，多至 4～5 縣，台、睦二州只有 1 縣，其他溫、明、處等州，則 1 個緊縣也沒有，顯示區域發展的不均衡性。

三、安史亂後的變化

唐代在安史之亂後的戶口普遍減少，兩浙地區戶口亦有相當大的變化，據《元和郡縣圖志》記載減幅相當大，除蘇州有增長外，其他各州戶口均大幅下降，有的甚至減幅達五成，而比之其他地區的戶口減耗情形，兩浙仍屬較輕微。

但兩浙地區在安史之亂時並非戰場破壞有限，且有相當數量的北方移民南遷，故不少學者認為安史之亂後的戶口減少，與唐初以來即存在的戶口隱匿有密切關連。〔註164〕依史料來看，在唐代各時期戶口隱匿的程度均不同，少則為唐代學者柳芳在開元時所估一、二成，而撰寫《通典》的財政專家杜佑估計為三成五；〔註165〕另一方面則是因大量的勞動人口從事運輸業、手工業或經商造成流動人口數量的增量，即「人口轉移」現象的產生，而相當影響了著籍戶口的數字，〔註166〕有關戶口隱匿的問題前賢已有論述，在此不再贅述。

在流動人口方面，如《唐國史補》中有俞大娘的航船最大，往來於江西淮南間的記載，其「居者養生送死嫁娶悉在其間。開巷為圃，操駕之工數百。」，〔註167〕光在其上的「居者」就有數百人，其他短程乘客想必不少。而這些「居者」顯然不在州縣戶籍中（或者列入所謂「客戶」〔註168〕），而唐

〔註163〕海鹽縣原繫於婺州下，查《元和郡縣圖志》僅蘇州有海鹽縣，《元和郡縣圖志》記其等第為上縣，如武宗會昌四年升為緊縣亦合理，故改繫於蘇州。

〔註164〕見唐長孺，〈唐代的客戶〉，載氏著《山居存稿》（北京，中華書局，1989 年 7 月初版），頁 130；《魏晉南北朝隋唐史三論》（武漢，武漢大學出版社，1992 年 12 月初版），頁 250；鄭學檬著，《中國古代經濟重心南移和唐宋江南經濟研究》（長沙，岳麓出版社，2003 年 10 月修訂再版），頁 152～153 及凍國棟著《唐代人口問題研究》，頁 113～117、《中國人口史》第二卷（隋唐五代時期）（上海，復旦大學出版社，2002 年 11 月初版），頁 153～161。

〔註165〕參見凍國棟，《唐代人口問題研究》，頁 117。

〔註166〕見鄭學檬著，《中國古代經濟重心南移和唐宋江南經濟研究》，頁 217～218。

〔註167〕見李肇撰，《唐國史補》（臺北，世界書局，1991 年 6 月 4 版），卷下，頁 62。

〔註168〕見唐長孺，〈唐代的客戶〉，載《山居存稿》（北京，中華書局，1989 年 7 月

代江淮之間貿易極盛，像俞大娘這樣從事商業貿易，長年漂泊於江河之間的商客顯然不在少數，相當影響了的戶口記錄的正確性，因而在元和年間兩浙地區的戶口數字，並不能完全反映經濟繁榮的實際景況。

　　在影響戶口數量的移民方面，安史之亂時因北方連年戰亂，造成大量的人民南遷，主要的區域有江南、江西、淮南及巴蜀等地區。當時江南地區的北方移民數量十分巨大，據學者吳松弟的研究，在北方移民遷入實例中，蘇州佔 17 人，為江南各州第一位，〔註169〕其他如常、潤、昇、杭、越等州移民亦不少，而較特殊的是浙南及山區的婺、衢、睦等州的移民主要是在唐末五代時遷入，〔註170〕可能與中晚唐時浙南浙西的山區開發有關。如浙東衢州就因「去年江湖不登，茲境稍穫，故浙右流離，多就遺秉，凡增萬餘室而不為眾」，〔註171〕新增者萬餘家，人口成長可謂驚人。

　　綜上所述，《元和國計簿》所記載的戶口數字，不能完全反映兩浙地區當時的實際情況，但仍可當作較低（保守）的參考數據。

　　在各州的戶口增減部分方面，在元和時期兩浙地區中，唯有蘇州戶口不減反增，並且蘇州在貞觀時只有 11,859 戶，元和時則躍增為十萬戶以上，戶數成長達 8.5 倍，居江南道各州戶數成長第一位，在兩浙所有州郡戶口皆下降時，可說是異數。〔註172〕憲宗元和時，李吉甫上《元和國計簿》稱：「每歲賦稅倚辦止於浙江東西、宣歙、淮南、江西、鄂岳、福建、湖南八道四十九州，一百四十四萬戶。」，〔註173〕其中蘇州戶數竟然佔八道總戶數的十四分之一，不但超越了當時浙西首府潤州的戶數近一倍，更高居諸道（上述八道）之冠。〔註174〕唐末蘇州更因經濟繁榮，而戶口大量增加，據《吳地記》記載，蘇州戶數更達 143,261 戶，人口成長著實驚人。〔註175〕

初版），頁 129～165。

〔註169〕參見吳松弟著，《中國移民史》（隋唐五代卷）（福州市：福建人民出版社，1997年 7 月初版），頁 279～283，「唐後期五代南遷的的北方移民實例（江南地區）」。

〔註170〕吳松弟，《中國移民史》（隋唐五代卷），頁 277～278。

〔註171〕《全唐文》，卷三一六，李華，〈衢州刺史廳壁記〉，頁 1417 中。

〔註172〕蘇州各年代戶數參見《舊唐書》，卷四十，〈地理三〉：頁 1586。《元和郡縣圖志》，卷二十五，〈江南道一〉，頁 600。並參閱凍國棟，《唐代人口問題研究》（武昌，武漢大學出版社，1993 年 2 月初版），頁 206，表 4～23〈唐江南道諸州各階段戶數統計〉。

〔註173〕《舊唐書》，卷十四，〈憲宗上〉，頁 424。

〔註174〕參見凍國棟，前引書，頁 199，表 4～22 及頁 206～207，表 4～23。

〔註175〕陸廣微撰，曹林娣校注，《吳地記》（南京，江蘇古籍出版社，1999 年 8 月初

　　以蘇州與浙西、浙東地區各州相比，唯有蘇州元和戶較天寶戶為增加，因經安史之亂後，各州戶口普遍大幅減少，只有蘇州不減反增。蘇州戶口能在安史戰亂後迅速恢復舊觀，且此後一直成長，北方的移民的貢獻不小，如梁蕭，〈吳縣令廳壁記〉云「國家當上元之際，中夏多難，衣冠南避，寓於茲土，參編戶之一」，〔註176〕雖有誇大之嫌，側面顯示外來移民的眾多。而蘇州戶口的成長，除大量的北方移民外，〔註177〕蘇州工商業發達，亦是吸引鄰近州縣人口遷入的重要因素，故其戶口在中晚唐時乃有驚人的成長。

表2-8　唐代開元、元和時期兩浙鄉數、戶數對照表〔註178〕

州　名	開元鄉數	開元戶數	元和鄉數	元和戶數	鄉　數增減率	戶　數增減率	備　註
潤　州	100	91,635	80	55,400	−20%	−40%	
常　州	187	96,475	──	54,767	──	−43%	
蘇　州	118	68,093	──	100,808	──	+48%	唐末194〔註179〕
湖　州	122	61,133	──	43,467	──	−29%	
杭　州	188	84,252	──	51,276	──	−39%	
睦　州	──	55,516	──	9,054	──	−84%	
越　州	210	107,645	145	20,685	−31%	−81%	
婺　州	189（198）	99,409	200	48,036	+6%（+1%）	−52%	
衢　州	124	62,288	107	17,426	−14%	−72%	
處　州	76	33,278	36	19,726	−53%	−41%	
溫　州	78	37,554	16	8,484	−79%	−77%	
台　州	115（111）	50,000〔註180〕	95	──	−17%（−14%）		
明　州	──			4,083	──	──	
合　計		847,278		429,131		−49%	

　　版），頁1。

〔註176〕《全唐文》，卷五一九，梁蕭〈吳縣令廳壁記〉，頁2335上。
〔註177〕參見吳松弟，〈唐後期五代江南地區的北方移民〉，《中國歷史地理論叢》，1996年第3期，頁103～104。
〔註178〕因目前僅有《元和郡縣圖志》保持開元及元和二組鄉數資料，故以此二時期作比較。
〔註179〕據《吳地志》，頁1。
〔註180〕此數字可能有誤，姑且參考。

再從與戶口數有密切關係的鄉數來看（參見表 2-8），《元和郡縣圖志》所載開元年間鄉數較全，而元和鄉數則半數州均缺，但仍可進行比較。在元和時兩浙地區各州因戶口劇減，故鄉數亦隨之減少，其中婺州戶數較開元時期減少近一半，但鄉數卻反而增加 11（2）個，相當不合理，同樣情形亦發生在江州、福州、宣州、廣州等州，應非誤植，[註 181] 而以廣州鄉數差距達兩倍最多，[註 182] 其原因很可能是戶籍隱漏或是流動戶口過多所致。而蘇州雖元和鄉數缺載，但《吳地記》保有一組唐末（約在僖宗時）[註 183] 的鄉數，可供比較，蘇州開元年間鄉數為 118，而據《吳地記》記載，蘇州鄉數已增至 194，[註 184] 成長率達 64.4%。每鄉平均戶數亦由 577 戶增至 738.5 戶，不論鄉數或每鄉平均戶數均有大幅成長。

從開元至元和時期的戶數增減率及鄉數增減率來看，只有處、溫二州較接近，其他各州相差甚大，如潤州戶數減少 40%，而鄉數僅減少 20%；再者，越州戶數減少 81%，而鄉數僅減少 31%，越州鄉數、戶數減幅差距達 50%，明顯不合理。[註 185] 而婺、衢二州戶數與鄉數的增減率差距更擴大到 50% 以上，亦屬不合理現象，惜因鄉數資料不完整，故未能就鄉數與戶數間的關係，作更進一步分析。

〔註 181〕參見凍國棟，前引書，頁 299～300，但凍氏未察越州元和鄉數並未多於開元鄉數而與婺州、江州、福州、宣州等州並舉。

〔註 182〕廣州開元戶 64,250 戶，鄉數為 194，而天寶時，戶口增至 74,099，鄉數反而降至 91，差距更大。

〔註 183〕見《吳地記》，頁 110，並參閱凍國棟，〈唐代蘇州商品經濟的發展初探〉，《蘇州大學學報》，1988 年第 3 期，104 及註 7 之說明。

〔註 184〕見《吳地記》，頁 1。

〔註 185〕越州戶口的深入探討見本書第四章第二節浙東越州部分；有關越州戶口的探討參見拙作，〈唐代越州經濟發展探析〉，載《淡江史學》，第十八期（2007 年 9 月）頁 22～25 詳論。

第三章　兩浙地區的經濟發展

　　兩浙地區的經濟在唐代得以迅速發展，雖得力於六朝時期的基礎，但至唐代因各種機會，使兩浙所在的江南地區成爲躍居全國經濟重心的嚆矢，〔註1〕故本章將從農業生產的發展、手工業的進步、交通運輸的開發及商業等角度來說明，唐五代時期兩浙地區的經濟發展的景況。

第一節　農業生產的發展

　　民以食爲天，農業生產向爲經濟的根本，「商爲貨居，農實邦本」，〔註2〕即說明了此種情形。若農業發展成功，人民才有餘力及物資從事手工業及商業，故農業是手工業及商業的基礎。兩浙地區地處江南，而其風俗據《隋書·地理志》載：「江南之俗，火耕水耨，食魚與稻，以漁獵爲業，雖無蓄積之資，然而亦無饑餒。」，〔註3〕可見水稻及水產品是江南人民的主食。本節將從與農業發展有密切關連的水利建設興修與技術的進步、經濟作物的種植及漁業、水產養殖業的發展等三方面，來呈現唐代兩浙地區農業發展的狀況。

一、水利建設的興修與技術的進步

　　農業生產在以農爲本的古代中國佔有重地位，而水利建設則是農業生產的命脈，是故發展農業以水利建設爲先。唐朝在兩浙境內所修繕、興建的水利工程，僅能溉田千頃以上的就有潤州絳岩湖，常州孟瀆，杭州西湖〔註4〕、

〔註1〕中國古代經濟重心的轉移的過程直到南宋時才全部完成，參見鄭學檬〈唐五代江南經濟研究述評〉，收入中國唐史學會編，《中國唐史學會論文集》（西安，三秦出版社，1991年9月初版），頁81～82。

〔註2〕董誥等編，《全唐文》（上海，上海古籍出版社，1993年11月初版二刷），卷七一三，頁3245下～3246上，劉允文，〈蘇州新開常熟塘碑銘〉。

〔註3〕《隋書》，卷三十一，〈地理志下〉，頁886。

〔註4〕此外，尚建有「六井」，以引西湖水，成爲杭州的給水系統，參見陳橋驛撰，

餘杭北湖，湖州長城西湖，明州鄞縣仲夏堰，其他如潤州之練塘、南北謝塘，常州泰伯瀆及蘇州常熟塘等均有相當規模。〔註5〕唐代兩浙地區的水利建設，是以越州、杭州、湖州、明州等四州爲中心，其他各州亦有零星的小型水利工程，相較六朝時期水利建設集中在越、湖、潤三州的情況已有明顯擴大。

　　據統計兩浙地區的水利建設，越州有 14 項，杭州有 11 項、湖州及明州均有 10 項，以上四州在唐代所興建的水利工程共計 45 處，〔註6〕佔兩浙地區所有水利工程的比例達 7 成 5 以上。其中越、湖、杭等 3 州以治理和恢復舊有工程爲主，其他州縣則以新建爲多，尤以明州爲突出。反映出兩浙的開發已不再局限於杭嘉湖及蕭紹精華地區，而朝向浙東沿海和浙南等原先較落後的地區。〔註7〕

表 3-1　唐代兩浙水利工程興修表〔註8〕

道別	州名	水利工程名	興建修復時間	主持者	出　處
浙江西道	潤州	練塘	永泰二年（765）	韋損	《新唐書・地理五》《讀史方輿紀要・江南》卷 20
		南北塘	武德二年（619）	謝元超	同上

〈歷史時期西湖的發展和變遷〉，載氏著《吳越文化論叢》（北京，中華書局，1999 年 12 月初版），頁 109～112。

〔註5〕宋祁、歐陽修等撰《新唐書》（臺北，鼎文書局景印，1993 年 2 月初版 7 刷），卷三一，地理五，頁 1058～1063。

〔註6〕參見《新唐書》，卷三一，地理五，頁 1058～1063、顧祖禹，《讀史方輿紀要》（臺北，樂天出版社，1972 年 10 月初版），卷二四〈江南六・蘇州府〉及卷九○～九四，〈浙江二〉至〈浙江六〉、朱長文撰，金菊林點校，《吳郡圖經續記》（南京，江蘇古籍出版社，1999 年 8 月初版），卷下，〈治水〉及李伯重，《唐代江南農業的發展》（北京，農業出版社，1990 年 10 月初版），頁 77～82。

〔註7〕參見表 3～1「唐代兩浙水利工程興修表」及李志庭，《浙江地區開發探源》（南昌，江西教育出版社，1997 年 9 月初版），頁 90。

〔註8〕本表資料來源爲《新唐書》，卷三一，地理五，頁 1058～1063、朱長文撰，金菊林點校，《吳郡圖經續記》（南京，江蘇古籍出版社，1999 年 8 月初版），卷下，〈治水〉、范成大撰，陸振岳校點，《吳郡志》（南京，江蘇古籍出版社，1999 年 8 月初版），卷十九，〈水利〉及顧祖禹，《讀史方輿紀要》（臺北，樂天出版社，1972 年 10 月初版），卷二四〈江南六・蘇州府〉及卷九○～九四〈浙江二〉至〈浙江六〉等史籍：並參考李伯重，《唐代江南農業的發展》（北京，農業出版社，1990 年 10 月初版），頁 77～82 製成。

浙 江 西 道	潤 州	絳岩湖	麟德二年（665）（修復）	楊延嘉	《新唐書·地理五》《讀史方輿紀要·江南》卷20
		百堤堰	大曆十二年（777）	王　昕	《讀史方輿紀要·江南》卷20
		簡　瀆			《新唐書·地理五》
	常 州	孟　瀆	元和八年（813）	孟　簡	《新唐書·地理五》
		泰伯瀆	元和八年（813）	孟　簡	《新唐書·地理五》
		望亭堰閘	至德（756～757）		《讀史方輿紀要·江南》卷25
	蘇 州	大虞浦	天祐（904～907）		《讀史方輿紀要·江南》卷24
		元和塘（常熟塘）〔註9〕	元和四年（850）	李　素	《讀史方輿紀要·江南》卷24
		鹽鐵塘	大和（827～835）（疏導）		《讀史方輿紀要·江南》卷24
		嘉禾水利系統	廣德（763～764）	朱自勉	李翰〈蘇州嘉興屯田紀績頌〉
		海鹽水利系統〔註10〕	長慶（821～824）	李　諤	《新唐書·地理五》
		漢　塘	大和七年（833）		《新唐書·地理五》
	湖 州	芙蓉池	開成（836～840）	楊漢公	《讀史方輿紀要·江南》卷91
		陵波塘	寶曆中（825～826）	崔玄亮	《新唐書·地理五》
		西湖（于公塘）〔註11〕	貞元十三年（797）（重浚）	于頔	《新唐書·地理五》
		石鼓堰	聖曆初（698～699）	鉗耳知命	《新唐書·地理五》
		邸閣池	聖曆初（698～699）	鉗耳知命	《新唐書·地理五》
		烏興塘			《讀史方輿紀要·江南》卷91
		官　池	元和（806～820）	范傳正	《讀史方輿紀要·江南》卷91
		蒲帆塘	同上	同上	同上
		連雲塘（練塘）	同上	同上	同上
		荻　塘	貞元（785～804）	于頔	《太平寰宇記》卷94

〔註9〕朱長文撰，金菊林點校，《吳郡圖經續記》，卷下，〈治水〉常熟塘條注引《永樂大典》，卷三千三百六十九，《蘇州府志，牧守題名》作「元和三年」。

〔註10〕原爲「古徑三百一」，參見《新唐書》，卷三一，地理五，頁1058。

〔註11〕《新唐書》，卷三一，〈地理五〉，作「西湖」，《讀史方輿紀要》卷91，作「于公塘」。

浙江西道	杭州	上、下湖	寶曆中（825～826）	歸珧	《新唐書·地理五》
		北湖		歸珧	《新唐書·地理五》
		陽陂湖	貞觀十二年（638）	郝某	《新唐書·地理五》
		官塘	永淳元年（682）		《新唐書·地理五》
		九澳	永淳元年（682）		《新唐書·地理五》
		紫溪灌溉系統	貞元十八年（802）	杜泳	《新唐書·地理五》
		沙河塘	咸通二年（861）	崔彥曾	《新唐書·地理五》
		臨平湖	永淳元年（682）		《讀史方輿紀要·江南》卷90
		西湖	大曆（766～779）	李泌	《讀史方輿紀要·江南》卷90
			長慶（821～824）	白居易	
		捍海塘堤	開元元年（713）（重築）		《新唐書·地理五》
		莧浦堤〔註12〕	萬歲登封元年（695）	李濬	《新唐書·地理五》
浙江東道	越州	防海塘	開元十年（722）	李俊之	《新唐書·地理五》
		越王山堰	貞元元年（785）	皇甫政	《新唐書·地理五》
		朱儲斗門	元和十年（815）	皇甫政	《新唐書·地理五》
		新河（塘）	元和十年（815）	孟簡	《新唐書·地理五》
		運道塘	元和十年（815）	孟簡	《新唐書·地理五》
		新徑斗門	大和七年（833）	陸亘	《新唐書·地理五》
		湖塘	天寶中（742～855）	郭密之	《新唐書·地理五》
		任嶼湖	寶曆二年（826）	金堯恭	《新唐書·地理五》
		黎湖		金堯恭	《新唐書·地理五》
		永豐陂	咸通（860～873）		《讀史方輿紀要·江南》卷92
		大農湖	天寶（742～755）	郭密之	《讀史方輿紀要·江南》卷92
		夏蓋湖	長慶二年（822）		《讀史方輿紀要·江南》卷92
		西溪湖		戴延興	《讀史方輿紀要·江南》卷92
		灌溉工程〔註13〕		楊德裔	《全唐文》卷195〈楊公墓誌銘〉

〔註12〕《新唐書》，卷三一，〈地理五〉，未命名此工程，但因堤由海至莧浦，故暫名「莧浦堤」。

〔註13〕此項工程未命名，姑且以「灌溉工程」稱之，本條引自李伯重，《唐代江南農

		小江湖（它山堰）〔註14〕	開元中（713～741）	王元偉	《新唐書·地理五》
浙江東道	明州	西湖（東線湖）	天寶二年（743）	陸南金	《新唐書·地理五》
		廣德湖	貞元九年（793）	任侗	《新唐書·地理五》
		仲夏堰	大和六年（832）	于季友	《新唐書·地理五》
		普濟湖	開元（713～741）	房琯	《讀史方輿紀要·江南》卷92
		杜湖	貞元（785～804）（修復）	任侗	《讀史方輿紀要·江南》卷92
		市河		陸明允	《讀史方輿紀要·江南》卷92
		趙河	元和十二年（817）	趙察	《讀史方輿紀要·江南》卷92
		白杜湖	元和十四年（819）	趙察	《讀史方輿紀要·江南》卷92
		花嶼湖	貞元十四年（798）	任侗	《讀史方輿紀要·江南》卷92
	衢州	神塘	開元五年（717）		《新唐書·地理五》
	溫州	會昌湖堤堰〔註15〕	會昌（841～846）	韋庸	

上表所列唐代兩浙地區的水利建設共有 61 項，在安史之亂前興修的水利建設僅爲 18 項，而扣除興修時間不詳者，其餘 37 項水利建設皆爲安史亂後所興建，佔總數超過六成，可看出兩浙地區水利建設的興建，在安史亂後有大幅增加的情形，表明唐政府對兩浙在內的江淮地區的重視，兩浙地區的農業也因此有進一步的發展，故水利建設的大量興修，是促使兩浙地區在中唐以後，農業得以迅速發展的重要因素。

　　唐代兩浙地區除了水利建設的增加及分布益廣外，在耕作技術、農具上都較六朝時期有極大的進步，陸龜蒙《耒耜經》記載吳地農具相當齊備，故《吳郡志》稱「吳農器甚備，以其平地夷盡爲田也」。〔註16〕如曲轅犁即發祥於江東，故又稱之爲"江東犁"，江東犁主要優點在於：（1）以曲轅代替直轅使

業的發展》，頁80。

〔註14〕此工程時間各書記載不一，見李伯重，《唐代江南農業的發展》，頁82註。

〔註15〕參見李志庭，《浙江地區開發探源》，頁90，因該文未說明出處，故暫缺。

〔註16〕范成大撰，陸振岳校點，《吳郡志》（南京，江蘇古籍出版社，1999年8月初版）卷二，〈風俗〉，頁10。

犁架變輕變小，（2）是改變了耕牛挽犁的方式，（3）則是可以耕翻覆土，也可調節耕地深度。〔註 17〕江東犁的出現不但使耕地的效率大大提高，同時擴大牛耕的作用。

　　由於古代農業生產主要靠人力，而利用牛耕可提高生產力，又可減少人力的消耗，牛耕的普及對於兩浙地區農業生產有重大的貢獻。〔註 18〕在灌溉工具方面，最重要的發展是龍骨水車的廣泛運用，如文宗大和（827～835）時曾欲在京畿推廣水車，因而特別徵集江南水車匠到禁中造水車，以為樣式，可見水車在江南早已廣泛使用。〔註 19〕

　　在栽培技術方面，稻麥複種制的普遍採用以及水稻生產移栽技術的出現，標誌著兩浙地區農業生產空前發展。唐代江南地區是否存在稻麥複種制，在學界曾引起廣泛討論，〔註 20〕張澤咸、李伯重及鄭學檬先生等多位研究唐代經濟史的學者，均不同程度的肯定唐代江南部分地區有稻麥複種制的存在。〔註 21〕而從農學及農藝學來看，稻麥複種制的實行，必須具備農田水利、生產工具、肥料供應、栽培技術等四項條件，而在唐代，上述條件基本上存在，〔註 22〕意味著稻麥複種制實際應用的可能性大為提高。

　　在白居易，〈答劉禹錫《白太守行》〉〔註 23〕詩中提到：「去年到郡時，麥穗黃離離，今年去郡日，稻花白霏霏」，〔註 24〕這首詩被李伯重先生認為是蘇州存

〔註 17〕參閱李伯重，《唐代江南農業的發展》，頁 90～91。

〔註 18〕江蘇北部地區早在漢代，就已實施牛耕，參見李學勤、徐吉軍主編，《長江文化史》（南昌，江西教育出版社，1996 年 10 月第 2 版），上冊，頁 239～240；江南地區的牛耕應在唐代才普及。

〔註 19〕《舊唐書》，卷一七，〈文宗紀〉，頁 528。

〔註 20〕詳見李伯重，《唐代江南農業的發展》，頁 106～108。

〔註 21〕見張澤咸撰，〈試論漢唐間的水稻生產〉，載《文史》，第十八輯；李伯重著，《唐代江南農業的發展》（北京，農業出版社，1990 年 10 月初版），頁 108～120 及鄭學檬著，《中國古代經濟重心南移和唐宋江南經濟研究》（長沙，岳麓出版社，2003 年 10 月修訂再版），頁 85～87。其中鄭學檬考察了李伯重書並且進行了史料考證工作，認為稻麥複種制從理論上及當時江南的條件來看，基本上可成立，但尚有若干問題需要澄清，如應考慮種植的時間及所種植的是旱田或水田。

〔註 22〕參見李伯重，《唐代江南農業的發展》，頁 109～110 及鄭學檬著，《中國古代經濟重心南移和唐宋江南經濟研究》，頁 85。

〔註 23〕原詩名僅「答」一字，係為答覆劉禹錫〈白太守行〉詩而作，為免誤會，特此注明。

〔註 24〕見白居易，《白居易集》（北京，中華書局，1991 年 7 月），卷二一，頁 466。

在稻麥複種制的有力證明，〔註25〕並且據以推斷麥子收割與水稻插秧的時間，而唐代官員替代時職田收穫物處理辦法的變化，亦被他認爲是更具有說服力的證明。〔註26〕另一方面，稻麥複種制與蘇州西部的經濟快速發展存在著密切關連，〔註27〕唐代蘇州人口快速成長，至唐末爲143,261戶，其中僅蘇州郭下二縣即有62,061戶，〔註28〕佔蘇州總戶口達43％，如以蘇州城有5萬戶計，每戶以8人計算，〔註29〕僅蘇州城內人口就達40萬人之譜，〔註30〕說明蘇州西部諸縣人口密度高，糧食需求量較大，意味著稻麥複種制的必要性。

稻麥複種可大幅增加田地的使用率，最明顯的是促進了冬麥的生產，劉晏主漕運即曾「每以十隻爲一綱，載江南穀麥，自淮、泗入汴，抵河陰，每船載一千石」，〔註31〕這證明唐代包括兩浙在內的江南地區稻麥複種的確有很大發展。

在移栽技術方面，北方早在東漢末年已開始移栽，南方則在唐代以前尚未採用此種技術，有學者根據唐代詩人作品的描述，認爲蘇、杭、宣、江、揚、岳等州，比較普遍地採用插秧技術，〔註32〕而移栽（插秧）技術除可大大提高除草和施肥的效率外，稻苗先在秧圃中培植，又可使春季缺水時能充分利用水源，並縮短大田的種植時間，提高稻米產量。兩浙地區因此而出現了早稻，如白居易詩云「碧毯線頭抽早稻，青羅裙帶展新蒲」〔註33〕及「綠科秧早稻，紫笋折新蘆」〔註34〕均是描寫早稻的生長情形，而早稻的出現也標誌著稻麥複種制的成熟。〔註35〕

〔註25〕見李伯重，《唐代江南農業的發展》，頁111。

〔註26〕請參見李伯重著，《唐代江南農業的發展》，頁113～116詳論。

〔註27〕參見本書第四章第三節蘇州部分詳論。

〔註28〕路廣微撰，曹林娣校注，《吳地志》（南京，江蘇古籍出版社，1999年8月初版），頁1～2；頁33及頁45。

〔註29〕蘇州天寶戶76,421，口數爲632,650，平均每戶有8.28口，高於兩浙平均數，故以每戶8口計算，蘇州天寶戶口見《新唐書》，卷三一，地理五，頁1058。

〔註30〕本書第四章第二節浙西城市蘇州部分詳論。

〔註31〕見王讜撰、周勛初校證，《唐語林校證》（北京，中華書局，1997年12月初版2刷），卷一，〈德行〉，頁60。

〔註32〕見林立平，〈唐代主糧生產的輪作複種制〉，載《暨南學報》（哲社版），1984年第1期，頁46。

〔註33〕見白居易，《白居易集》（北京，中華書局，1991年7月），卷二四，頁507。

〔註34〕見白居易，《白居易集》，卷二六，頁590。

〔註35〕稻麥複種制詳見李伯重，《唐代江南農業的發展》，頁105～119。

在稻米的品種方面，蘇州有紅蓮稻（米），陸龜蒙，〈別墅懷歸〉詩云：「遙爲晚花吟白菊，近炊香稻識紅蓮」〔註36〕詩可證，又〈食魚〉詩云：「今朝有客賣鱸魴，手提見失長於尺，呼兒舂取紅蓮米，輕重相當加十倍」，〔註37〕益說明紅蓮米之普遍及受到歡迎的程度。而蘇州生產的「三破糯米」亦十分著名，〔註38〕此外，湖州有糯米、黃糜米；婺州亦有赤松潤米等品種。除此之外，據推測在唐末五代時期，可能已有類似宋初「占城稻」的品種出現，〔註39〕可見兩浙稻米品種的眾多，這許多稻米品種的出現，將兩浙的稻米生產推向高峰。

兩浙地區因水利建設及農業生產技術的進步，而成爲主要的糧食產地，李華，〈潤州丹陽縣復練塘頌〉云：

> 大江具區〔註40〕惟潤州，其藪曰練湖，幅員四十里，菰蒲菱芡之多，
> 龜魚鱉蜃之生，厭飫江淮，膏潤數州，其傍大族強家，泄流爲田，
> 專利上腴，畝收倍鐘，富劇淫衍。〔註41〕

唐代一鐘，約爲六石四斗，約合 294.4 公斤，倍鐘則將近 600 公斤，似有誇大之嫌，因據近人研究，唐代太湖地區畝產量一般在 3 石左右，約合 138 公斤上下，〔註42〕不論其實際產量是否達到「倍鐘」，練塘附近的農田生產量超過平均值，是無可否認的。

〔註36〕陸龜蒙，《笠澤叢書》，收入《叢書集成續編》（台北，新文豐出版社，1989年 7 月台一版），第 10 冊，卷六，頁 61 下。

〔註37〕彭定求、沈三曾等編纂，《全唐詩》（江蘇，上海古籍出版社，1993 年 10 月10 刷），卷六二一，頁 1570 中。

〔註38〕《舊唐書》，卷一○五，〈韋堅傳〉，頁 3222～3223，在諸郡的米中只提及蘇州米。

〔註39〕日本學者大澤正昭認爲唐代後半期曾廣泛栽培「赤米種」（也就是能適應較惡劣環境的稻種），而占城稻即屬「赤米種」的同類稻種，雖然據記載占城稻出現在 11 世紀，但如說它在這之前就被「慢慢地逐步引進」，並不是不可思議（不可能的），見大澤正昭撰，牟發松譯，〈唐宋時代的小生產方式及其發展階段〉，收入武漢大學中國三至九世紀研究所編，《中國前近代史理論國際學術研討會論文集》（漢口，湖北人民出版社，1997 年 5 月初版），頁 450。

〔註40〕「具區」即太湖，見李吉甫撰，《元和郡縣圖志》（北京，中華書局，1995 年1 月初版 2 刷），卷二十五，頁 601 太湖條。

〔註41〕董誥等編，《全唐文》（上海，上海古籍出版社，1993 年 11 月初版 2 刷），卷三一四，頁 1411 下，李華，〈潤州丹陽縣復練塘頌〉。

〔註42〕見魏嵩山著，《太湖流域開發探源》（江西教育出版社，1993 年 4 月初版），頁54，並參見閔宗殿，〈宋明清時期太湖地區水稻畝產量探討〉，《中國農史》，1984 年第 3 期。

　　練塘（湖）在晉代時即由陳諧「遏馬林溪以溉雲陽，亦謂之『練塘』，溉田數百頃」。〔註43〕當時練塘的功能除灌溉農田外，同時亦可在梅雨季及颱風時蓄洪及枯水期濟運等功能，〔註44〕《新唐書・食貨志》載劉晏「又分官吏主丹楊湖，禁引溉，自是河漕不涸」，〔註45〕表明丹楊湖與運河水源的密切關係。此種「陂塘、運河並聯，蓄泄並舉」的水利系統，正是唐代太湖地區水利進步和水利知識累積的標志。〔註46〕唐永泰二年（766），潤州刺史韋損更進一步重新整建練塘，使潤州地區「畝收倍鐘，富劇淫衍」，成為富庶之區。

　　越州地區的開發甚早，早在東漢時期就有鑒（鏡）湖水利工程的興修，〔註47〕據《元和郡縣圖志》載：鏡湖「若水少則泄湖灌田，如水多則閉湖泄田中水入海，所以無凶年，堤塘周迴三百一十里，溉田九千頃。」。〔註48〕到了劉宋（420～479）時，會稽就被稱為「地廣野豐，民勤本業，一歲或稔，則數郡忘飢」，且出現了「會（稽）土帶海傍湖，良疇亦數十萬頃，膏腴上地畝值一金，鄠、杜之間，不能比也」〔註49〕的盛況。

　　六朝時的會稽地區即約為唐代越、明二州，為江南開發較早的地區之一，物產豐富，人口稠密，手工業、商業均發達，故享有「今之會稽，昔之關中」〔註50〕的美譽。到了唐代，越州因多項水利建設的持續進行（見表3-1「唐代兩浙水利工程興修表」），仍保持其良好的農業基礎及在浙東地區經濟上的優勢。

　　蘇州地區的水利建設，主要有嘉興屯田及常熟塘等，據李翰〈蘇州嘉興屯田政績頌〉記載：

〔註43〕李吉甫撰，《元和郡縣圖志》（北京，中華書局，1995 年 1 月初版 2 刷），卷二十五，頁 592。

〔註44〕見潘鏞著，《隋唐時期的運河與漕運》（西安，三秦出版社，1986 年 5 月），頁46 及頁 59，並參閱鄭學檬著，《中國古代經濟重心南移和唐宋江南經濟研究》（長沙，岳麓出版社，2003 年 10 月修訂再版），頁 75；除練塘外，新豐塘亦有此種功能。

〔註45〕《新唐書》，卷五三，〈食貨三〉，頁 1368。

〔註46〕鄭學檬著，《中國古代經濟重心南移和唐宋江南經濟研究》，頁 75。

〔註47〕杜佑，《通典》（北京，中華書局，1992 年再版），卷一八二〈州郡十二〉，頁4832～4833。

〔註48〕李吉甫撰，《元和郡縣圖志》，卷二十六，頁 619。

〔註49〕沈約等撰，《宋書》（臺北，鼎文書局，1987 年 1 月 5 版），卷五四，頁 1540。

〔註50〕房玄齡等撰，《晉書》（臺北，鼎文書局，1976 年 10 月），卷七七，〈諸葛恢傳〉，頁 2042。

浙西有三屯，嘉禾為大……揚州在九州之地最廣，全吳在揚州之
域最大，嘉禾在全吳之壤最腴，嘉禾一穰，江淮為之康，嘉禾一
歉，江淮為之儉，……元年冬，收入若干斛，數與浙西六州租稅
垺。〔註51〕

嘉興屯田由大理評事朱自勉主持其事，由其收成其「數與浙西州租稅
垺」，雖可能有誇張之處，亦可知嘉興屯田對當地的開發及農業生產的提高助
益甚大。另從「嘉禾一穰，江淮為之康，嘉禾一歉，江淮為之儉」語，可側
面瞭解嘉興屯田對提高江淮地區稻米生產的貢獻。

在常熟塘的開闢方面，劉允文〈蘇州新開常熟塘碑銘〉云：

吳之藪曰具區，郡之大唯蘇州，商為貨居，農實邦本。錫貢多品，
厥曰上中，土宜在民，地利於水。常熟塘按圖經云，南北之路，自
城而遙，百有餘里，旁引湖水，下通江潮，支遠脈分，近委邇輸左
右，唯強家大族，疇接壤制，動涉千頃，年登萬箱。〔註52〕

從地方豪強「疇接壤制，動涉千頃，年登萬箱」，可想見在常熟塘開闢後，
對當地農業發展的貢獻甚大。常熟塘在蘇州北部，而嘉興在蘇州南部，蘇州
的的南北皆有大型水利灌溉工程，顯見唐代蘇州的糧食生產受到相當的重
視。天寶初（742～755），韋堅在廣運潭開博覽會，陳列各郡特產時，諸郡「船
中皆有米，吳郡即三破糯米、方文綾，凡數十郡」，〔註53〕這裡的吳郡即蘇州，
諸郡中只提吳郡有「三破糯米」，可見此品種甚為有名。

而從劉允文，〈蘇州新開常熟塘碑銘〉所載：「唯強家大族，疇接壤制，動
涉千頃，年登萬箱」〔註54〕及李華，〈潤州丹陽縣復練塘頌〉載：「其傍大族強
家，泄流為田，專利上腴，畝收倍鐘，富劇淫衍」，〔註55〕可瞭解當時浙西地區，
因經濟發展快速，土地兼併日益嚴重，才會產生杜牧在《崔公行狀》所說：

三吳者，國用半在焉，因高為旱，因下為水，六歲矣，經（輕）賦
兵役，不減於民，上田沃土，多歸豪強。〔註56〕

〔註51〕見董誥等編，《全唐文》（上海，上海古籍出版社，1993 年 11 月初版二刷），
卷四三○，頁 1937 上～1937 下。
〔註52〕《全唐文》，卷七一三，頁 3245 下～3246 上，〈蘇州新開常熟塘碑銘〉。
〔註53〕《舊唐書》，卷一○五，〈韋堅傳〉，頁 3222～3223。
〔註54〕《全唐文》，卷七一三，頁 3245 下～3246 上，〈蘇州新開常熟塘碑銘〉。
〔註55〕董誥等編，《全唐文》（上海，上海古籍出版社，1993 年 11 月初版 2 刷），卷
三一四，頁 1411 下，李華，〈潤州丹陽縣復練塘頌〉。
〔註56〕杜牧撰，《樊川文集》（臺北，漢京文化出版公司，1983 年 11 月初版），卷一

　　「上田沃土，多歸豪強」，說明雖經地方政府大力興建常熟塘及修復練塘等大型水利工程，但其利則未由全民共享，良田沃壤大都歸地方豪強所有，以致貧民無立錐之地，不是淪爲佃戶或奴僕，就是成爲「逃戶」。〔註57〕這種土地兼併的現象不限於兩浙地區，乃是在武后以後普遍存在的情形。〔註58〕其實，唐政府相當重視「均平」的觀念，均田制雖是沿襲北魏以來的政治傳統及因應唐初的經濟形勢，卻也是考量此原則下的生產物，而相對應的租庸調制，其目的亦在「相對均平」。〔註59〕但因江南的歷史背景與北方有很大的不同，六朝時期江南的農業是屬於大土地所有制，加以地狹人稠，在先天上即不利於均田制的推行，故德宗時楊炎兩稅法的創立，雖因均田制及租庸調制的崩壞，但其作法卻又和南朝的按資課稅，相去不遠，即「南朝化」的傾向。史學界前輩陳寅恪先生早在數十年前，就提出唐代制度的江南地方化的看法，〔註60〕而不少學者加以呼應，〔註61〕亦言之成理。

　　而《吳郡志・水利》記載：「天下之利，莫大於水田，水田之美，莫過於蘇州。」〔註62〕提出這意見的郟亶是北宋時昆山人，而他亦認爲蘇州水田仍有六項缺失，〔註63〕即便如此，亦說明瞭唐代以來蘇州水田的發展及受到重視的程度。前述蘇州的水利建設，使原本的荒蕪地區，成爲物阜民豐的樂土，堅實的農業基礎，是促使蘇州在中晚唐時期，經濟得以迅速發展的重要原因。

　　唐代詩人殷堯藩在〈送客游吳〉詩中提到：「吳國水中央，波濤白渺茫，

<hr />

四，頁 210，〈唐故銀青光祿大夫檢校禮部尚書御史大夫充浙江西道都團練觀察處置等使上柱國清河郡開國公食邑二千戶贈吏部尚書崔公行狀〉。
〔註57〕逃戶問題見唐長孺，〈唐代的客戶〉，載《山居存稿》（北京，中華書局，1989年 7 月初版），頁 129～165。
〔註58〕有關土地兼併的情形及與均田制破壞的關係，參見唐長孺著，《魏晉南北朝隋唐史三論》（武漢，武漢大學出版社，1992 年 12 月初版），第三篇第一章第二節「均田制的最後放棄和土地占有形態」，頁 256～278。
〔註59〕「均平」問題參見陳明光著，《漢唐財政史論》（長沙，岳麓出版社，2003 年 10 月初版），頁 225～226。
〔註60〕陳寅恪著，《隋唐制度淵源略論稿》（台北，里仁書局，1984 年 8 月再版），頁 149。
〔註61〕參見唐長孺著，《魏晉南北朝隋唐史三論》（武漢，武漢大學出版社，1992 年 12 月初版），頁 260～262，唐長孺先生認爲「計畝課稅和與田畝列於戶資項目本是南朝成法」（見該書頁 313）及牟發松撰，〈略論唐代的南朝化傾向〉，《中國史研究》，1996 年第 2 期，頁 51～64。
〔註62〕范成大撰，陸振岳校點，《吳郡志》（南京，江蘇古籍出版社，1999 年 8 月初版），卷十九，〈水利上〉，頁 264。
〔註63〕范成大撰，陸振岳校點，《吳郡志》，卷十九，〈水利上〉，頁 264～265。

衣逢梅雨漬，船入稻花香」，〔註64〕按此處「梅雨」並非指農曆四、五月間的梅雨，而是指秋雨連綿如同梅雨。〔註65〕殷堯藩是蘇州嘉興人，唐憲宗元和中（806～820）進士及第，〔註66〕這裏所寫的是蘇州地區水稻生產的狀況，詩中形容水稻種植面積廣大，故望之連綿千里。〔註67〕而蘇州能有如此大面積的水稻種植，從而顯示蘇州地區水利建設已取得一定的成效。

此外，明州也是唐代兩浙地區水利興修的重心之一，據統計唐代興建的水利設施達10項之多，如仲夏堰能灌溉數千頃，小江湖（它山堰）溉田八百頃，都是較大型的工程，而其他如西湖、廣德湖，規模雖較小，亦能溉田四、五百頃。〔註68〕唐代在杭州的水利建設亦達11項，其中以餘杭北湖的規模較大，溉田達千餘頃。〔註69〕元稹〈代杭民答樂天〉詩云：「路溢新城市，農開舊廢田」，〔註70〕可見杭州農業蓬勃的發展。

唐代著名詩人白居易歷任杭、蘇等「劇郡」〔註71〕刺史，他在〈想東游五十韻〉詩中形容江南蘇、杭一帶是「平河七百里，沃壤二三州」，〔註72〕「平河」主要指運河沿岸的州郡，〔註73〕亦可泛指浙西地區的潤、常、蘇、湖、杭等州，足見太湖流域已成為唐代重要的糧食產地。

唐初已開始漕運江淮漕租米至東都，從洛陽含嘉倉遺址出土的銘磚中，有蘇州、越州等地運去漕租米的記載，〔註74〕其中洛陽含嘉倉遺址第19號窖

〔註64〕彭定求、沈三曾等編纂，《全唐詩》（江蘇，上海古籍出版社，1993年10月10刷），卷四九二，頁1242上，〈送客遊吳〉

〔註65〕參見鄭學檬著，《中國古代經濟重心南移和唐宋江南經濟研究》（長沙，岳麓出版社，2003年10月修訂再版），頁90。

〔註66〕《全唐詩》，卷四九二，頁1241下，殷堯藩小傳。

〔註67〕參見鄭學檬著，《中國古代經濟重心南移和唐宋江南經濟研究》，頁90。

〔註68〕見表3～1「唐代兩浙水利工程興修表」明州部分及《新唐書》，卷三一，地理五，頁1061～1062。

〔註69〕見表3～1「唐代兩浙水利工程興修表」杭州部分及《新唐書》，卷三一，地理五，頁1059。

〔註70〕見元稹撰，《元稹集》（臺北，漢京文化出版公司，1983年10月初版），卷一五，頁179，〈代杭民答樂天〉，可見杭州地區尚有許多廢棄的田地可供開墾。

〔註71〕見白居易，《白居易集》，卷二十一，〈格詩歌行雜體〉，頁454，〈郡齋旬假命宴呈座客示郡寮〉，白詩中「劇郡」原指蘇州，本處乃泛指蘇杭等州。

〔註72〕白居易，《白居易集》，卷二十七，〈想東游五十韻〉，頁607：本句小注「自常及杭，凡三百里」，不足七百里，故尚應包括潤州，因據《元和郡縣圖志》，潤至杭約七百三十里，符合七百里之說。

〔註73〕《吳郡圖經續記》，卷中，〈水〉，頁48。

〔註74〕余扶危、賀官保，《隋唐東都含嘉倉》（北京，文物出版社，1982年5月初版）。

出土的銘磚，上有收納蘇州漕租米的銘文記載，其內容如下：

　　含嘉倉

　　東門從南第廿三行從西第五窖

　　合納蘇州（萬歲）通天二年租糙米白多一萬三

　　□□十五石耗在內

　　右聖曆二年正月八日納了

　　□典長劉長　正綱錄事劉爽　倉吏王花

　　監事楊智　丞呂徹　丞趙瑰　令孫忠呂思

　　寺丞知倉事張琮　左監門王宣　右監門賈立

　　長上龐坊　押倉史孫亮　監倉御史陸慶〔註75〕

從此磚銘中可知當時糧食管理制度十分嚴密，□□二字疑爲整串數字的一部分，第一個缺字可能爲之「千」或「百」，第二個缺字可能爲數字，「耗在內」表示耗損在內。此銘文顯示出蘇州漕運糧食數量，且蘇州此批糧食亦不排除分存數個糧倉的可能性，如此則其數量必不少，故陳子昂說：

　　自江南、淮南諸州租船數千艘已至鞏洛，計有百餘萬斛，所司便勒

　　往幽州，納充軍糧。〔註76〕

綜上所述，包括兩浙地區在內的江淮地區由於農業發達，米糧不僅自足，且可大量輸往京師及行在。開元十五年（727）秋，「六十三州水，十七州霜旱，河北飢，轉江淮之南租米百萬石以賑給之」，〔註77〕亦是此種情形。

　　在安史之亂後，唐中央因北方諸郡幾被安史餘孽所割據，賦稅仰賴東南之供給，故《舊唐書》，卷一四，〈憲宗紀上〉謂：

　　史官李吉甫撰《元和國計簿》，……每歲賦入倚辦，止於浙江東西、

　　宣歙、淮南、江西、鄂岳、福建、湖南等八道，合四十九州，一百

　　四十四萬戶，比量天寶供稅之戶，則四分有一。〔註78〕

足見在安史亂後，唐中央政府財源主要仰賴江南及淮南地區之供給，而浙江東西道又名列八道之首，益證其重要性。其實早在德宗時唐廷即賴兩浙米糧來應急，「關中飢饉，加之以災蝗，江南、兩浙轉運粟帛，府無虛月，朝廷

〔註75〕見余扶危、賀官保，《隋唐東都含嘉倉》；並參見安金槐，《中國考古》（臺北，
　　　　南天出版社，1996年1月初版），頁629。
〔註76〕見陳子昂，〈上軍國機要事〉，《全唐文》，卷二一一，頁942中。
〔註77〕見《舊唐書》，卷八，〈玄宗上〉，頁191。
〔註78〕《舊唐書》，卷一四，〈憲宗紀上〉，頁424。

賴焉」。〔註79〕

更有甚者，貞元二年（786）年初，因李希烈的淮西軍隊阻斷了漕運的交通線，其後汴州雖已收復，而漕運未通，以致關中乏食，當時禁軍亦因缺糧而有浮動現象，德宗一聽到韓滉（韓滉時鎮兩浙）運米三萬斛至陝州，即告訴太子說：「米已至陝，吾父子得生矣」。〔註80〕此事充分證明當時唐廷對兩浙米糧供應的倚賴，假使這批糧食不能及時趕到，其後果可想而知。及至唐末，因藩鎮混戰常阻斷漕運，〔註81〕不但關中缺糧，甚至僖宗在蜀時，江淮貢賦亦為韓秀昇所阻，導致百官無俸，〔註82〕唐廷處境的困窘可見一斑。

綜上所述，兩浙地區由於農業發達，米糧不僅自足，且可大量輸往京師及行在，故權德輿在〈論江淮水災上疏〉中說：「江東諸州，業在田畝，每一歲善熟，則旁資數道」。〔註83〕江東，主要是指當時包括兩浙在內的江南地區。而在安史之亂後，代宗廣德（763～764）時，劉晏主漕事，在其改革後，每歲運米亦僅一百一十萬石，〔註84〕《新唐書‧食貨志》載：

> 貞元初，關輔宿兵，米斗千錢，……（崔造）增江淮之運，浙江東、
> 西歲運米七十五萬石，復以兩稅易米百萬石，江西、湖南、鄂岳、
> 福建、嶺南米亦百二十萬石，詔浙江東、西節度使韓滉，淮南節度
> 使杜亞運至東、西渭橋倉。〔註85〕

《新唐書‧崔造傳》亦記載德宗時，浙江東西道每歲入運米七十五萬石。〔註86〕兩浙歲運米七十五萬石，而再加上兩稅易米者達一百七十五萬石，可見兩浙地區稻米產量甚高。足見安史亂後，兩浙之米在漕運中占相當高的比例，無形中也提高了其在唐中央的地位。五代時期吳越國對後周世宗的進奉，一次就有稻米二十萬石，〔註87〕足見其稻米的產量甚大。

〔註79〕 《舊唐書》，卷一二九，〈韓滉傳〉，頁3601。
〔註80〕 司馬光，《資治通鑒》（臺北，世界書局，1976年初版），卷二三二，德宗貞元二年四月丙寅條，頁7469。
〔註81〕 詳見拙作，《唐代淮南道研究》（臺北，中國文化大學史學所碩士論文，1997年6月），表十四「唐代代宗、德宗二朝藩鎮阻撓漕運表」及頁105～108。
〔註82〕 司馬光，《資治通鑒》，卷二五五，僖宗中和三年二月甲子條，頁8289。
〔註83〕 見權德輿，〈論江淮水災上疏〉，《全唐文》，卷四八六，頁2198上。
〔註84〕 見杜佑，《通典》（北京，中華書局，1992年初版2刷）卷一九，〈職官一〉，頁471。
〔註85〕 《新唐書》，卷五三，〈食貨三〉，頁1369～1370。
〔註86〕 《舊唐書》，卷一三○，〈崔造傳〉，頁3626。
〔註87〕 見王欽若、楊億等編，《冊府元龜》，卷一六九，〈帝王部‧納貢獻〉，頁2037

二、經濟作物

兩浙地區的經濟作物品類眾多，以茶、絲、綿、柑橘、蓮藕、郯藤、木瓜、黃蓮、乾薑及金漆〔註88〕等較爲重要，而以茶、絲、綿、柑橘及蓮藕等爲大宗。

（一）茶

茶樹的發現和開發利用，早在西漢時期已見於記載，〔註89〕而兩浙地區作爲茶樹的原產地，其種植及加工應不晚於漢代。魏晉南北朝時期產地有浙北的烏程、吳興、武康，浙東的餘姚，浙南的永嘉等地。〔註90〕到了唐代，飲茶風氣盛行，兩浙的茶產地，據陸羽《茶經》記載已擴及浙西湖州長城縣，杭州臨安、於潛、錢塘縣，睦州桐廬縣；浙東越州餘姚縣，明州鄮縣，婺州東陽縣，台州赤城縣等，〔註91〕再加上湖州的安吉、武康縣共七州十一縣。〔註92〕

在茶的種類方面，根據李肇《唐國史補》記載，當時共有十五種名茶，其中在兩浙地區出產的有排行第二的湖州顧渚的紫筍茶、常州義興紫筍茶〔註93〕、婺州東白茶及睦州鳩坑茶等四種名茶。〔註94〕其中以湖州顧渚紫筍茶爲最有名，並曾遠銷到吐蕃，〔註95〕足見其受歡迎程度。而陸羽《茶經・八之出》由茶的生產地評其等第，浙西亦以湖州顧渚紫筍茶爲上品。〔註96〕

另據陳尚君先生所輯之《茶譜》，兩浙地區的名茶尚有常州義興之陽羨春、渳湖含膏等名茶，〔註97〕渳湖含膏即《唐國史補》中常魯公使西番時，

　　～2045。

〔註88〕台州土貢之「金漆」因是一種金漆樹所產的天然樹脂，見尚剛，〈說"金漆"〉，收入《唐研究》第一輯（1995年12月），頁483～486。

〔註89〕見王仲犖撰，〈從茶葉經濟發展歷史看中國封建社會的一個特徵〉，收入氏著，《蠟華山館叢稿》（北京：中華書局，1987年4月初版），頁119。

〔註90〕見李志庭，《浙江地區開發探源》，頁207。

〔註91〕陸羽，《茶經》，卷下，〈八之出〉，見張宏庸編著，《陸羽全集》（桃園，茶學文學出版社，1985年3月初版），頁24。

〔註92〕參見張澤咸，〈漢唐時期的茶葉〉，載《文史》第11期（1981年3月），頁65。

〔註93〕至於常州及湖州土貢之「紫筍茶」應即爲「紫筍茶」，因「筍」及「筍」字音同，可能爲通用字。

〔註94〕見李肇，《唐國史補》（臺北，世界書局，民國80年6月4版），卷下，頁60。

〔註95〕見李肇，《唐國史補》，卷下，頁66。

〔註96〕陸羽，《茶經》，卷下，〈八之出〉，見張宏庸編著，《陸羽全集》，頁24。

〔註97〕陳尚君撰，〈毛文錫《茶譜》輯考〉，收入《唐代文學叢考》（北京，中國社會科學出版社，1997年10月初版），頁422。

贊普所言之灄湖茶，〔註98〕可見其受歡迎程度。婺州則有「舉岩茶，斤片方細，所出雖少，味極甘芳，煎如碧乳也。」〔註99〕

此外，尚有蘇州洞庭所產者，《太平寰宇記》卷九十一蘇州長洲縣洞庭山條引《蘇州記》曰：「山出美茶，歲為入貢，故《茶說》云：『長洲縣生洞庭山者，與金州、蘄州、梁州味同』」，〔註100〕而蘄州茶，《唐國史補》列為「名品」，〔註101〕以蘇州茶與之相比擬，可見蘇州茶品質之優良。另據《吳郡圖經續記》載，洞庭山有山僧善製茗，謂之「水月茶」，以院為名，頗為吳人所貴，〔註102〕足見洞庭山所產茶甚受歡迎。杭州天目山亦產茶，「杭州臨安、於潛二縣（茶）生天目山者，與舒州同」。〔註103〕

從《冊府元龜·帝王部》記載可知吳越時有「腦源茶」的生產，唯其產地不明，僅知其產量甚大，一次進貢就達數萬斤。〔註104〕其他吳越國進貢的還有「大茶」及「細茶」，但其種類不明，惟〔註105〕《新唐書·地理志》記載睦州長慶貢有「細茶」一項，但不能確定是否為該州所生產。〔註106〕

（二）絲、綿

在絲、綿生產方面，從《元和郡縣圖志》及《新唐書·地理志》中記載兩浙地區上貢的絲、綿織品有潤州的衫羅、水紋、方紋、魚口、繡葉、花紋等綾及火麻布；常州的紫紅綿巾、緊紗、兔褐、皁布、綢、絹、布及紵布；蘇州的絲棉、絲葛、八蠶絲、排綾，湖州有絲布、御服、（鳥）烏眼綾、綿綢、

〔註98〕見李肇，《唐國史補》，卷下，頁66。

〔註99〕陳尚君，〈毛文錫《茶譜》輯考〉引《事類賦注》卷十七，頁423。

〔註100〕《太平寰宇記》，卷九十一〈江南東道·蘇州〉，頁690；陳尚君認為《茶說》為《茶譜》之誤，見陳尚君撰，前引文，頁422，而《吳郡圖經續記》則記此段為《茶經》所載，未知孰是，以其內容之相似程度，極可能是同一來源，見朱長文撰，金菊林點校，《吳郡圖經續記》（南京，江蘇古籍出版社，1999年8月初版），卷下，頁84。

〔註101〕《唐國史補》，卷下，頁60。

〔註102〕朱長文撰，金菊林點校，《吳郡圖經續記》（南京，江蘇古籍出版社，1999年8月初版），卷下，頁84。

〔註103〕《太平寰宇記》，卷九十三〈江南東道·杭州〉，頁702。

〔註104〕王欽若、楊億等編，《冊府元龜》，（北京，中華書局，1988年8月3版），卷一六九，〈帝王部·納貢獻〉，頁2037～2045。

〔註105〕王欽若、楊億等編，《冊府元龜》，卷一六九，〈帝王部·納貢獻〉，頁2037～2045。

〔註106〕張劍光，《唐五代江南工商業佈局研究》，頁190，認為是睦州所產。

綿布；杭州白編綾、緋綾、紋紗，睦州絲、交梭、文綾、紵、布；越州有異文吳綾、花鼓歇單絲吳綾、吳朱紗、寶花、花紋等羅、白編、交梭、十樣花紋等綾、輕容、生縠、花紗、吳絹等；明州吳綾、交梭綾；處州小綾、紗、絹、綿、綿紬等；婺州綿；溫州綿、布；衢州綿等品類繁多，〔註107〕這些絲綿紡織品雖牽涉到技術問題，但原料品質亦相當重要，可見兩浙地區不但絲、綿原料生產量大，且品質優良，才能製造出如此繁多且精緻的成品。

（三）柑　橘

在柑、橘的生產方面，兩浙地區的蘇、湖、杭、台、溫等州，均有柑橘類生產，並列爲貢品，〔註108〕其中尤以蘇州所生產的柑、橘最爲著名。據《新唐書‧地理志》記載，蘇州的土貢有柑、橘，〔註109〕洞庭橘尤爲有名。劉商，〈曲水寺枳實〉詩曰：「洞庭山上橘，霜落也應黃」，〔註110〕言「霜落也應黃」足見洞庭橘在下霜後成熟採收。白居易〈宿湖中〉詩云：

> 水光向晚碧沈沈，樹影霞光重疊深。浸月冷波千頃練，苞霜新橘萬
> 株金。〔註111〕

白居易以「萬株金」來形容橘樹，足見其珍貴一斑。又〈揀貢橘書情〉詩云：

> 洞庭貢橘揀宜精，太守勤王請自行，珠顆形容隨日長，瓊漿氣味得
> 霜成。〔註112〕

由「漿氣味得霜成」句，可知新橘非經霜不得其美味，此詩充分說明蘇州貢橘揀選之謹慎。

另外，洞庭綠橘亦十分有名，按《吳郡志》載：「綠橘，出洞庭東西山，比常橘特大，未霜深綠色，臍間一點先黃，味已全可啖，故名綠橘」，〔註113〕詩人韋應物在唐代曾任蘇州刺史，《吳郡志》引《芝田錄》云：

> 韋蘇州〈寄橘〉詩云：「書後欲題三百顆，洞庭須待滿林霜。」蓋《南

〔註107〕參見李吉甫，《元和郡縣圖志》（北京，中華書局，199 年月）卷二十五，頁589～630 及《新唐書》卷四十一，〈地理五〉，頁 1056～1063。

〔註108〕《新唐書》卷四十一，〈地理五〉，頁 1058～1063。

〔註109〕《新唐書》卷四十一，〈地理五〉，頁 1058。

〔註110〕《全唐詩》，卷三〇四，頁 766 上，〈曲水寺枳實〉。

〔註111〕見白居易撰，《白居易集》，卷二十四，〈律詩〉，頁 537。

〔註112〕見白居易撰，《白居易集》，卷二十四，〈律詩〉，頁 537；此詩中「洞庭」爲太湖中的洞庭山。

〔註113〕范成大撰，陸振岳校點，《吳郡志》（南京，江蘇古籍出版社，1999 年 8 月初版）卷三十，〈土物下〉，頁 443。

史》有人題書尾曰：「洞庭霜橘三百顆」，韋正用此事，余按王右軍
帖亦云：「奉橘三百枚，霜未降，不可多得」同出於此。〔註114〕

由此段記載可印證「霜橘」〔註115〕在南北朝時已十分有名，蘇州橘的確名不
虛傳。

而蘇州郭下長洲縣，亦因盛產橘子，被稱為「奧壤」。〔註116〕商人宏執信
甚至欲將長洲橘遠銷至鄭州，因在徐州與欲往蘇州的商人劉元禮的貨船相撞，
而引起訴訟，〔註117〕此例側面顯示蘇州所生產的橘子，受到了北方消費者的喜
愛，而從雙方載貨均用整艘船來看，其數量應不小。據《九國志・陳璋傳》載：

越將張仁保陷東洲，授璋水陸行營都招討使擊仁保於海曲，……軍
回泊洞庭，見橘林，意欲除之，謂士卒曰：「若食鱠用此木研酸酪，
不假他物，自有香辛味」，諸軍皆爭取，樹立盡。〔註118〕

此段記載顯示蘇州的橘林，即使到了唐末兵荒馬亂之時，仍十分茂盛，可見
橘子的產量相當可觀。

浙東地區的橘子產量亦不少，元稹〈唐故越州刺史河東薛公神道碑文銘〉
載浙東觀察使薛戎在浙東時，理有善政：

舊制包橘之貢取於人，未三貢鬻者，罪且死。公命市貢之鬻者無所
禁，旬日之內，越俗無餘弊。〔註119〕

從薛戎罷貢橘舊俗，足見越州應有生產橘子，只是史未明言其產地。浙東的
明、台州等地據唐人詩文記載，橘、柚等經濟作物相當茂盛，如〈送寇侍御
司馬之明州〉詩云：「蓮唱蒲魚熟，人煙橘柚香，蘭亭應駐楫，今古共風光」，
〔註120〕另武元衡〈送吳侍御司馬赴台州〉詩亦云「風景輕吳會，文章變越
謠，煙林繁橘柚，雲海浩波潮」，〔註121〕足見沿海地區的明州、台州橘林數

〔註114〕范成大撰，陸振岳校點，《吳郡志》，卷三十，〈土物下〉，頁443。

〔註115〕參見范成大撰，陸振岳校點，《吳郡志》，卷三十，〈土物下〉，頁443。

〔註116〕《全唐文》，卷九八五，闕名，〈對梨橘判〉，頁4518下。

〔註117〕見《全唐文》，卷九八五，闕名，〈對梨橘判〉，頁4518下。

〔註118〕路振撰，《九國志》（收入《宛委別藏叢書》，臺北，商務印書館，1981年10月初版），卷一，〈陳璋傳〉，頁32。

〔註119〕元稹撰，《元稹集》（臺北，漢京文化出版公司，1983年10月初版），卷五三，〈唐故越州刺史兼御史中丞浙江東道觀察等使贈左散騎常侍河東薛公神道碑文銘〉，頁572。

〔註120〕《全唐詩》，卷三一六，頁785中，〈送寇侍御司馬之明州〉。

〔註121〕《全唐詩》，卷三一六，頁786上，〈送吳侍御司馬赴台州〉。

量甚多。

此外，杭州所產的王洲橘不但「爲江東之最」，並曾列爲貢品，〔註 122〕據《通典·食貨六》記載杭州天寶（742～756）時土貢橘子達二千顆之多，可見其生產量甚大。〔註 123〕而台州及湖州的土貢中尚有「乳柑」〔註 124〕一項，據《通典·食貨六》記載台州天寶時貢乳柑達六千顆，可見其生產量甚大。〔註 125〕雖因史料有限，目前尚不知乳柑與一般柑橘有何差別，但從其能列入貢品，可知滋味非凡。

（四）蓮　藕

蓮藕，蘇州土貢中有「藕」〔註 126〕一項，據《通典·食貨六》記載蘇州天寶時貢「嫩藕三百段」。〔註 127〕杜荀鶴〈送友遊吳越〉詩云：「有園多種橘，無水不生蓮」，〔註 128〕可證蓮在蘇州是常見的觀賞及經濟作物，另杜荀鶴〈送人遊吳〉詩云：

> 君到姑蘇見，人家盡枕河，古宮閒地少，水港小橋多，夜市賣菱藕，
>
> 春船載綺羅，遙知未眠月，鄉思在漁歌。〔註 129〕

由「夜市賣菱藕」一語，可見蓮藕的在當時是作爲日常食品。而范成大所著《吳郡志》中亦列「傷荷藕」爲蘇州特產：

> 唐蘇州進藕最上者，名傷荷藕。傷荷之名，或云：「葉甘爲蟲所傷。
>
> 傷其葉，則長其根也」。〔註 130〕

兩浙的經濟作物除茶、絲、綿、柑橘及藕外，尚有用於製造藤紙的藤及木瓜〔註

〔註 122〕《元和郡縣圖志》，卷二十五，頁 604。

〔註 123〕杜佑撰，王文錦等點校，《通典》（北京，中華書局，1992 年再版），卷六，〈食貨六〉，頁 123。唐代各史籍所載土貢時間參見王永興，〈唐代土貢資料繫年〉，《北京大學學報》1982 年第 4 期，此處引自楊淑洪撰，《唐代漕運運輸之研究》（臺北，中國文化大學史研所博士論文），1994 年 6 月，頁 237。

〔註 124〕《新唐書》卷四十一，〈地理五〉，頁 1063。

〔註 125〕杜佑撰，王文錦等點校，《通典》，卷六，〈食貨六〉，頁 124。

〔註 126〕《新唐書》卷四十一，〈地理五〉，頁 1058。

〔註 127〕杜佑撰，王文錦等點校，《通典》，卷六，〈食貨六〉，頁 123。

〔註 128〕《全唐詩》，卷六九一，頁 1740 上，〈送友遊吳越〉。

〔註 129〕《全唐詩》，卷六九一，頁 1740 上，〈送人遊吳〉。

〔註 130〕范成大撰，陸振岳校點，《吳郡志》，卷三十，〈土物下〉，頁 456；李肇，《唐國史補》（臺北，世界書局，1991 年 6 月 4 版），卷下，64 略同。

〔註 131〕產木瓜的州郡有杭州、湖州等，見《新唐書》卷四十一，〈地理五〉，頁 1058～1059。

131〕、黃連〔註132〕、乾薑、金漆、甲香〔註133〕、〔甘〕蔗〔註134〕及蜜等，據《通典‧食貨六》記載臨海郡（台州）貢乾薑百斤。〔註135〕而在五代時期吳越國對中原政權〔註136〕歷年的進貢中，即有乾薑11萬斤、蘇木〔註137〕10萬斤及稻米二十萬石等「方物」，〔註138〕足見薑亦是重要的經濟作物。〔註139〕此外，台州土貢之「金漆」並非金屬，而是一種金漆樹所產的天然樹脂，〔註140〕因較珍貴，故列爲貢品。湖州長慶貢有「蜜」一項，越州則貢「石蜜」，處州的開元土貢亦有「蜜」一〔註141〕項。

三、漁業及水產養殖業

在水產品方面，兩浙地區因濱江臨海，且境內有太湖等大型湖泊，加以河川密布，故水產特則豐富。武則天長壽元年（692）天下禁屠殺及捕魚蝦，適逢江淮旱，餓死者甚眾，〔註142〕崔融乃上書云：「江南諸州，乃以魚爲命，

〔註132〕產黃連的州郡有處州、婺州等，見《新唐書》卷四十一，〈地理五〉，頁1062～1063。

〔註133〕香料的一種，產于台州，見《新唐書》卷四十一，〈地理五〉，頁1063。

〔註134〕產於溫州，見《新唐書》卷四十一，〈地理五〉，頁1063；另文啓，〈古代蔗糖製作技術與甘蔗產〉，《中國歷史地理論叢》，1996年3月，認爲兩浙有數州生產甘蔗，而不限於溫州。

〔註135〕杜佑撰，王文錦等點校，《通典》，卷六，〈食貨六〉，頁124。

〔註136〕五代時期諸國林立，一般以梁、唐、晉、漢、周五個政權爲正統，爲方便敘述，統稱爲「中原政權」。

〔註137〕而吳越對後唐、後晉及後周時進貢有「蘇木」一項，且數量達十萬斤，而遍查中國史籍未有相關記載，但在阿拉伯人伊本‧胡爾達茲比赫（Ibn khordadhbeh）所著的《道里邦國志》一書中，發現蘇木（Al-Baqqam）是一種生產於拉米島的藥材，其汁液可快速解毒，可治蛇咬傷口，如吳越國對後唐、後晉及後周時進貢的蘇木是產於拉米島，則可見吳越國海外貿易的發達。參見伊本‧胡爾達茲比赫（Ibn khordadhbeh）著，宋峴譯注，《道里邦國志》（北京，中華書局，1991年12月初版），頁67。

〔註138〕見王欽若、楊億等編，《冊府元龜》，卷一六九，〈帝王部‧納貢獻〉，頁2037～2045。

〔註139〕據《新唐書‧地理志》記載，杭州及台州均產乾薑。

〔註140〕台州土貢之「金漆」是一種金漆樹所產的天然樹脂，見尚剛，〈說"金漆"〉，收入《唐研究》第一輯（1995年12月），頁483～486。

〔註141〕參看及《新唐書》卷四十一，〈地理五〉，頁1058～1060。湖、越州部分及《元和郡縣圖志》，卷二十五，頁623～624。

〔註142〕參見司馬光，《資治通鑑》（臺北，世界書局，1974年3月6版），卷二〇五，則天武后長壽元年五月丙寅條，頁6482。

河西諸國，以肉爲齋」，〔註143〕請求恢復可捕魚蝦及宰殺牲畜以足民食，〔註144〕從此段記載可知，魚蝦等水產品是江南人民的日常生活食物來源，而非只是桌上佳肴而已。

　　早在晉時，蘇州所產松江鱸魚膾就已十分有名，如張翰仕齊王冏，見秋風起，因思念松江鱸魚膾，乃東歸，〔註145〕而其作《鱸魚歌》云：

　　　秋風起兮木葉飛，吳江水兮鱸正肥，三千里兮家未歸，恨難禁兮仰

　　　天悲。〔註146〕

足見松江鱸魚膾之滋味甚佳，使人難以忘懷。及至唐代，兩浙地區中的蘇、潤、常、溫、台、明等州皆有水產品作爲土貢。本區之瀕海州土貢中均有「海物」，據《新唐書·地理志》記載，浙東明州長慶貢有海味、附子等，台州、溫州則有蛟革。〔註147〕

　　而《元和郡縣圖志》則更詳細記載各州土貢的清單及數量，如明州之「海味」包括海肘子、紅蝦米、鯖子、紅蝦鮓、烏賊骨等，溫州則開元貢爲鮫魚皮三十張，台州則元和貢鮫魚皮一百張，〔註148〕「蛟革」應即爲鮫魚皮，極可能是今日之鯊魚皮，但因古代海水及淡水生物常混淆不清，如周處斬蛟龍即在常州荊溪，〔註149〕此蛟龍顯非海中之蛟（鮫）龍，故姑且存疑。

　　明州所產的「淡蚶」尤爲有名，「明州歲進海物，其淡蚶，〔註150〕非禮之味，尤速壞；課其程，日馳數百里」。〔註151〕元稹，〈浙東論罷進海味狀〉則進一步說明：

　　　浙江東道都團練觀察處置等使當管明州，每年進淡菜一石五斗，海

　　　蚶一石五斗。每十里置遞夫二十四人。……明州去京四千餘里，約

　　　計排夫九千六百餘人，假如州縣只先期中十日追集，猶計用夫九萬

〔註143〕《全唐文》，卷二一九，頁977下～978上，〈斷屠議〉。

〔註144〕久視元年十二月崔融上書後開屠禁，見《資治通鑒》，卷二〇七，則天武后久視元年十二月甲寅條，頁6553～6554。

〔註145〕見陸廣微撰，曹林娣校注，《吳地記》，頁83。

〔註146〕劉義慶撰，余嘉錫箋注，《世說新語箋疏》（台北，仁愛書局，1984年10月初版），卷七，〈識鑒〉，頁395引《歲華紀麗》卷三。

〔註147〕見《新唐書》卷四十一，〈地理五〉，頁1061～1063。

〔註148〕《元和郡縣圖志》，卷二十五，頁625～629。

〔註149〕《元和郡縣圖志》，卷二十五，頁600。

〔註150〕白居易所稱之「淡蚶」，應即是元稹所稱之「海蚶」

〔註151〕《白居易集》，卷七十，頁1467～1468，〈唐故武昌節度處置等使、正議大夫、檢校戶部尚書、鄂州刺史兼御史大夫、贈尚書右僕射、河南元公墓誌銘〉。

六千餘功，方得前件海味到京。〔註152〕

因海鮮不易保鮮，故必須加速運送，僅將海味從明州運送到當時京城，沿途就需九千六百餘人運送，如限期運送，則耗用民力更甚。上述二條史料除反映地方上貢特產所所費不貲外，側面亦顯示李唐皇室對浙東「海味」的喜好。

浙西的蘇州因傍海臨江，且位於太湖流域，故水產品種類繁多且品質優良，據《新唐書‧地理志》及《吳郡圖經續記》等記載有鯔皮、魬、肚魚、魚子、白魚、石首魚、鱸魚、鮸魚、鯉魚、紫蝦〔註153〕及蟹等，《通典‧食貨六》記載蘇州天寶時土貢中有鯔魚皮三十頭及肚魚五十頭等水產品。〔註154〕因蘇州地區臨近太湖，湖泊密佈，故土貢中除海物外亦有淡水魚類。據《吳郡圖經續記》記載，隋大業年間（605~617）吳郡貢海鮸魚乾膾、海蝦、松江鱸魚乾膾、鯉腴鯗若干瓶及鮸魚含肚千頭及蜜蟹二十頭等特產，今據史料加以詮釋。

其中海鮸魚乾膾四瓶，浸泡一瓶可得徑尺面盤十盤，海魚肉軟而不腥，雖已久乾，以法修之可食。〔註155〕鮸魚，《吳郡志》：「出海中，鱗細紫色，無細骨，不腥」。〔註156〕而所謂「乾膾」乃是用「膾」法將魚切絲，再用日曬法，脫其水份，然後製成的一種乾魚絲。〔註157〕又有海蝦四十挺，「色如赤琉璃，光徹而肥美」；〔註158〕松江鱸魚乾膾六瓶，「鱸魚肉白如雪不腥，所謂金齏玉膾，東南之佳味也」。〔註159〕

鱸魚，《吳郡志》載「生松江，尤宜膾，潔白鬆軟，又不腥，在諸魚之上。」，〔註160〕松江鱸魚爲杜文魚科，其栖息地、外型及體型大小均不同於一般的鱸魚，松江鱸魚的淡水生活期，主要活動地區在吳地的松江水域，故得名，現今名爲「塘鱧魚」或「鱸鱧魚」。〔註161〕松江鱸魚膾在晉代即已聞名，前述張翰思念松

〔註152〕見元稹，《元稹集》（臺北，漢京文化，1983年10月初版），卷三十九，頁440。
〔註153〕見《全唐詩》，卷六七一，唐彥謙，頁1687下，〈索蝦〉，有關蝦的詳細資料，參見王賽時，《唐代飲食》（濟南，齊魯書社，2003年3月初版），頁86。
〔註154〕杜佑撰，王文錦等點校，《通典》（北京，中華書局，1992年再版），卷六，〈食貨六〉，頁123。
〔註155〕朱長文撰，金菊林點校，《吳郡圖經續記》，卷下，頁81~82。
〔註156〕范成大撰，陸振岳校點，《吳郡志》，卷二十九，頁441。
〔註157〕參見王賽時，《唐代飲食》（濟南，齊魯書社，2003年3月初版），頁101~102。
〔註158〕朱長文撰，金菊林點校，《吳郡圖經續記》，卷下，頁82。
〔註159〕朱長文撰，金菊林點校，《吳郡圖經續記》，卷下，頁82。
〔註160〕范成大撰，陸振岳校點，《吳郡志》（南京，江蘇古籍出版社，1999年8月初版），卷二十九，頁435。
〔註161〕松江鱸魚的生態詳見張學鋒，〈菰菜、蓴羹、鱸魚膾與吳人的鄉思〉，載江蘇省

江鱸魚膾，乃東歸，即是顯例，〔註162〕到了唐代，陸龜蒙〈潤州送人往長洲〉詩云：「君住松江多少日，爲嘗鱸膾與蓴羹」，〔註163〕亦可知松江鱸魚之盛名。

鯉腴鮓四十瓶，「肥美冠於鱣鮪乾鱠之類」，〔註164〕據《吳郡志》載，鯉腴鮓（鮓）：出太湖，隋大業十二年，吳郡獻之。純以鯉腴爲之，一瓶用魚四五百頭，味過鱣鮪。〔註165〕

「鮓」是我國古代一種特有腌製發酵食品，一瓶鯉腴鮓用魚至四五百頭，可見其味之濃郁。隋時吳郡約等於唐代蘇、湖二州之境，由此可見蘇、湖州水產品不僅種類多且聞名遐邇，受到極大歡迎。

鮸魚含肚千頭，「含肚」是一種全魚腌製的魚，依《大業拾遺記》所載，其作法是去魚鱗而不除去內臟，在空氣中放兩天待魚體稍有腐化，即去內臟再用鹽腌透，再經日曬、加壓而成。〔註166〕蜜蟹二十頭，製法如糖蟹，糖蟹的作法是將活蟹放入糖和其他作料浸製而成。〔註167〕

蘇州所產白魚亦負盛名，《吳郡志》載：「白魚，出太湖者爲勝」，〔註168〕《吳郡圖經續記》亦記載隋大業中，吳郡進貢白魚種子（魚卵），運往東都繁殖，到唐代東都尚存白魚一事，〔註169〕由東都白的養殖成功，故推測吳郡當時應已有人工養殖白魚的技術，但可能屬於起步階段，王賽時亦認爲隋朝時的淡水養殖，就以白魚爲首選，但未言明出處。〔註170〕

石首魚亦蘇州特產，據《吳地記》記載：「吳郡魚城下，水中有石首魚，至秋化爲鳧，鳧頂中有石」，〔註171〕雖帶有神話色彩，但可見其之特色。《吳

六朝史研究會編，《六朝史論集》（合肥，黃山書社，1993年9月初版），頁81。
〔註162〕見陸廣微撰，曹林娣校注，《吳地記》，頁83。
〔註163〕見陸龜蒙，《甫里集》，收入《四庫薈要》（台北，世界書局，1987年初版），第367冊，卷八，頁54下。
〔註164〕朱長文撰，金菊林點校，《吳郡圖經續記》，卷下，頁82。
〔註165〕范成大撰，陸振岳校點，《吳郡志》，卷二十九，頁443引自《大業雜記》。
〔註166〕見杜寶撰，辛德勇輯校，《大業雜記輯校》（西安，三秦出版社，2006年1月初版），頁36；並參見王賽時，《唐代飲食》（濟南，齊魯書社，2003年3月初版），頁102。
〔註167〕參見王賽時，《唐代飲食》，頁103。
〔註168〕范成大撰，陸振岳校點，《吳郡志》，卷二十九，頁436。
〔註169〕朱長文撰，金菊林點校，《吳郡圖經續記》，卷下，頁81；有關「白魚」的棲地、習性等見王賽時，《唐代飲食》，頁83～84。
〔註170〕見王賽時，《唐代飲食》，頁83。
〔註171〕本條今本《吳地記》已佚，轉錄自范成大，《吳郡志》，卷二十九，頁436，亦見於《吳地記後集》，收入陸廣微撰，曹林娣校注，《吳地記》，頁178。

郡圖經續記》曰：「秋風起則鱸魚肥，練木華而石首至」，〔註172〕而《吳錄》則記載：

> 婁縣有石首魚，至秋化爲鳧，鳧頭中猶有石。今惟海中，其味絕珍，
> 大略如巨蟹之螯，爲江海魚中之冠，夏初則至，吳人甚珍之。〔註173〕

可見石首魚是蘇州的著名水產品，因其味佳，故受到吳人的重視，甚且販賣至江東金陵以西。〔註174〕

此外，湖州亦產紫蟹，杜牧〈新轉南曹未敍朝散初秋暑退出守吳興書此篇以自見志〉詩云「越浦黃甘嫩，吳溪紫蟹肥」可證。〔註175〕此外，潤、常州土貢中的鱘及鮓，亦應屬淡水魚類。〔註176〕

在人工養殖部分，兩浙的人工水產養殖場可分爲天然及開鑿水塘兩種，皮日休〈奉和魯望漁具十五詠‧種魚〉詩云：

> 移土湖岸邊，一半和魚子，池中得春雨，點點活如蟻，一月便翠鱗，
> 終年便頒尾。借問兩綏人，誰知種魚樂。〔註177〕

皮日休所言種魚，即是用天然湖泊養魚的例子。蘇州城外的「七堰」，即人工養殖地也，《吳郡圖經續記》載：

> 七堰者，皆在州城外，據樂天詩云：「七堰八門六十坊。」而《圖經》云：
> 「廢堰一十有六。」蓋樂天指其近者言之也。舊說蓄水養魚之所，
> 或云所以過外水之暴而護民居。近世，城中積土漸高，故雖開堰，
> 無甚患也。〔註178〕

由於不論是在天然湖泊養魚或開鑿水塘養魚，皆屬人工養殖的範疇，而這些例子，因限於史料，似乎人工養殖只有在蘇州一地。〔註179〕其實據《吳越春秋》、《吳郡諸山錄》等史料記載，早在春秋末年吳越地區即已有人工養魚的方式出現，〔註180〕《吳地記》亦云：「十五里有魚城，越王養魚處」。〔註181〕

〔註172〕朱長文撰，金菊林點校，《吳郡圖經續記》，卷上，頁10。
〔註173〕轉引自范成大，《吳郡志》，卷二十九，頁436〜437。
〔註174〕范成大撰，陸振岳校點，《吳郡志》，卷二十九，頁437。
〔註175〕杜牧撰，斐延翰編，《樊川文集》（臺北，漢京文化出版公司，1983年11月初版），卷三，〈新轉南曹未敍朝散初秋暑退出守吳興書此篇以自見志〉，頁52。
〔註176〕《新唐書》卷四十一，〈地理五〉，頁1056〜1063。
〔註177〕《全唐詩》，卷六一一，頁1546下。
〔註178〕朱長文撰，金菊林點校，《吳郡圖經續記》，卷中，〈水〉頁48〜49。
〔註179〕李伯重，《唐代江南農業的發展》，頁173。
〔註180〕參見李伯重，《唐代江南農業的發展》，頁104。

而兩浙地區恰是古代吳、越兩國的核心區所在。對養殖業具有悠久歷史及優良傳統的兩浙地區來說，人工養殖業不應只限於蘇州地區，而應是太湖流域地區的共通情形。

綜上所述，兩浙地區的漁業及水產養殖業的發展皆十分迅速，尤以蘇、湖等州最為發達，而魚蝦等水產品，可以說是當地居民的日常食品，在水旱災頻仍之年，魚、蝦等水產品更成為主要的食物，故杜甫在提到江南習俗時說「家家養烏鬼，頓頓食黃魚」，〔註182〕當屬實際情形。

第二節　手工業的發展

　　唐五代時期兩浙地區的手工業，比六朝時期有更進一步的發展，其中以冶鑄、金銀製造、紡織、製鹽、製茶、造船、製瓷、造紙、釀酒及水產品加工業等較為重要。手工業產品的增加及多樣化，是促使兩浙地區商業貿易日益興盛的重要原因之一。

一、冶鑄業

　　在冶鑄業方面，唐代兩浙地區是當時主要金屬礦採冶地區之一，包括銅、鐵、銀、錫等金屬礦，蘊藏相當豐富，金屬冶鑄相對發達。據《新唐書・食貨志》記載：

> 凡銀、銅、鐵、錫之冶一六八，陝、宣、潤、饒、衢、信五州，銀冶五十八，銅冶九十六，鐵山五，錫山二，鉛山四，汾州明礬山七。
> 麟德二年，廢陝州銅冶四十八。〔註183〕

如從產地來看，除陝州外其餘均在江南地區，在麟德二年廢陝州銅冶後，江南的金屬鑄造業當益形重要，兩浙地區潤、衢二州又為江南主要的金屬鑄造

〔註181〕《吳地記》，頁20。
〔註182〕見杜甫撰，錢謙益箋注，《杜詩錢注》（台北，世界書局，1998年8月二版1刷），卷十六，頁860～861，〈戲作俳諧體遣悶二首〉。「烏鬼」一詞，沈括《夢溪筆談》認為是鸕鶿，徐連達則引宋・吳曾《能改齋漫錄》認為是烏龜，見徐連達著，《唐朝文化史》（上海，復旦大學出版社，2003年11月初版），頁10注：筆者則認為若許多人家都養的動物，應是可食或有經濟價值者，像「鱉」就可能性很大，但亦不排除是可食之家畜（如豬）或家禽的可能性。
〔註183〕《新唐書》，卷五十四，〈食貨四〉，頁1383；明有陝、宣、潤、饒、衢、信等6州而云5州是誤也。

地，故金屬冶鑄業特為發達。

兩浙地區銅礦礦藏最為豐富，銅礦產地有潤州句容，〔註184〕杭州餘杭，湖州武康、長城、安吉，睦州建德、遂安，明州奉化，溫州安固，婺州金華等共 11 處。〔註185〕1970 年淳安縣銅峰山（在縣城排嶺鎮西南 75 公里，唐時屬睦州遂安縣）發現銅礦遺址，洞口題有「大唐天寶八載開此山取銅，至乾元元年七月。又至大曆十年十二月再採，續至元和四年」等四行三十五字，銅峰山下有一小盆地，溪中有大量礦渣堆積，〔註186〕此處應為唐時遂安縣銅礦產地所在。

兩浙鐵礦產地則有越州山陰及台州臨海、黃岩、寧海等四縣。此外，金屬礦產還有越州諸暨、衢州西安及處州松陽的銀礦及湖州安吉、越州會稽的錫礦等。〔註187〕此外，據《六朝事跡編類・山崗門》鐵冶山條引顧野王《輿地志》云「前代鐵冶處」，〔註188〕表明在潤州江寧即六朝時期建康附近有鐵礦蘊藏，亦顯示潤州地區的冶鐵業的歷史久遠。

在鑄錢業方面，潤州設有丹楊監，是在天寶末年開始設官鑄錢，當時的情況，據《新唐書・食貨志》記載：

> 天下鑪九十九，絳州三十，揚、潤、宣、鄂、蔚皆十（鑪），益、郴皆五，洋州三，定州一。每鑪每年鑄錢三千三百緡，役丁匠三十，費銅二萬一千二百斤、鑞三千七百斤、錫五百斤。每千錢費錢七百五十，天下歲鑄三十二萬七千緡。〔註189〕

可見即使是官鑄，仍有利可圖，更不用說盜鑄的暴利了。到了德宗建中元年（780）九月，戶部侍郎韓洄奏「江淮錢監，歲共鑄錢四萬五千貫，輸於京師，度工用轉送之費，每貫計錢二千，是本倍利也。」奏請停罷江淮七監，「從之」。〔註190〕

〔註184〕句容有銅冶山，「出銅鉛，歷代采（採）鑄」，見李吉甫撰，《元和郡縣圖志》（北京，中華書局，1995 年 1 月初版 2 刷），卷二十五，頁 598。

〔註185〕參見《元和郡縣圖志》，卷二十五，頁 589～630 及《新唐書》卷四十一，〈地理五〉，頁 1056～1063。

〔註186〕李志庭，前引書，頁 142。

〔註187〕同註 185：其中台州土貢之「金漆」因是一種金漆樹所產的天然樹脂，故不列入礦產計算，說見尚　剛，〈說"金漆"〉，收入《唐研究》第一輯（1995 年 12 月），頁 483～486。

〔註188〕張敦頤撰，張忱石點校，《六朝事跡編類》（上海，上海古籍出版社，1995 年 1 月初版），卷六，〈山崗門〉，頁 80。

〔註189〕見《新唐書》，卷五四，〈食貨四〉，頁 1386。

〔註190〕《舊唐書》，卷四八，〈食貨上〉，頁 2101；《冊府元龜》，卷五〇一，〈邦計部・

潤州官鑄由是暫停，但私鑄仍不止，如「江淮多鉛錫錢，以銅盪外，不盈斤兩，帛價益貴。」銷錢爲銅鑄器者日眾，而錢日益減少。〔註191〕以往因盜鑄錢有暴利，又增加了銷錢爲器的牟利方法，嚴重的影響了當時的經濟和物價的平穩。私鑄之所以在各地蜂起的原因，在於：

> 天下盜鑄益起，廣陵（揚州）、丹陽（潤州）、宣城（宣州）尤甚。京師權貴，歲歲取之，舟車相屬。江淮偏鑪錢數十種，雜以鐵錫，輕漫無復錢形。公鑄者號官鑪錢，一以當偏鑪錢七、八，富商往往藏之，以易江淮私鑄者。〔註192〕

由此段文字可知當時私鑄之風，實是京師權貴及富商鼓勵之下的產物，只要私鑄的暴利存在，私鑄就會繼續下去。在代宗廣德年間，劉晏掌鹽鐵轉運使一職，他以「江嶺諸州、任上所出，皆重粗賤弱之貨，輸京師不以供道路之直。」所以他「於是積之江淮，易銅鉛薪炭，廣鑄錢，歲得十餘萬緡，輸京師及荊、揚二州，自是錢日增矣。」，〔註193〕劉晏「廣鑄錢」之地點，史無明文，不過必在江淮之大都會，潤州當時是爲浙西首府，商業繁盛，且在開元時已設過錢監，故潤州應有設鑪鑄錢的可能。

　　唐武宗會昌五年（845）滅佛，許諸道觀察使可銷毀佛像取銅鑄錢之前，江淮地區民間就已因銷錢爲器可獲取暴利，故造成貨重錢輕的嚴重問題。武宗會昌五年滅佛後，「鹽鐵使以工有常力，不足以加鑄，許諸道觀察使皆得置錢坊」〔註194〕淮南節度使李紳遂請以天下州名鑄錢，其大小尺寸皆如開元通寶，交易禁用舊錢。〔註195〕這是我國鑄幣史中第一次以州名鑄於錢面，〔註196〕堪稱是鑄幣史上的一件大事。

　　兩浙地區的潤州及越州均在以州名鑄錢之列，其中潤州即因在天寶時曾設鑪鑄錢，擁有大量能工巧匠，且爲浙江西道的首府，故在設坊鑄錢之列，如宋代洪遵在《泉志》中即記載「浙西以『潤』字在穿上」，〔註197〕表明潤州的鑄

　　　　錢幣三〉，頁 6000 略同。
〔註191〕《新唐書》，卷五四，〈食貨四〉，頁 1388。
〔註192〕見《新唐書》，卷五四，〈食貨四〉，頁 1386。
〔註193〕《新唐書》，卷五四，〈食貨四〉，頁 1388。
〔註194〕《新唐書》，卷五四，〈食貨四〉，頁 1391。
〔註195〕見《新唐書》，卷五四，〈食貨四〉，頁 1391。
〔註196〕見張澤咸，《唐代工商業》（北京，中國社會科學出版社，1995 年 12 月初版），頁 49。
〔註197〕見洪遵，《泉志》，卷三，收入《叢書集成新編》（台北市，新文豐出版公司，

錢業在武宗會昌時仍然十分發達。而浙東首府越州亦在當時鑄錢州之列，如《泉志》中亦記載「越州以『越』字在穿下」，〔註198〕而越州在武宗會昌前未曾設鑪鑄錢，可見越州的鑄錢業在當時亦有相當大的發展。〔註199〕其後宣宗即位，乃盡廢會昌之政，新鑄錢復鑄為佛像，從此至唐亡，物重錢輕的現象仍然存在。

在鑄銅業方面，唐代兩浙所生產的銅器亦相當有名，如天寶三載（744）韋堅在廣運潭所辦的博覽會上即有會稽郡（越州）所生產的銅器，〔註200〕足見越州銅器在盛唐已有大名。潤州亦生產銅器，《新唐書‧地理志》載潤州土貢有「伏牛山銅器」，〔註201〕雖不知因何得名，但能列入「土貢」，自有其精妙之處。

二、金銀製造業

在金銀器製造業方面，由於金銀器屬奢侈品，並非日常用物，故金銀器的主要對象除皇室外，就非富家大室莫屬。唐代各地地方官員常以種種理由，向朝廷或皇室貢獻「方物」（常為金銀珍寶），名之曰「進奉」，而官員之所以「競為進奉」，乃是為了鞏固恩寵。兩浙地方官員亦不例外，《舊唐書》，卷一三，〈德宗紀上〉謂：「衢州刺史鄭式瞻，進絹五千匹，銀二千兩」，〔註202〕因此次進奉有違常規，德宗「詔御史按問」，而「進物」仍付左藏庫。衢州本為銀產地，〔註203〕進奉銀兩本不足為奇，但衢州一次進奉銀達二千兩，卻顯示其銀製造業的發達。

另一方面，朝廷亦因兩浙能承製品質精良、花樣繁複的宮廷用金銀器物，故不時「宣索」，如《舊唐書‧李德裕傳》載長慶四年（824）七月，李德裕在浙西觀察使任中上奏：

> 去年二月中奉宣令進盝子，計用銀九千四百餘兩，其時貯備，都無

1986年台一版），第26冊，頁534中。

〔註198〕見洪遵，《泉志》，卷三，頁534中。

〔註199〕王怡辰氏認為當時設鑪鑄錢之地，大部分是各道具有代表性的地名。即以節度、觀察、經略等使的治所為名鑄錢，少部分是以錢監的名稱鑄錢。詳見王怡辰，〈由武宗會昌錢看經濟領域的割據〉，《中國歷史學會史學集刊》第37期（2005年7月），頁19～20。

〔註200〕《舊唐書》，卷一五○，〈韋堅傳〉，頁3222。

〔註201〕《新唐書》卷四十一，〈地理五〉，頁1056。

〔註202〕《舊唐書》，卷一三，〈德宗紀下〉，頁394。

〔註203〕見《新唐書》卷四十一，〈地理五〉，頁1062。

二三百兩，乃諸頭收市，方獲製造上供。昨又奉宣旨，令進妝具二十件。計銀一萬三千兩，金一百三十兩。……今差人於淮南收買，旋到旋造，星夜不輟，雖力營求，深憂不迨。〔註204〕

此條記李德裕為製造銀妝具，因庫存銀兩不足，差人至淮南（揚州）購買金銀的事情。〔註205〕浙西除在前年（長慶三年（823））已進件數不詳的宣索盞子外，另據《舊唐書‧德宗紀》記載，當（七）月浙西已進朝廷宣索銀妝盒二具，九月浙西又進宣索銀粧盒三具，〔註206〕由此可看出雖李德裕上書勸諫罷進奉，但唐廷對金銀製品需求甚殷，故仍然不時宣索。而如同李德裕所言浙西並不出產金銀，朝廷多次向浙西宣索金銀器物，其主要原因在於浙西所擁有大批技術純良的金銀工匠。從出從唐廷多次向浙西宣索金銀器物，足可說明浙西金銀製造業的發達。

浙西蘇州的金銀製造業亦相當發達，據《太平廣記》卷二八〇，「劉景復」引《纂異記》載：

吳泰伯廟，在東閶門之西。每春秋季，市肆皆率其黨，合牢醴，祈福於三讓王。……乙丑春，有金銀行首糾合其徒，以綃畫美人，捧胡琴以從。〔註207〕

由「金銀行首糾合其徒」，可知蘇州從事金銀製造業的手工業者相當多。因工匠人數大眾多，故結為「行」，並有「行首」或「行頭」的存在，〔註208〕可見其規模之大。再者，由「市肆皆率其黨」句，可想見當時蘇州的同業結為「行」者相當多。據統計蘇州城內手工業門類有十餘種之多，〔註209〕蘇州手工業種類的大眾多，產品之複雜多樣，反映出當時社會分工發展及產品商品化的程度。〔註210〕

〔註204〕見《舊唐書》，卷一七四，〈李德裕傳〉，頁4512。

〔註205〕揚州為唐代最大金銀市場說法，見加藤繁，唐宋時代金銀之研究（臺北，新文豐出版公司，1974年12月初版），頁73；有關揚州金銀製造及交易，參看拙作，〈唐代揚州的盛況及其繁榮因素試析〉，載《淡江史學》，第十期（1999年6月），頁286～287。

〔註206〕《舊唐書》，卷一七上，〈敬宗紀〉，頁511～512。

〔註207〕見《太平廣記》，卷二八，劉景復條引《纂異記》，頁2235。

〔註208〕見凍國棟，《唐代商品經濟與經營管理》（漢口，武漢大學出版社，1990年3月初版），頁28。

〔註209〕同前註，頁27。

〔註210〕參見凍國棟，〈唐代蘇州商品經濟的發展初探〉，頁107。

　　在出土實物方面，1982 年江蘇鎮江丹徒丁卯橋（唐潤州境內）發現唐代銀器窖藏，共出土銀器 950 餘件。部分器物重覆性極高，其中銀釵達 760 支之多，銀盒亦達 28 件。〔註211〕從其造型、尺寸均十分類似，且出土現場尚有半成品及原料（銀鋌），從種種跡象來看，應是唐代官府手工業作坊遺址。〔註212〕另從法門寺所發現的鎏金銀器皿「浙西」銀盆是目前所知唐代最大銀器皿之一，〔註213〕另尚有陝西出土由浙江西道觀察使、鹽鐵使敬晦所進奉的「敬晦蓮花形銀盤」，該銀盤係塗金刻花式樣，並在盤底有「鹽鐵使臣敬晦進十二」字樣，〔註214〕可見浙西進奉唐廷的銀器甚多。結合《舊唐書・李德裕傳》所載宣索盉子事和丁卯橋唐代銀器窖藏、法門寺鎏金銀器皿「浙西」銀盆及「敬晦蓮花形銀盤」等出土實物，可見潤州在當時擁有相當多的金銀作坊，金銀製造業十分發達。

　　而 1975 年浙江長興縣下莘橋發現唐代窖藏，出土銀器的種類有銀釵、銀筷、銀杯、銀碗、銀匙及銀筷等約 100 餘件。〔註215〕其中長柄銀匙達 22 件，銀筷亦有 15 件，由於較屬於家庭實用器物，且同樣的器物甚多，如四類銀釵共計 45 件，〔註216〕應不是個人用品，據推斷為私營手工業作坊。〔註217〕因浙江長興縣在唐代係湖州境內，湖州屬浙西觀察使統管，故浙西銀器製造業的發達，當屬不爭之事實。

　　在浙東方面，在陝西西安北郊坑底村窖藏，曾出土唐代浙東觀察使裴肅所進的葵花形銀盤，〔註218〕因浙東越州、衢州及處州均產銀，為金銀製造提供豐富的原料，故金銀製造業十分發達。而昭宗時義勝（浙東）節度使董昌就「每旬發一綱金萬兩，銀五千鋌」，〔註219〕以希上恩。董昌進奉唐廷的金銀，

〔註211〕丹徒縣文教局等，〈江蘇丹徒丁卯橋出土唐代銀器窖藏〉，《文物》，1982 年 11
　　　　期，頁 15～24。

〔註212〕見齊東方，《唐代金銀器》（北京，中國社會科學出版社，1999 年 5 月初版），
　　　　頁 286～288，發掘報告認為是「居住址」，但齊氏認為應為手工業作坊遺址，
　　　　並從現場遺留銀器的品質及數量，判斷應為官府手工業作坊。

〔註213〕見齊東方，《唐代金銀器》，頁 193。

〔註214〕見劉向群，〈陝西省耀縣柳林背陰村出土一批唐代金銀器〉，《文物》，1966 年
　　　　1 期，頁 98。

〔註215〕長興縣博物館夏星南，〈浙江長興縣發現一批唐代銀器〉，《文物》，1982 年 11
　　　　期，頁 38～42。

〔註216〕夏星南，〈浙江長興縣發現一批唐代銀器〉，頁 39～40。

〔註217〕見齊東方，《唐代金銀器》，頁 290。

〔註218〕見李長慶，〈西安北郊發現唐代金花銀盤〉，《文物》，1963 年 10 期，頁 60。

〔註219〕見《資治通鑒》，卷二五九，昭宗乾寧元年十二月，頁 8460。

雖未必全部是浙東所產，但進奉次數如此頻繁且數量龐大，足見唐末浙東地區金銀的製造已有長足進步。

迨錢鏐建吳越後，其疆域主要在兩浙地區，而不包括浙西潤、常等州，但對中原政權〔註220〕的進貢仍不遺餘力，據不完全統計，從後唐明宗天成四年（929）到後周世宗顯德五年（958）間，吳越所進貢的金銀器物包括金帶一條、金器 800 件、銀器 12,000 件、金花食器 200 件及白金裝飾的龍舺、天祿舺各一隻等，除器物外另有銀 86,000 兩，其數量可謂相當驚人。〔註221〕錢氏對中原政權的大量進貢金銀器，雖有其治政目的，但吳越國所擁有的精良的製造技術及豐富的礦藏，則是不可或缺的因素。

在五代時期的出土實物方面，杭州發現有五代吳越錢氏家族墓，其中水丘氏（係吳越王錢鏐之母）墓出土銀器 38 件。〔註222〕而在蘇州七子山一號墓（亦是錢氏家族墓之一）出土黃金帶扣、鎏金馬牌、鎏金銀質虎頭挂牌、鎏金雞心飾件及鎏金銀質盒等金銀器共三十餘件，〔註223〕許多金銀器上有非常細緻的花紋，乃是使用翻鑄、搥拍、線刻、掐絲、鏤雕等方法製作。爲了使花紋突出，常以細珠紋刻底。銀器上的花紋部分常常鎏金，使銀器光彩奪目，以顯示其豪華。〔註224〕另尚有些銀器屬漆器附件，故未列入計算。上述錢氏家族墓所出土的多種金銀器，雖無法肯定其產地是在浙西抑或在浙東，但可瞭解到以兩浙地區爲主體的吳越國金銀製造業的發達。

結合文獻和考古的發現，證明五代時期吳越國金銀製造，除延續唐代的堅實基礎外，並有進一步的發揮；故不論在產品的推陳出新、技藝的進步及生產量上均有超越前代的表現。

綜上所述，唐五代時期兩浙地區潤、湖、越、衢等州的金銀製造業，不

〔註220〕一般以梁、唐、晉、漢、周五個政權爲正統，爲方便敘述，統稱爲「中原政權」。

〔註221〕見王欽若、楊億等編，《冊府元龜》，（北京，中華書局，1988 年 8 月 3 版），卷一六九，〈帝王部・納貢獻〉，頁 2037～2045；而其中未注明數量者尚不在統計之列。

〔註222〕詳見明堂山考古隊，〈臨安縣水丘氏墓發掘報告〉，《浙江省文物考古研究所學刊》，科學出版社，1981 年。

〔註223〕蘇州博物館、吳縣文管會，〈七子山一號墓發掘簡報〉，頁 97，載蘇州博物館等編，《蘇州文物資料選編》（蘇州，1980 年 9 月初版）。並參見錢公麟、徐亦鵬，《蘇州考古》（蘇州，蘇州大學出版社，2000 年 8 月初版），頁 206～207。

〔註224〕蘇州博物館、吳縣文管會，〈七子山一號墓發掘簡報〉，頁 99。

但技術精良，並且已出現官府及私營的手工業作坊的組織，以因應來自宮廷的宣索和民間龐大的需求量。而江淮地區金銀器物的大量生產及同質性現象，顯然已朝向商品化、世俗化發展。〔註225〕

三、紡織業

紡織業方面，兩浙地區雖在東晉南朝時期已有相當程度的發展，但質量仍然比不上中原地區。到了唐代兩浙地區在皇室的需求日殷、外來技術的引進及商品經濟〔註226〕等原因影響下，紡織技術有長足的進步，而成為當時全國重要的紡織品產地。如天寶初年，韋堅在廣運潭所展示的各郡輕貨中，就有從會稽郡（越州）來的羅、吳綾、絳紗，丹陽郡（潤州）的「京口綾衫段」，晉陵郡（常州）的「折造官端綾繡」及吳郡（蘇州）方文綾等高級紡織品，〔註227〕顯示在玄宗時兩浙地區的紡織業已有相當的進步。

唐代宗大曆年間（766～779）浙江東道節度使薛兼訓就曾向北方引進紡織技術，《唐國史補》卷下載：

> 初，越人不工機杼，薛兼訓為江東節制，乃募軍中未有室者，厚給貨幣，密令北地娶織婦以歸，歲得數百人，由是越俗大化，競添花樣，綾紗妙稱江左矣。〔註228〕

此後越州絲織品不但品質精良且種類繁多，在德宗貞元之後上貢的絲織品種類，從開元時期的交梭白綾增加到「異文吳綾及花鼓歇單絲吳綾、吳朱紗等麗之物，凡數十品」。〔註229〕足見越州的絲織業有很大的進步。

「繚綾」是唐代越州地區所進貢的高級絲織品，白居易〈繚綾〉詩曰：

> 繚綾繚綾何所以？不似羅綃與紈綺，應似天臺山上月前，四十五尺瀑布泉。中有文章又奇絕，地鋪白煙花簇雪，織者何人衣者誰，越溪寒女漢宮姬。去年中使宣口敕，天上取樣人間織。織為雲外秋雁行，染作江南春水色。廣裁衫袖長製裙，金斗熨波刀剪紋。異彩奇文相隱映，轉側看花花不定。昭陽舞人恩正深，春衣一對值千金。

〔註225〕齊東方著，《唐代金銀器》，頁195。

〔註226〕紡織品之作為商品，如欲求高價，則其工愈精細；而若求薄利多銷，則產量勢必要增大，故無論紡織品的品質或產量，都將因商品化的需求而提高或增大，間接刺激了兩浙地區紡織業的進步與技術提昇。

〔註227〕《舊唐書》，卷一○五，〈韋堅傳〉，頁3222～3223。

〔註228〕見李肇，《唐國史補》，卷下，頁64。

〔註229〕《元和郡縣圖志》卷二十五，頁618。

汗沾粉污不再著，曳土踏泥無惜心。繚綾織成費功績，莫比尋常繒與帛，絲細繰多女手疼，扎扎千聲不盈尺。昭陽殿裏歌舞人，若見織時也應惜。〔註230〕

白居易在〈繚綾〉詩中盛贊越地生產的「繚綾」是「天上取樣人間織」，且「織為雲外秋雁行，染作江南春水色」，又云「繚綾織成費功績，莫比尋常繒與帛，絲細繰多女手疼，扎扎千聲不盈尺」，從白詩中對繚綾的敘述，可知繚綾十分費工，織染難度甚高，故曰「春衣一對值千金」，另元稹〈陰山道〉云：「越縠繚綾〔註231〕織一端，十匹素縑功未到（半）」，〔註232〕形容繚綾費功及價昂更為貼切。前輩學者陳寅恪先生《元白詩箋證稿‧繚綾》亦認為繚綾為「當時絲織品之最新最佳者，故費工耗力遠過其他絲織品」。〔註233〕

敬宗時詔浙西織造可幅盤條繚綾一千匹，時浙西觀察使李德裕上表論諫，不奉詔，唐廷方作罷，〔註234〕今日雖無法得知可幅盤條繚綾是何種織法，但李德裕建言：

況天玄鵝天馬，椈豹盤條，文彩珍奇，只合聖躬自服，今所織千匹，
費用至多，在臣愚誠，亦所未諭。〔註235〕

從李德裕的論述來看，可幅盤條繚綾除織法複雜外，費用亦十分高昂。而朝廷交付這項艱難的任務與浙西，則浙西的紡織技術是倍受肯定的。

尤有甚者，據《太平廣記》載：「寶曆二年，浙東貢舞女二人，……靺羅衣無縫而成，其文織巧，人未能識」，〔註236〕而越州所貢之輕容，是一種「無花薄紗」，乃「紗至輕者」，〔註237〕甚為時人所喜愛，白居易有詩云：「綠絲文布素輕裕（容），珍重京華手自封」，〔註238〕是為了感謝通州司馬元稹

〔註230〕白居易著，顧學頡點校，《白居易集》（北京，中華書局，1991年月），卷四，頁79，〈繚綾〉，下同。
〔註231〕原作「撩綾」，點校者據《樂府詩集》、《全唐詩》卷四一九改。
〔註232〕元稹撰，《元稹集》（臺北，漢京文化出版公司，1983年10月初版），卷二四，〈陰山道〉，頁291。
〔註233〕陳寅恪著，《元白詩箋證稿》（北京，三聯書店，2001年4月初版），頁254。
〔註234〕見《舊唐書》，卷一七上，〈敬宗紀〉，頁512。
〔註235〕見《舊唐書》，卷一七四，〈李德裕傳〉，頁4513。
〔註236〕見李昉等編纂，《太平廣記》（臺北，文史哲出版社，1987年5月再版），卷二七二，頁2142～2143，〈浙東舞女〉。
〔註237〕見盧華語，《唐代桑絲綢研究》（北京，首都師範大學出版社，1995年11月初版），頁71。
〔註238〕《白居易集》，卷十七，頁352，〈元九以綠絲布、白輕裕見寄，製成衣服，

贈其綠絲布、白輕容而作。劉禹錫詩云：「酒法眾傳吳米好，舞衣偏尚越羅輕」，〔註239〕這裡的「越羅」舞衣極可能是指越州所產「輕容」而言，足見越州的高級紡織品受到市場歡迎程度。

蘇州的紡織品在東漢時已列入貢品，在當時是因陸閎美容儀，並常穿著越布單衣，故明帝乃命吳郡進貢。〔註240〕到了唐代，蘇州的紡織技術則有進一步發展，元和時土貢只有絲葛，但中晚唐時則多了絲綿、八蠶絲、緋綾等土貢，此外據《大唐國要圖》記載蘇州尚生產絲絹、綾絹、烏眼綾衫、段羅、折皂布等紡織品，〔註241〕足見蘇州的紡織業有長足的進步。由蘇州紡織品生產情形來看，在中唐以後紡織技術的確有大幅的進步，不但種類、花樣推陳出新，品質也大大的提高。

蘇州由於紡織技術的進步，甚至為隴地所仿效，《唐語林》卷七載李衛公（德裕）在中書省時，有一位僧人允躬告訴他：

極南物極北有，即此義也。蘇州所產，與汧、雍同；隴豈無吳縣耶？

所出蒲魚菰鱉既同，彼人又能效蘇之織紝，其他不可遍舉。〔註242〕

蘇州之織紝技術竟為京師所在，關隴地區之人所仿效，足見蘇州紡織技術之精良及在當時受到重視的程度。蘇州的紡織業不但技術精良，且規模相當大，故時人稱「蜀桑萬畝，吳蠶萬機」。〔註243〕

潤州則在元和時所貢只有紋綾，中晚唐則有衫羅，水紋、方紋、魚口、繡葉、花紋等綾及火麻布等多種不同花紋的高級紡織品，〔註244〕潤州能發展出多種花紋的紋綾，側面顯示紡織技術的進步。常州元和貢為細紵、紅紫二色綿布，長慶以後增加了綢、絹、布、紵、紫紅綿巾、緊紗、兔褐、皂布等許多種類的紡織品。

以詩報知〉。

〔註239〕見劉禹錫著，蔣維崧等箋注，《劉禹錫詩集編年箋注》（濟南，山東大學出版社，1997年9月初版），頁550，〈酬樂天衫酒見寄〉。

〔註240〕參見《太平御覽》，卷八二〇〈布帛七・布〉引謝承《後漢書》，頁3779下。

〔註241〕范成大，《吳郡志》（南京市，江蘇古籍出版社，1999年8月初版），卷一，〈土貢〉，頁6～7。

〔註242〕王讜著，周勛初校證，《唐語林校證》（北京，中華書局，1997年12月初版）卷七，李衛公條，頁613。

〔註243〕羅隱，《讒書》，卷四，〈市賦〉，收入《羅隱集校注》（杭州，江古籍出版社，1995年6月初版），頁449。

〔註244〕《元和郡縣圖志》，卷二十五，頁590及見《新唐書》卷四十一，〈地理五〉，頁1056。

　　在杭州方面因當時兩浙不斷的引進先進的紡織技術，而使產品的品質不斷的提升，所生產的緋綾、白編綾被列爲貢品。〔註245〕此外，白居易〈杭州春望〉詩云：「紅袖織綾誇柿蔕，青旗沽酒趁梨花」，「紅袖織綾誇柿蔕」句下注「杭州出柿蔕花者尤佳也」，〔註246〕今雖不知其明確織法及花紋形狀，但從其受到誇讚的程度來看，亦可見杭州織綾技術甚而高，才能有如此繁複的織法。

　　湖州在開元時所貢爲絲布，但到中唐以後則貢御服、鳥眼綾、折帛布及綢布等，種類增加不少。〔註247〕而明州則在盛唐以前未有紡織品方面的貢品，但到中唐以後，土貢有吳綾、交梭綾。〔註248〕

　　在麻布的生產方面，據《唐六典‧太府寺》載，兩浙地區中潤州所生產的火麻布，名列全國第一等，常州之紵，名列第二等，湖州紵布列第三等，蘇、越、杭等州紵布列第四等，衢、婺二州紵布列第五等，台、括（溫）、睦及溫州紵布名列第七，〔註249〕可見潤州、常州、湖州等州所生產的火麻布及紵布的品質相當高。

表 3-2　唐代兩浙地區上貢紡織品表 〔註250〕

時期 州名	開元貢、賦	元和貢	長慶貢《新唐書》	晚　唐	備　註
潤　州	貢：紋綾 賦：絲、紵、布		衫羅，水紋、方紋、魚口、繡葉、花紋等綾，火麻布		
常　州	貢：細紵、紅紫二色綿布 賦：紵布	紵布	綢、絹、布、紵、紫紅綿巾、緊紗、兔褐、皀布		

〔註245〕《新唐書》卷四十一，〈地理五〉，頁 1059。
〔註246〕見《白居易集》，卷二十，〈杭州春望〉，頁 443。
〔註247〕見《新唐書》卷四十一，〈地理五〉，頁 1058 及《元和郡縣圖志》，卷二十五，頁 605。
〔註248〕《元和郡縣圖志》，卷二十五，頁 629 及《新唐書》卷四十一，〈地理五〉，頁 1061。
〔註249〕李林甫等撰，《唐六典》，卷二○，〈太僕寺〉太僕卿條，頁 541。
〔註250〕據《元和郡縣圖志》，卷二十五，頁 600～629 及《新唐書》卷四十一，〈地理五〉，頁 1058～1063 製成，另蘇州晚唐紡織品出處爲《吳郡志》；衢、睦等州，因紡織品僅有一、二項且變化不大，故不列入本表。唐代各史籍所載土貢時間參見王永興，〈唐代土貢資料繫年〉，《北京大學學報》1982 年第 4 期，頁 59。部分州因無開元貢，故本表將開元賦並列，以作爲對照參考。

湖　州	貢：絲布 賦：紵、布	布三十三端	御服、烏眼綾、折皀布及綢布	
蘇　州	賦：紵、布	絲葛十匹	絲葛、絲綿、八蠶絲、緋綾	絲絹、綾絹、烏眼綾衫、段羅、折皀布
杭　州	貢：緋綾、紋紗 賦：紵布	白編綾	白編綾	
越　州	貢：交梭白綾	自貞元後，凡貢之外，別進異文吳綾、花鼓歇單絲吳綾、吳朱紗等纖麗之物，凡數十品	寶花、花紋等羅、白編、交梭、十樣花紋等綾，輕容、生縠、花紗，吳絹	
明　州	——		吳綾、交梭綾	
婺　州	賦：紵布	纖纊	綿、葛、紵布	

　　白居易有詩云：「桂布白似雪，吳綿軟於雲。布重綿且厚，為裘有餘溫。朝擁坐至暮，夜覆眠達晨」，〔註251〕到了杭州又說：「吳綿細軟桂布密，柔如狐腋白似雲」，〔註252〕足見白居易對吳綿的推崇。

　　此外，從斯坦因所獲吐魯番文書中「唐光宅元年（684）婺州信安縣租布題」及「唐神龍二年（706）婺州蘭溪縣庸調布題」二端租布，可看出婺州所生產的布數量亦相當多，〔註253〕前件文書被陳寅恪先生認為是「迴造納布」的証據，以布來抵粟納租，以方便用於「和糴」之進行。〔註254〕在吐魯番出土的庸調布中，尚有湖州安吉縣及明州鄮縣等帶題記庸調布，〔註255〕湖州生產的絲織品品類甚多，而明州土貢中亦有吳綾、交校綾等紡織品，由此數端

〔註251〕《白居易集》，卷一，頁 24，〈新製布裘〉。

〔註252〕《白居易集》，卷十二，頁 244，〈醉後狂言酬贈蕭殷二協律〉。

〔註253〕見陳國燦，《斯坦因所獲吐魯番文書研究》（武漢，武漢大學出版社，1995 年 2 月初版），頁 348～349。

〔註254〕見陳寅恪，《隋唐制度淵源略論稿》（臺北，里仁出版社，1984 年 8 月再版），頁 146～149。

〔註255〕見王炳華，〈吐魯番出土唐代庸調布研究〉，載中國唐史學會編，《中國唐史學會論文集》（西安，三秦出版社，1983 年初版），頁 17；筆者按：「鄮縣」之「鄮」字，《絲綢之路》作「鄺」，王氏因兩《唐書》及《元和郡縣圖志》均無「鄺縣」，故王氏認為應是「鄮」字。

租庸調布可見兩浙地區所生產的紡織品數量甚大。〔註256〕

　　由上述兩浙各地紡織品生產情形來看，在中唐以後兩浙地區紡織業的確有大幅的進步，不但種類、花樣推陳出新，品質也大大的提高，故顧況在〈韓公行狀〉中說：「今江南縑帛勝於譙、宋」，〔註257〕案據《唐六典·太府寺》載，宋州產絹，名列全國第一等，而其時江南地區僅有建、泉及閩三州產絹列為第八等。〔註258〕自開元至貞元短短數十年間，江南絹帛生產水準可謂突飛猛進。嚴耕望先生在研究上供精製絲織品（綾、錦、羅等）的州郡後，認為「精製絲織品中心，自天寶以後，有向南方之成都及兩浙轉移之趨勢」，〔註259〕足見中唐以後，兩浙地區絲織業的進步。

　　而兩浙的紡織品因品質精良、種類繁多，並且式樣推陳出新，故成為「競為進奉」地方官員眼中的最佳禮物。《舊唐書·太平公主傳》記載：「公主由是滋驕，田園遍於近甸膏腴，而市易造作器物，吳、蜀、嶺南供送，相屬於路」，〔註260〕吳地當指蘇、潤、湖等州之地，文中只言吳、蜀、嶺南，而未言北方地區，其主要原因，此可能與此數地能製作較多的特殊絲織品有關。〔註261〕

　　在德宗貞元十七年（801）時，「衢州刺史鄭式瞻，進絹五千匹，銀二千兩」。〔註262〕衢州能一次進奉絹達五千匹，足見其絹產量之大。而昭宗時義勝（浙東）節度使董昌「每旬發一綱金萬兩，銀五千鋌，越綾萬五千匹」。〔註263〕董昌進奉唐廷綾絹，數量如此龐大且次數頻繁，可推算當時浙東地區綾絹等高級紡織品產量必定相當大，才能供應董昌的進奉，同時也顯示出兩浙地區絲織業的發達。

〔註256〕據王炳華，〈吐魯番出土唐代庸調布研究〉一文，其中有題記的十七端布，就有四端產自兩浙地區。

〔註257〕見顧況，〈檢校尚書左僕射同中書門下平章事上柱國晉國公贈太傅韓公行狀〉，《全唐文》，卷五三〇，頁2384上。

〔註258〕李林甫等撰，《唐六典》，卷二〇，〈太僕寺〉太僕卿條，頁541。

〔註259〕參閱嚴耕望撰，〈唐代紡織工業之地理分佈〉，收入氏著，《唐史研究叢稿》（香港，新亞研究所，1969年初版），頁648。

〔註260〕《舊唐書》，卷一八三，〈外戚〉武承嗣附太平公主傳，頁4739。

〔註261〕如成都府在唐前期，越、宣、潤等州在唐後期，特殊絲織品均居全國前三名（個別州郡），其原因詳見王永興撰，〈試論唐代紡織業的地理分佈〉，收入《陳門問學叢稿》（江西，江西人民出版社，1993年11月初版），頁322～323。

〔註262〕《舊唐書》，卷一三，〈德宗紀下〉，頁394。

〔註263〕見《資治通鑒》，卷二五九，昭宗乾寧元年十二月，頁8460。

在錢氏當政時期，不論對唐廷或以後的中原政權均有進奉，據不完全統計，吳越政權對五代後唐、後晉、後漢、後周等政權的進獻，僅在紡織品部分，就達綾絹 229,000 疋，〔註264〕異文吳綾 9,000 疋，金條紗 800 疋及綿綺綾羅 1200 疋等，此外尚有綿 300,000 兩及絲 10,000 兩等的進獻。在周世宗取南唐淮南地後，吳越主的進奉更是頻繁，如周世宗顯德五年（958）間，吳越國共進奉六次之多，且貢品數量均較往年爲多，如在顯德五年四月，一次就進奉了綾絹各二萬匹。在顯德五年十二月，進奉的數字更大，光絹就有三萬匹、綿十萬兩，可能與後周對吳越國的施壓有關，〔註265〕另一方面，亦可側面瞭解吳越國紡織品生產進步的狀況。

四、製鹽業

製鹽業方面，唐代兩浙地區擁有當時全國海鹽產量第三、第四大的鹽場——嘉興監及臨平監二監，〔註266〕另外，越州蘭亭監產量也相當大，三監年產量合計達一百萬石以上。〔註267〕在鹽產量方面，《太平寰記》記載海陵監「歲煮鹽六十萬石，而楚州鹽城、浙江嘉興、臨平兩監所出次焉。」，〔註268〕按鹽城監「鹽課四十五萬石」，〔註269〕兩浙嘉興、臨平兩監鹽產量僅次於海陵監、楚州鹽城監，而《嘉泰會稽志》載蘭亭監每年配課食鹽 406,074 石 1 斗，〔註270〕足見兩浙鹽監生產量相當大。〔註271〕

兩浙其他產鹽的地區還有溫州永嘉監、杭州新亭監、台州黃巖、明州鄮

〔註264〕絹、綾爲不同精美度之絲織品，絹爲一般絲織品，綾則爲精製絲織品，但因史籍中常混合計算，故將二者合併列出，參見嚴耕望撰，〈唐代紡織工業之地理分佈〉，原刊《大陸雜誌》第 13 卷第 17 期，後收入氏著，《唐史研究叢稿》（香港，新亞研究所，1969 年初版），頁 647～648。

〔註265〕參見本書第五章第四節吳越國部分詳論。

〔註266〕樂史，《太平寰宇記》（臺北，文海出版社，1979 年初版），卷十三，頁 208 上。

〔註267〕見陳衍德、楊權，《唐代鹽政》（西安，三秦出版社，1999 年 12 月初版），頁 16。

〔註268〕《太平寰宇記》，卷一三，頁 208。

〔註269〕見王象之撰，《輿地紀勝》（臺北，文海出版社，1971 年 10 月 2 版），卷三九，頁 292 上。

〔註270〕沈作賓修，施宿等纂，《嘉泰會稽志》，收入《宋元方志叢刊》（北京，中華書局，1990 年 5 月初版），卷十七，〈鹽〉，頁 7074 上。

〔註271〕張劍光氏據上述史料，推估兩浙六監產量均在 40 萬石以上，而除蘭亭監外，其他五監產量史無明文，有待商榷，見張劍光，《唐五代江南工商業布局研究》，頁 170。

縣（富都監）所在等地。〔註272〕而唐寶應（782）年間，鹽鐵使劉晏領東南鹽
事，設立了四場十監：

> 吳、越、揚、楚鹽廩至數千，積鹽二萬餘石，有漣水、湖州、越州、
> 杭州四場，嘉興、海陵、鹽城、新亭、臨平、蘭亭、永嘉、大昌、
> 候官、富都十監，歲得錢百餘萬緡，以當百餘州之賦。〔註273〕

其中湖州、越州、杭州三場在兩浙地區，十監中亦有嘉興、新亭、臨平、蘭
亭、永嘉、富都等六監在兩浙，足見唐代兩浙地區海鹽產地之多，分佈之廣。

　　在食鹽的生產運銷方面，主要是由巡院——監——場系統負責監督管銷
之責，「監」主要職責在管理鹽業生產，而在其下尚有負責生產及收購的場（與
後敘之運銷場不同），如越州蘭亭監下有會稽東場、會稽西場、餘姚場、懷遠
場、地心場等五場，〔註274〕為管理鹽田的生產及負責收購鹽的鹽場。〔註275〕
湖州、越州、杭州等三場之「場」則是具有轉運、批發及儲存功能的鹽場，
與監下的生產場不同。此種鹽場往往設在交通發達的地點，各地食鹽匯集於
此，而四方鹽商亦在此處納榷糶鹽，所以又可稱為「納榷場」。〔註276〕巡院的
職能主要在上繳鹽利和緝私，為劉晏時所設，當時在兩浙地區只有浙西院，
其後因兩浙製鹽業的發達，為因應鹽院繁重的收納及轉運業務，而增設了蘇
州鹽鐵院、浙東院二院，於是兩浙地區共有蘇州鹽鐵院、浙西院及浙東院等
三院。〔註277〕

　　兩浙所生產的食鹽均為煮海水而成的海鹽，其實浙江地區製鹽業在孫吳
時就已經十分發達，《會稽典錄》記虞翻對王景興說：會稽（約為唐越、明州
之地）「東漸巨海，西通五湖，南暢無垠，北渚浙江。……水有魚、鹽、珠、

〔註272〕《元和郡縣圖志》，卷二十五，頁600～630。
〔註273〕見《新唐書》卷五十四，〈食貨志〉，頁1378。
〔註274〕見《嘉泰會稽志》，卷十七，〈鹽〉，頁7074上。
〔註275〕見陳衍德、楊權，《唐代鹽政》，頁94。
〔註276〕詳見陳衍德、楊權，《唐代鹽政》，頁94。
〔註277〕此三個巡院名稱及資料來源，見楊淑洪，《唐代漕運運輸之研究》（臺北，中
　　　　國文化大學史學研究所博士論文未刊本，1994年6月），頁169至170，「唐
　　　　後期鹽運使系巡院表」及高橋繼男撰，〈唐代後半期の度支·鹽鐵轉運巡院制
　　　　に關する若干の考察〉，《第三屆中國唐代文化學術研討會論文集》（臺北，中
　　　　國唐代學會出版，1997年6月），頁443～464。此三個巡院據楊淑洪註解，
　　　　並不是完全從事鹽鐵業務，也有兼營轉運者，然據筆者研究，唐後期巡院不
　　　　論本務為何，大部分已兼有鹽鐵及轉運兩種功能。

蚌之饒」。〔註278〕孫休永安七年（264）「秋七月，海賊破海鹽（今浙江海鹽），殺司鹽校尉駱秀」，〔註279〕上列數條史料說明唐代以前浙江東海岸的製鹽已有相當程度的發展。唐德宗時顧況稱：

> 淮海閩駱其監十焉，嘉興為首，⋯遂有採山煮海之役，十年六監興課特優。至是未期，從百萬至三百萬，〔註280〕鹽（一作監）人、賈人各得其所。〔註281〕

顯見蘇州地區鹽產量有大幅提高，嘉興監才能被評為「興課特優」，而「未期」之「未」字，疑為「末」字之誤；「從百萬至三百萬」句語意不明，但依其情況來推論，以鹽收入一百萬貫至三百萬貫可能性最高（以每石鹽價 3 貫來計算，則推估年產量約為 33 萬石至 100 萬石），〔註282〕並且應單指嘉興監的食鹽收入而言，而非指兩浙六監之總收入。〔註283〕

而兩浙地區鹽產量既大，鹽利亦相當可觀，《新唐書·食貨志》稱：「吳、越、揚、楚鹽廩至數千，積鹽二萬餘石，⋯⋯歲得錢百餘萬緡，以當百餘州之賦」，〔註284〕其中相當部分鹽利是兩浙地區的貢獻。

五、製茶業

在製茶業方面，唐代飲茶已漸成風俗，文宗大和時「江淮人什二三以茶為業」，〔註285〕武宗時，鹽鐵司奏：「江南百姓營生，多以種茶為業」。〔註286〕

〔註278〕陳壽，《三國志》（臺北，洪氏出版社，1984 年 8 月再版），卷五七，〈虞翻傳〉注引，頁 1325。

〔註279〕《三國志》，卷四八，〈三嗣主傳第三〉，頁 1161。

〔註280〕言「從百萬至三百萬」，如指每年產量（石）而言，似乎過高（因產量最大的海陵監年產亦不過六十萬石），恐有他義，待考。

〔註281〕見顧況，〈嘉興監記〉，《全唐文》，卷五二九，頁 2379 上～2379 中。

〔註282〕參見陳衍德、楊權，《唐代鹽政》，頁 157，〈唐代鹽價表〉。

〔註283〕張劍光氏據上述史料，認為「從百萬至三百萬」一語，係指江南鹽的總收入，見張劍光，《唐五代江南工商業布局研究》，頁 171。但鹽收入如為三百萬貫，換算成鹽產量（以 1 石 3 貫計），只有約 100 萬石，而兩浙地區僅蘭亭監年產量即達 40 餘萬石，故此處非常明顯，並非指江南全部的鹽收入，而極可能是單指嘉興監的鹽收入。

〔註284〕見《新唐書》卷五十四，〈食貨志〉，頁 1378；唐代鹽產量參見日本學者佐伯富撰，《中國鹽政史の研究》（京都，法律文化社，1988 年 9 月第 2 刷），頁 96「鹽稅收入額表」。

〔註285〕見王欽若、楊億等編，《冊府元龜》（北京，中華書局，1988 年 8 月 3 刷），卷五一〇，〈邦計部·重斂〉頁 6115 下。

〔註286〕《冊府元龜》，卷四九四，〈邦計部·山澤二〉，頁 5906 上。

既有如此多的百姓從事與茶相關行業，可見製茶業已有相當發展。兩浙地區茶葉製作手工業始於唐朝，而以湖州長興顧渚貢茶院規模最大，據《元和郡縣圖志》記載：「貞元以後，每歲以進奉顧山紫笋茶，役工三萬人，累月方畢」。〔註287〕製茶竟用到三萬工人，可見顧渚貢茶院規模之大，茶產量之多。《南部新書》對此記載尤詳：

> 唐制，湖州造茶最多，謂之「顧渚貢焙」。歲一萬八千四百八斤，焙
> 在長城縣西北。大曆五年以後，始有進奉。至建中二年，袁高為郡，
> 進三千六百串，並詩刻石在貢焙。……後開成三年，以貢不如法，
> 停刺史裴充。〔註288〕

從「顧渚貢焙」役工三萬人及每年製茶達一萬八千餘斤，可見其製茶作坊的規模，而《南部新書》稱「唐制，湖州造茶最多」，誠非虛語。開成三年唐廷以浙西判官王士玫為湖州造茶使，〔註289〕以提昇貢茶的質量，唐廷特在湖州置造茶使，表明對顧渚製茶的重視。湖州顧渚貢茶院的設立，標志著兩浙茶葉製作手工業的正式開始，也標志著中國古代茶葉生產，到了唐代中葉以後，其重心已經轉移到了長江下游地區。〔註290〕

劉禹錫在大和年間任蘇州刺史時，有「西山蘭若試茶歌」詩，詩中提到「顧渚春」，即湖州顧渚所產之紫笋茶，〔註291〕再用湖州特產的金沙泉沖泡，其味甚佳，此二者均列為貢品。〔註292〕

兩浙地區所生產的名茶，據《唐國史補》記載有顧渚紫笋茶、常州義興紫笋茶、婺州東白茶、睦州鳩坑茶等數種，〔註293〕其中紫笋茶遠銷到西鄰吐蕃，《唐國史補》載：

> 常魯公使西番，烹茶帳中，贊普問曰：「此為何物？」魯公曰：「滌煩療

〔註287〕《元和郡縣圖志》，卷二十五，頁606。

〔註288〕錢易撰，黃壽成點校，《南部新書》（北京，中華書局，2002年6月初版），戊部，頁66。

〔註289〕《冊府元龜》，卷四九四，〈邦計部・山澤二〉，頁5906上；此次任浙西判官王士玫為湖州造茶使，可能與湖州刺史裴充「貢不如法」有關。

〔註290〕李志庭，前引書，頁208。

〔註291〕見劉禹錫著，蔣維崧等箋注，《劉禹錫詩集編年箋注》（濟南，山東大學出版社，1997年9月初版），頁562～563。

〔註292〕金沙泉乃湖州土貢，而紫茗茶應即紫笋茶，亦為湖州土貢之一，見《新唐書》卷四十一，〈地理五〉，頁1058。

〔註293〕見李肇，《唐國史補》，卷下，頁60。

渴，所謂茶也。」贊普曰：「我此亦有」遂命出之，以指曰：「此壽州者，

此舒州者，此顧渚者，此蘄門者，此昌明者，此澠湖者」。〔註294〕

可見其受歡迎程度。而吐蕃贊普所言顧渚茶、澠湖茶〔註295〕均產自兩浙地區，亦可見兩浙茶的銷路甚廣。

六、造船業

造船業方面，「凡東南郡邑，無不通水。故天下貨利，舟楫居多。」，〔註296〕表明東南地區是以舟船爲主要交通工具。煬帝大業元年「遣黃門侍郎王弘、上儀同于士澄往江南採木，造龍舟、鳳䑡、黃龍、赤艦、樓船等數萬艘」，〔註297〕兩浙地區亦包括在內。兩浙地區北臨長江，運河中穿，東近大海，水路網絡密集，船隻的需要量既大，船隻的製造就成爲重要的手工業。隋開皇十八年（598）文帝就因吳越地區造船過大過多，而曾下詔：

吳、越之人，往承弊俗，所在之處，私造大船，因相聚結，致有侵

害。其江南諸州，人間有船長三丈已上，悉括入官。〔註298〕

文帝對吳越地區大船的禁令，主要是怕江南反叛，另一方面，則側面反映了吳越地區的造船技術，而當時吳越地區主要是指唐代的兩浙地區。

唐代兩浙的杭州、越州、明州的等地的造船業都十分發達，如唐太宗貞觀二十一年（647）九月「敕宋州刺史王波利等發江南十二州工人造大船數百艘，欲以征高麗。」〔註299〕這十二州據胡三省的注解，是指宣、潤、常、蘇、湖、杭、越、台、婺、括（處）、江、洪等州。其中九州在兩浙境內。貞觀二十二年（648）八月，「敕越州都督府及婺、洪等州造海船及雙舫〔一〕千一百艘」。〔註300〕說明越州及婺州是唐代浙東地區造船業的中心。此外，明州除了是當時的重要港口，造船業也相當發達，甚至在日本造船，武宗會昌二年（842）明州商人李處人就曾在日本肥前國松浦郡值嘉島用大楠木打造過海船。〔註301〕此外，據《九國志‧田頵傳》的記載，上元（潤州轄地）

〔註294〕見李肇，《唐國史補》，卷下，頁 66。

〔註295〕澠湖茶乃常州所產，見本章第一節第三小節「經濟作物‧茶」部分。

〔註296〕李肇，《唐國史補》，卷下，頁 62。

〔註297〕見《隋書》，卷三，〈煬帝上〉，頁 63～64。

〔註298〕《隋書》，卷二，〈高祖下〉，頁 43。

〔註299〕《資治通鑒》，卷一九八，太宗貞觀二十一年八月戊戌條，頁 6249。

〔註300〕《資治通鑒》，卷一九九，太宗貞觀二十二年八月丁酉條，頁 6261。

〔註301〕參見木宮泰彥著，陳捷譯，《中日交通史》（台北，三人行出版社，1974 年初

的造船業亦相當進步，所造船可「數十歲為用」，﹝註302﹞可見其之堅固耐用，雖與所用木材有關，亦表明上元造船技術的高超。

唐代造船技術已相當進步，據唐代考古發現，船身已用隔艙技術，且具有速度快、容積大及船身嚴密堅固等優點。﹝註303﹞而在 1960 年 3 月，在唐代揚州運河遺址，發掘出唐代木船，全長二四公尺（殘長一八・四公尺），中寬四・三公尺，底寬二・四公尺，深一・三公尺，船板厚達一三公分，並有隔艙技術。由此船可見唐代來往於運河船舶規模之大，製造技術之高超。﹝註304﹞

七、製瓷業

製瓷業方面，唐代的瓷器生產已形成了「南青北白」的局面，﹝註305﹞雖南方亦有白瓷生產，北方亦有青瓷生產，但究竟是少數。而南方青瓷的生產地主要集中在今日浙江省一帶地區，此區在唐代屬於兩浙轄境。據考古發現統計，唐代兩浙地區的瓷窯即達 20 處之多。﹝註306﹞再者，兩浙地區的瓷窯分布也廣，主要有越窯、甌窯、婺窯等三大窯系，其中越窯在今浙江餘姚一帶，而以上林湖為中心，甌窯主要分布在浙南甌江流域永嘉一帶；婺窯則主要分布在婺江兩岸，金華、永康、義烏、東陽、蘭溪等縣一帶。﹝註307﹞

在三大瓷窯外，過去一直被學術界認為只在南北朝生產瓷器的德清窯，﹝註308﹞已經證實在中唐時尚有生產。德清窯的主要產品為黑瓷，亦偶有青瓷

版），頁 139。

﹝註302﹞《九國志》，卷三，〈田頵傳〉，頁 83。

﹝註303﹞南京博物館，〈如皋發現唐代木船〉《文物》（1974 年第 5 期），頁 84～90。

﹝註304﹞見陸覺，〈揚州施橋發現了古代木船〉，《文物》，1961 年第 6 期，頁 52。

﹝註305﹞齊東方氏認為「南青北白」是過時的說法，見氏著，《隋唐考古》（北京，文物出版社，2002 年 10 月初版），頁 137，但也承認白方白瓷盛行，南方青瓷精美仍是基本事實；且基本上，北方瓷器大多為白瓷，南方多為青瓷乃為不爭的事實，故本書仍保留此種說法。

﹝註306﹞有關唐代浙江地區瓷窯考古發現，見陳瑋靜，《唐代長江中下游地區瓷器手業的研究》（臺北，中國文化大學史學研究所博士論文（未刊本），2001 年 5 月），頁 23「唐代瓷窯遺址分布圖」及頁 27～35，表四「唐代長江中下游地區瓷窯考古的發現表」。

﹝註307﹞此三窯見秦浩，《隋唐考古》（南京，南京大學出版社，1992 年 8 月初版），頁 254 及 264～268，並參見莨嵐，〈中國唐五代時期外銷日本的陶瓷〉，《唐研究》第四輯（1998），頁 470。

﹝註308﹞詳見馮先銘著，《中國陶瓷》（上海，上海古籍出版社，1997 年 10 月初版 7 刷），頁 269～271。

生產，只不過影響力不及前三大窯系，而在唐宋之際退出歷史舞臺。〔註309〕此外，位於江蘇宜興的均山窯或稱為「南山窯」，〔註310〕因風格與越窯接近，一般認為是越窯的一支。〔註311〕

　　陸羽，《茶經・四之器》記載：「碗，越州上，鼎州次，婺州次，岳州次，壽州、洪州次。」，〔註312〕陸羽列越州碗為上等，婺州第三，足見兩浙地區所生產瓷器品質之優良。此外陸羽為並將越州瓷碗與邢州瓷碗相較：

> 或者以邢州處越州上，殊為不然。邢瓷類銀，越瓷類玉，邢不如越
> 一也；邢瓷類雪，則越瓷類冰，邢不如越二也；邢瓷白而茶色丹，
> 越瓷青而茶色綠，邢不如越三也。……越州瓷、岳瓷皆青，青則益
> 茶，茶作白紅之色；邢州瓷白，茶色紅；壽州瓷黃，茶色紫；洪州
> 瓷褐，茶色黑，皆不宜茶。〔註313〕

陸羽從瓷碗的顏色、質感及茶在瓷碗中的顏色等方面比較，認為越瓷在作為茶具方面，的確優於邢瓷。

　　越窯是南方青瓷的代表，分布在兩浙東部曹娥江中下游，甬江流域的寧紹平原範圍數百里，其中心窯場在慈溪上林湖四周及上虞、餘姚一帶。這些地區因唐時大都分屬於越州轄境，而唐代名窯都冠以州名，越窯亦由此而得名。〔註314〕而從考古發現可證越窯在中唐以後不論在製作技術及窯場的擴大方面，均有相當大的發展，而形成以上林湖為中心的越窯系統。〔註315〕

〔註309〕見秦浩，《隋唐考古》，頁274及馮先銘著，《中國陶瓷》（上海，上海古籍出版社，1997年10月初版7刷），頁271。

〔註310〕該窯址名稱有二種說法，馮先銘，《中國陶瓷》定名為「南山窯」，見馮先銘著，《中國陶瓷》（上海，上海古籍出版社，1997年10月初版7刷），頁271～272；而《中國陶瓷史》則定名為「均山窯」，見中國矽酸鹽學會主編，《中國陶瓷史》（北京，文物出版社，1997年6月初版3刷），頁141～142，此二批窯址間雖有距離，但應可視為同一窯系。

〔註311〕馮先銘著，《中國陶瓷》（上海，上海古籍出版社，1997年10月初版7刷），頁271～272。

〔註312〕陸羽，《茶經》，卷中，〈四之器・碗〉，頁714下：是書收入《叢書集成新編》（臺北，新文豐出版社，1985年1月初版），第47冊，頁713～717。

〔註313〕陸羽，《茶經》，卷中，〈四之器・碗〉，見張宏庸編著，《陸羽全集》，頁12。

〔註314〕秦浩，前引書，頁265；另鄭建華氏認為「越窯以越州而得名，但其空間範圍卻不宜以越州的轄區為限」，見鄭建華撰，〈越窯貢瓷與相關問題〉，載《紀念浙江省文物考古研究所建所二十周年論文集》，1999年1期，頁174。

〔註315〕見謝純龍撰，〈隋唐早期上林湖越窯〉，《東南文化》，1999年第4期，頁97

　　由於越窯制瓷工藝技術先進，產品質量高，晚唐開始設立「貢窯」，專燒「千中選一」的進貢用瓷，有的還在器底劃上「官」或「官樣」字樣，〔註316〕據鄭建華氏研究，「官」與「官樣」乃是一種官方所定質和量的標準，而不是字面上的由官方監制的意思，是一種特定時空的產物。〔註317〕

　　而貢瓷中最有名的就是「秘色瓷」，〔註318〕「秘色瓷」是越窯的精品，胎質細密，造型規整，釉光瑩潤，色淡素雅，紋飾精美，有的還鑲金邊、銀邊和銅邊，即「金扣」、「銀扣」和見「金棱」瓷器。〔註319〕如吳越在清泰二年（935）九月對後唐的進獻中，就有金棱秘色瓷器 200 事（件），另在後晉高祖天福七年（942）及後周太祖廣順二年（951），吳越均曾進貢數量不明的秘色瓷器。〔註320〕

　　1973 年在寧波（唐代明州）和義路唐代海運碼頭發掘出了 700 多件待裝出海的唐代瓷器，其中最多的是越瓷，〔註321〕顯示明州是越窯瓷器出口的主要港口。1970～1980 年代在揚州手工業作場遺址第一～三次發掘中，發現了大量的瓷器碎片，其中尤以青瓷爲多，應有部分是兩浙越窯所生產的瓷器。〔註322〕僅 1975 年那次便發掘出瓷片一萬五千餘片，數量驚人，並且種類繁多有青釉、白釉、黃釉瓷及各種彩釉。〔註323〕

　　　　　　～101。

〔註316〕詳見鄭建華撰，〈越窯貢瓷與相關問題〉，頁 186～192，「"官"、"官樣"與貢瓷」部分；有關「官」和「官樣」問題在學術界曾引起廣泛討論，見鄭建華，前引文，頁 188；並參見權奎山撰，〈關於唐宋瓷器上的「官」和「新官」字款問題〉，《中國古陶瓷研究》（第五輯）（北京，紫禁城出版社，1999 年 11 月初版），頁 222～229。

〔註317〕詳見鄭建華撰，〈越窯貢瓷與相關問題〉，頁 190。

〔註318〕據唐代詩人關於秘色瓷器的描述，似乎均是青瓷，而有學者據法門寺地宮考古發現，認爲秘色瓷器並非全是青瓷，詳見童光俠撰，〈唐代陶瓷與陶瓷詩歌〉，《中國陶瓷工業》，第 6 卷 1 期（1999 年 3 月），頁 46。

〔註319〕秦浩，前引書，頁 265。

〔註320〕見《冊府元龜》，卷一六九，〈帝王部・納貢獻〉，頁 2037～2045。

〔註321〕見林士民，〈浙江寧波市出土一批唐代瓷器〉，《文物》，1976 年第 7 期，頁 60～61。

〔註322〕雖然北方亦有生產青瓷，但數量不多，故仍以南方越窯所生產的青瓷爲大宗。

〔註323〕見南京博物院、揚州博物館及揚州師範學院發掘工作組，〈揚州唐城遺址一九七五年考古工作簡報〉，《文物》，1977 年第 9 期，頁 22；有關揚州唐城第二、三次發掘情形，見南京博物院，〈揚州唐城手工業作坊遺址第二、三次發掘簡報〉，《文物》，1980 年第 3 期，頁 11 至 14。

　　由於揚州是唐代最大的經濟都會及主要的國際港口，〔註324〕經由揚州外銷的商品不但種類多，數量亦大，在此發現大量青瓷碎片，表明當時越瓷是受歡迎且銷路甚廣的商品。無怪乎晚唐詩人陸龜蒙，要高度稱讚越瓷是「九秋風露越窯開，奪得千峰翠色來，好向中霄盛沆瀣，共稽中散斗遺杯」。〔註325〕

　　婺州窯，在東漢末年已開始生產，〔註326〕唐代為全盛期，婺州窯所產的瓷碗據陸羽《茶經》的評等為第三，〔註327〕是唐代著名的瓷窯，主要分佈在浙東的金華地區，共有唐五代窯址28處，其產品有前後期之分，晚唐五代時有相當數量的產品銷往日本。〔註328〕婺窯的特色是釉瓷上較普遍地飾以褐斑，並能成功的燒製大型器物及器形有獨到之處，〔註329〕但因大量生產民間日用的碗、盤、瓶、罐等物，製作較粗，不及越窯產品精細。

　　甌窯因位於浙南甌江之濱，故稱「甌窯」，其與越窯不同之處，是在於甌窯瓷胎呈灰白色或淡灰色，釉層勻淨，呈淡青色。唐代早中期甌窯瓷器常呈黃色或淡黃色，釉易剝落，晚唐前後始出現純淨的青色或青黃色，滋潤如玉，胎釉結合緊密，極少脫釉，且胎體漸趨細薄，遠較以往精緻，顯示出製瓷技術的提高。〔註330〕由甌窯所開發的釉下彩技術，在東晉即已出現，充分顯示甌窯的優良傳統及製瓷技術的精湛。〔註331〕

　　此外，尚有台州溫嶺窯，其窯址分布甚廣，從天臺到臨海、黃岩至最南

〔註324〕揚州不僅為當時國內貿易的樞紐，同時也是國際貿易的重要港口。如九世紀大食著名地理學家伊本・考爾大貝（Ibn khordadbeh）在所著《道程及郡國志》（北京，中華書局，1991年12月初版）頁71～73，將江都（揚州）列為與交州、廣州、泉州齊名的四大港口，參見桑原隲藏著，楊鍊譯，《唐宋貿易港研究》（臺北，商務印書館，1963年12月初版）67～72：頁130及154。其中歷來學者對 Kantou 港有六種說法，經作者列舉各種史料，證實為揚州無誤，見頁72～130。

〔註325〕彭定求、沈三曾等編纂，《全唐詩》（江蘇，上海古籍出版社，1993年10月10刷），卷六二九，頁1585中，〈秘色瓷器〉。

〔註326〕原見貢昌，〈談婺州窯〉《中國古代窯址調查發掘報告集》（北京，文物出版社，1984年），此處轉引自葚嵐，〈中國唐五代時期外銷日本的陶瓷〉，《唐研究》第四輯（1998），頁470。

〔註327〕陸羽，《茶經》，卷中，〈四之器・碗〉，頁714下：是書收入《叢書集成新編》（臺北，新文豐出版社，1985年1月初版），第47冊，頁713～717。

〔註328〕葚嵐，〈中國唐五代時期外銷日本的陶瓷〉，《唐研究》第四輯（1998），頁470。

〔註329〕秦浩，前引書，頁268。

〔註330〕參見中國矽酸鹽學會主編，《中國陶瓷史》（北京，文物出版社，1997年6月初版3刷），頁197及秦浩，前引書，頁268。

〔註331〕秦浩，前引書，頁267。

端的溫嶺等均發現瓷窯遺址，主要窯址約可分爲山市鄉窯群、照洋鄉老屋山窯址及魚山窯址等數處。〔註332〕

在 1950～1980 年間在明州鄞縣發現東錢湖窯場，該窯場生產的鼎盛時期在吳越國時期，燒造品種多，產品與餘姚上林湖一帶極爲相似，並且質地精良。〔註333〕因寧波在唐代是外銷港口，故東錢湖窯場所生產的瓷器，很可能是作爲外銷用途。

唐代兩浙地區瓷器的銷售地區十分廣泛，甚至遠達日本等地。根據學者莨嵐的研究，當時外銷日本的瓷器以青瓷爲大宗，而兩浙外銷的青瓷器則以越窯爲主，越窯產品的大量外銷應在九世紀初，一直到晚唐五代仍持續大量外銷。而五代末年北宋初則因精品漸少，側面說明越窯的外銷開始衰落。〔註334〕

八、造紙業

在造紙業方面，兩浙地區貢紙州據《新唐書·地理志》記載有杭州、婺州、越州、衢州等四州，〔註335〕《唐六典》卷二十，〈太府寺·右藏署〉謂：「益府之大小黃、白麻紙、弓弩弦麻，杭、婺、衢、越等州之上細黃、白狀紙」。〔註336〕李肇《唐國史補》則認爲：

> 紙有越之剡藤苔箋，蜀之麻面、屑末、滑石、金花、長麻、魚子、十色箋，揚州之六合箋，韶之竹箋，蒲之白薄牋、重抄，臨川之滑薄。〔註337〕

李肇將越州的剡藤苔箋排在當時全國名紙的第一位，可見當時對越州的剡藤苔箋紙是很欣賞的。

除越州外，兩浙出產藤紙的州郡，尚有杭州、婺州及衢州。杭州，《元和

〔註332〕參見台州地區文管會，〈浙江溫嶺青瓷窯址調查〉，載《考古》1991 年第 7 期及莨嵐撰，〈中國唐五代時期外銷日本的陶瓷〉，《唐研究》第四輯（1998），頁 470～471。
〔註333〕原見林士民，〈浙江寧波東錢湖窯場調查與研究〉，載《中國古陶瓷研究》第 13 期（北京，紫禁城出版社，1990 年），此處轉引自莨嵐撰，〈中國唐五代時期外銷日本的陶瓷〉，《唐研究》第四輯（1998），頁 469。
〔註334〕莨嵐，〈中國唐五代時期外銷日本的陶瓷〉，頁 470。
〔註335〕《新唐書》卷四十一，〈地理五〉，頁 1058～1063。
〔註336〕見李林甫等撰，《唐六典》（北京，中華書局，1992 年 1 月初版），卷二十，〈太府寺·右藏署〉，頁 546。
〔註337〕見李肇，《唐國史補》，卷下，頁 60。

郡縣圖志》卷二十五,〈江南道一〉:「由拳山,晉隱士郭文舉所居,傍有由拳村,出好藤紙」,〔註338〕同書卷二十六,〈江南道二〉記載婺州開元貢「藤(紙)」、元和貢「白藤、細紙」。〔註339〕雖杭、婺二州均產藤紙,但兩浙藤紙仍以越州剡溪所生產的藤紙最為著名。從《通典·食貨六》記載婺州及衢州天寶中貢紙均達六千張之多,〔註340〕可知衢州的造紙業十分發達。

《唐國史補》:「凡物由水土,故江東宜紗綾、宜紙者,鏡水之故也。」〔註341〕此「鏡水」應即為越州鏡湖水,足見越州所生產的高品質紙,除原料(郯藤)因素外,所用之水亦十分重要。

越州所產的剡藤紙在當時大受歡迎,顧況〈剡紙歌〉云:「剡溪剡紙生剡藤,噴水搗後為蕉葉,欲寫金人金口經,寄與山陰山裏僧」,〔註342〕顧況此詩對於剡紙的產地、製作方法及其用途都說明的非常清楚,而寫經選用剡藤紙,足見其品質佳。此外,藤紙還被當作貴重的禮物來送人,如《舊唐書》,卷九八,〈杜暹傳〉謂:「(暹)秩滿將歸,州吏以紙萬餘張以贈之,暹唯受一百,餘悉還之」。〔註343〕

韓愈在《毛穎傳》中更稱剡藤紙為「褚先生」,而「褚先生」為成都出產楮樹所製造的上等紙的別稱,可見其對剡藤紙的推崇。〔註344〕晚唐詩人薛能有詩云:「越臺隨厚俸,剡硾得尤名」,〔註345〕可見剡紙加工精良,頗有名氣。舒元輿〈悲剡溪古藤文〉載:

> 剡溪上綿四五百里多古藤,……溪中多紙工,刀斧斬伐無時,擘剝皮肌以給其業,……紙工嗜利,曉夜斬藤以鬻之,雖舉天下為剡溪,猶不足以給。〔註346〕

舒元輿又云:「過數十百郡,泊東洛、西雍,歷見言書文者皆以剡紙相誇」,

〔註338〕《元和郡縣圖志》,卷二十五,頁603。
〔註339〕《元和郡縣圖志》,卷二十六,頁621。
〔註340〕杜佑撰,王文錦等點校,《通典》(北京,中華書局,1992年再版),卷六,〈食貨六〉,頁123。唐代各史籍所載土貢時間參見王永興,〈唐代土貢資料繫年〉,《北京大學學報》1982年第4期,頁62～65及59。
〔註341〕見李肇,《唐國史補》,卷下,頁65。
〔註342〕《全唐詩》,卷二六五,頁662上,〈剡紙歌〉。
〔註343〕《舊唐書》,卷九八,〈杜暹傳〉,頁3075。
〔註344〕韓愈撰,馬通伯校注,《韓昌黎文集校注》(北京,中華書局,1991年11月再版),卷八,頁327。
〔註345〕《全唐詩》,卷五五九,頁1431下,〈送浙東王大夫〉。
〔註346〕《全唐文》,卷七二七,頁3321中～3321下。

〔註347〕說明剗紙廣受歡迎的程度。

此外，蘇州的「彩箋」亦十分有名，據《吳郡志》卷二十九〈土物〉，其作法如下：

> 以諸色粉和膠刷紙，隱以羅紋，然後砑花。唐皮（皮日休）、陸（陸龜蒙）有唱和魚箋詩云：「向日乍驚新繭色，臨風時辨白萍文」注：「魚子曰白萍」，此豈用魚子耶？今法不傳或者紙紋細如魚子耳。〔註348〕

此處稱彩箋「隱以羅紋」、「紙紋細如魚子」，可見作工之精細，無怪其品質精良，甚至以造紙聞名全國的蜀地亦模仿作粉箋，名曰「吳箋」。〔註349〕

九、釀酒業

釀酒業方面，劉禹錫〈酬樂天衫酒見寄〉詩云：「酒法眾傳吳米好，舞衣偏尚越羅輕。」，〔註350〕劉禹錫曾任浙東觀察使，並與白居易唱和，想必熟諳兩浙的風物，由此句可知蘇州所生產的糯米適宜釀酒，加以釀酒技術的進步，故蘇州乃有五酘酒、蒲黃酒、藍尾酒及卯時酒等名酒，其中五酘酒極負盛名，《吳郡志》卷二十九〈土物〉載：

> 白居易守洛時，有〈謝李蘇州寄五酘酒〉詩。今里人釀酒。麴米與漿水已入瓮。翌日，又以米投之，有至一再投者謂之「酘」。其酒則清冽異常，今謂之五酘，是以米五投之耶？〔註351〕

五酘酒被稱為「清冽異常」，且用以饋贈，足見其受歡迎程度。〔註352〕蒲黃酒，白居易詩云：「蒲黃酒對病眠人」下小注「時馬墜傷腰，正勸蒲黃酒」，〔註353〕可證蒲黃酒除飲用外亦有療效。

〔註347〕同前註，頁 3321 中。
〔註348〕見《吳郡志》，卷一，〈土物〉，頁 433。
〔註349〕據《唐國史補》，卷下，蜀有麻面、屑末、滑石、金花、長麻、魚子、十色箋等多種紙，疑「魚子」即為模仿蘇州彩箋而制。
〔註350〕見劉禹錫著，蔣維崧等箋注，《劉禹錫詩集編年箋注》，頁 550，〈酬樂天衫酒見寄〉。
〔註351〕見《吳郡志》，卷二十九，〈土物〉，頁 433；此詩應名為〈錢湖州以箬下酒李蘇州以五酘酒相次寄到無因同飲聊詠所懷〉，見《白居易集》，卷二十，頁 437。
〔註352〕見《白居易集》，卷二十，頁 437，〈錢湖州以箬下酒李蘇州以五酘酒相次寄到無因同飲聊詠所懷〉詩。
〔註353〕見《白居易集》，卷二十四，頁 542，〈夜聞賈常州、崔湖州茶山境會，想羨觀宴，因寄此詩〉。

又有「藍尾酒」，白氏詩云：「歲盞後推藍尾酒，春盤先勸膠牙餳」。〔註354〕此外，尚有「卯時酒」，白氏有〈卯時酒〉詩可證，〔註355〕並言其「功力神速倍」，可見酒精濃度甚高，其酒應十分香醇。

此外，有學者認為還有青門酒，〔註356〕但既曰「送人歸吳」，則作詩地應不在吳地（蘇州），除非有明確的地點說明，否則此酒是否為蘇州所產酒，尚有疑問。據《太平廣記》記載，范俶在蘇州開酒肆，有客人夜來投宿，〔註357〕一般來說，酒肆為謀取較高利潤，均自行釀酒，在蘇州像范俶這樣，開酒肆自行釀酒者應不少。

朱長文，《吳郡圖經續記》卷中載：

> 大酒巷，舊名黃上曲。唐時有富人修第其間，植花浚池，建水檻、
>
> 風亭，醞美酒以延賓旅，其酒價頗高，故號大酒巷。〔註358〕

由「酒價頗高」及「醞美酒以延賓旅」句來看，可見此富人所釀之酒，不但品質好，且其規模必不小，才能供應來往客旅所需。也因美酒聞名遐邇，故此地乃更名為「大酒巷」。

湖州的箬下酒則是江南名酒，《元和郡縣圖志》：「若溪水，釀酒甚濃，俗稱『若下酒』」。〔註359〕李肇《唐國史補》列舉當時名酒，首列郢州富水酒，烏程若下酒列第二，可見其之評價甚高。白居易尤喜飲箬下酒，如在杭州刺史任內，曾飲湖州刺史所贈之箬下酒，〔註360〕其後到蘇州仍飲湖州箬下酒，居易詩云「萍醅箬溪醋，水饌松二十八丈江鱗」〔註361〕及「兩瓶箬下新求得，一曲霓裳初教成」〔註362〕詩句可證，可想見白香山對箬下酒的喜好，益證其酒之品質優良。

杭州所生產的「梨花春」酒亦馳名遠方，白居易〈杭州春望〉詩云：「紅袖織綾誇柿蔕，青旗沽酒趁朵花」，「青旗沽酒趁朵花」句下注「其俗，釀酒

〔註354〕見《白居易集》，卷二十四，頁 540，〈年歲家宴，戲示弟侄等，兼呈張侍御二十丈、殷二十三兄〉。

〔註355〕見《白居易集》，卷二十一，頁 467。

〔註356〕見《全唐詩》，卷五八九，頁 540，李頻，〈送人歸吳〉。

〔註357〕《太平廣記》，卷三三七，范俶條引《廣異記》，頁 2674。

〔註358〕見朱長文，《吳郡圖經續記》，卷中，頁 60。

〔註359〕《元和郡縣圖志》，卷二十五，頁 606，「若」字應為「箬」之誤，見〈校勘記〉。

〔註360〕見《白居易集》，卷二十，〈錢湖州以箬下酒，李蘇州以五酘（酘）酒，相次寄到，無因同飲，聊詠所懷〉，頁 437 及卷二十三，頁 509，〈早飲湖州酒寄崔使君〉。

〔註361〕見《白居易集》，卷二十一，〈郡齋旬假命宴，呈座客，示郡寮〉，頁 454～455。

〔註362〕見《白居易集》，卷二十，頁 452，〈湖上招客送春泛舟〉詩注「時崔湖州寄新箬下酒來，樂妓按《霓裳羽衣曲》初畢」。

趁梨花時熟，號爲『梨花春』」，〔註363〕足見梨花春酒杭州的名產。

此外，白居易〈憶江南詞三首〉詩云：「吳酒一杯春竹葉」，〔註364〕疑係指竹葉春（青）酒。

十、水產品加工業

兩浙地區因漁業及水產品養殖業發達，漁獲甚多，除部分以生鮮方式出售外，亦有不少加工之後再行出售。當時水產品加工的主要方法有「膾」、「鮓（鮓）」及醃漬等方式，以利保存其風味，並方便銷售。而所謂「乾膾」乃是用「膾」法將魚切絲，再日曬法，脫其水份，然後製成的一種乾魚絲；〔註365〕「鮓」則是一種我國古代特有腌製發酵食品。另「含肚」則是一種全魚醃製的製作方式，依《大業拾遺記》〔註366〕記載，其作法是先不除去內臟，在空氣中放兩天待魚體稍有腐化，即去內臟再用鹽腌透，再經日曬、加壓而成。〔註367〕此外，「蜜蟹」的製法如同糖蟹，〔註368〕糖蟹的作法是將活蟹放入糖和其他作料浸製而成。〔註369〕

而《吳郡圖經續記》即記載隋大業（605～616）年間吳郡貢海鮸魚乾膾、海蝦、松江鱸魚乾膾、鯉腴鮓若干瓶及鮸魚含肚千頭及蜜蟹二十頭等特產，即以上述數種方法加工製成。

吳郡所貢的海鮸魚乾膾四瓶，浸泡一瓶可得徑尺面盤十盤，海魚肉軟而不腥，雖已久乾，以法修之可食，〔註370〕雖鮸魚不勝，《吳郡志》云：「出海中，鱗細紫色，無細骨，不腥」，〔註371〕可見其製作之良。貢物中的海蝦有四十挺之多，「色如赤琉璃，光徹而肥美」，〔註372〕海蝦製法不明，但從海蝦仍

〔註363〕見《白居易集》，卷二十，〈杭州春望〉，頁443。
〔註364〕見《白居易集》，卷三十四，〈憶江南詞三首〉，頁775。
〔註365〕見杜寶撰，辛德勇輯校，《大業雜記輯校》（西安，三秦出版社，2006年初版），頁35；並參見王賽時，《唐代飲食》（濟南，齊魯書社，2003年3月初版），頁101～102。
〔註366〕《大業拾遺記》即《大業雜記》之別稱，實爲同一書，參見見杜寶撰，辛德勇輯校，《大業雜記輯校》，「前言」部分，頁3～6。
〔註367〕參見王賽時，《唐代飲食》，頁102。
〔註368〕杜寶撰，辛德勇輯校，《大業雜記輯校》，頁37。
〔註369〕參見王賽時，《唐代飲食》，頁103。
〔註370〕朱長文撰，金菊林點校，《吳郡圖經續記》，卷下，頁81～82。
〔註371〕范成大撰，《吳郡志》，卷三十，頁441。
〔註372〕朱長文撰，金菊林點校，《吳郡圖經續記》，卷下，頁82。

保持其色澤及鮮度，想必經特殊方法處理；松江鱸魚乾膾則「肉白如雪不腥，所謂金虀玉膾，東南之佳味也」，足見其品質優良。松江鱸魚膾在晉代即已聞名，前述張翰思念松江鱸魚膾，乃東歸，即是顯例，〔註373〕到了唐代，陸龜蒙〈潤州送人往長洲〉詩云：「君住松江多少日，爲嘗鱸膾與蓴羹」，〔註374〕亦可知松江鱸魚之盛名。

另有鯉腴鮭，「肥美冠於鱧鮪乾鱠之類」，〔註375〕《吳郡志》載：鯉腴鮭（鮓），「出太湖，隋大業十二年（616），吳郡獻之。純以鯉腴爲之，一瓶用魚四五百頭，味過鱧鮪。」，〔註376〕一瓶用魚至四、五百頭，足見其味之濃郁。隋時吳郡約等於唐代蘇、湖二之境，由此可見蘇、湖等州水產品加工業技術的高超，故兩浙地區的水產加工製品乃聞名遐邇，受到市場上極大歡迎。

第三節　交通及運輸佈局

李肇，《唐國史補》載：「凡東南郡邑，無不通水，故天下貨利，舟楫居多。」〔註377〕，表明東南地區是以水運爲主要的運輸方式。唐代兩浙地區因其北濱長江，東臨大海，且境內運河中穿，加以區內河川密佈，而具備優越的地理條件，使水路運輸相形發達。

隋代開鑿的大運河，其功用在全漢昇先生所著《唐宋帝國與運河》文中有深入的見解，他認爲運河對唐帝國的貢獻，在於將北方的軍事政治中心和南方的經濟中心聯結在一起，使凝結爲一個堅強牢固的整體而發揮偉大的力量。〔註378〕而這南方的經濟中心，主要係指淮南和兩浙爲主體的江南地區。

唐代兩浙地區水運交通主要是以江南運河爲主要的動脈，江南運河是大運河的最南段，起自京口（今江蘇鎮江）至餘杭（今浙江杭州）止。〔註379〕

〔註373〕見陸廣微撰，曹林娣校注，《吳地記》，頁83。
〔註374〕見《全唐詩》，卷六二四，頁1577上。
〔註375〕朱長文撰，金菊林點校，《吳郡圖經續記》，卷下，頁82。
〔註376〕范成大撰，《吳郡志》，卷三十，頁442引《大業雜記》。杜寶撰，辛德勇輯校，《大業雜記輯校》內容與其略同
〔註377〕李肇，《唐國史補》，卷下，頁62。
〔註378〕見全漢昇，《唐宋帝國與運河》，本書原刊《中央研究院歷史語研究所專刊》第二四本，後收入氏著，《中國經濟史研究》（臺北，稻鄉出版社，1991年1月初版），頁389。
〔註379〕見《資治通鑒》，卷一八一，煬帝大業六年十二月己未條，頁5652。

江南運河地處太湖，地勢低平，自然河道與湖泊交錯縱橫，溝通江海，水源豐富，素有水鄉澤國之稱，是水路交通和航運條件最好的河段。〔註380〕

隋代所開鑿的江南運河不僅使浙西地區（太湖平原）的水運網路有了主航道，進一步促進了太湖平原的水上交通，並且向南貫通錢塘江，可以聯絡兩浙、江西及福建等地區；向北則可通長江、淮河、黃河、海河等水系，連接了江淮平原、關中平原及華北平原的水上交通。〔註381〕

江南運河貫通南北五大水系，大大縮短了南北的距離，對促進兩浙和整個太湖流域社會經濟的繁榮有直接的貢獻。

運河沿岸的揚州、楚州、潤州、常州、蘇州、杭州等地都因運河帶來的交通便利和龐大的商機而極度繁榮。在唐代為確保江南運河的水量及通行順暢，曾三次整治江南運河，其中第一次整治在杭州錢塘江口創設「長安閘」，防止水流失，餘二次分別在潤州（望亭堰閘、練湖）和常州境內（孟瀆、泰伯瀆）。〔註382〕首先是在運河南端的錢塘江口創設「長安閘」以防止河水流失，貞元（785～804）年間湖州刺史于頔疏浚了由湖州經南潯、震澤至平望之間的荻塘，長慶（821～824）年間白居易在杭州刺史期間又治理了西湖，擴大了運河水源。〔註383〕透過這一連串的措施，使得江南運河能維持其正常的航運。

另外，唐政府為提高浙東地區的航運效率，對浙東地區舊有水道也不遺餘力的整治。元和十年（815）越州刺史孟簡對「新河」和「運道塘」的修建，對提高自會稽至西陵的浙東運河〔註384〕航運能力有很大的作用。據《新唐書·地理志》記載，「新河」在山陰縣北五里，是一條由浙東運河聯繫北部平原的重要航道。「運道塘」在縣西北十里，是一條由條石鋪砌而成的石路，採取多孔引橋式建築，橫跨支流，下可通水，上可行車拉千〔註385〕

〔註380〕潘鏞，《隋唐時期的運河和漕運》（西安，三秦出版社，1986年5月初版），頁43。
〔註381〕參見李志庭，《浙江地區開發探源》，頁259。
〔註382〕潘鏞，《隋唐時期的運河和漕運》，頁59；另劉希為在《隋唐交通》（臺北，新文豐出版社，1992年3月臺1版）一書認為應有四次，而實際內容與潘鏞書類似，參見該書頁93～95。
〔註383〕《新唐書》卷四十一，〈地理五〉，頁1059～1060。
〔註384〕「浙東運河」是晉朝時賀循主持開鑿的一條運河，始於會稽，西經蕭山至錢塘江旁西陵，可參見李志庭，《浙江地區開發探源》，頁252及陳橋驛，〈浙東運河的變遷〉，載氏著《吳越文化論叢》，頁346～353。
〔註385〕《新唐書》卷四十一，〈地理五〉，頁1061及李志庭，前引書，頁260～261。

　　而對作爲浙東運河主要水源的鏡湖，唐代也多次進行治理，貞元元年（785）浙東觀察使皇甫政「鑿山以畜泄水利」，並在東北二十里作「朱儲斗門」，大和七年（833）觀察使陸垣在山陰縣西北四十六里作「新徑斗門」。〔註386〕不但對於鏡湖水位起了平衡作用，間接地也對平衡浙東運河的水位有所助益。

　　兩浙境內其他水運航道也進行了整理，杭州於潛縣內有紫溪，貞觀十八年（644）縣令杜泳「鑿渠三十里，以通舟楫」，〔註387〕浙東明州鄮縣境內，開元中（713～741）縣令王元緯修建「小江湖」（它山堰）不僅溉田八百頃，且也方便了由鄮江經奉化江到鄮縣的航運。〔註388〕開元二十六年（738），潤州刺史齊澣：

> 以（潤）州北隔江，舟行繞瓜步，回遠六十里，多風濤，乃於京口埭下直趨渡江二十里，開伊婁河二十五里，渡揚子，立埭，歲利百億，舟不漂溺。〔註389〕

浙南甌江的主要支流之一好溪，「麗水（好溪）原名惡溪，以其湍流阻險，九十里閑五十六瀨，名爲大惡」。〔註390〕宣宗時刺史段成式在麗水縣東十五里處築堰，方便灌溉和航運。

　　在陸路運輸方面，唐代兩浙地區主要建設是開鑿了兩條要道，一條是由餘杭（杭州）向西北經獨松嶺、安吉，至廣德、宣州，原有小路可通，寶曆中，縣令歸珧「又築甬道，通西北大路，高廣徑直百餘里，行旅無山水之患」。〔註391〕另一條是南出建州即由浙東衢州至福建建州的山路，由衢州至建州原有路可通，但需繞行常山、玉山、信州至建州，或由衢州經廣豐，越二度關至浦城，再至建州，路途遙遠。〔註392〕乾符五年黃巢軍占領越州，隨即爲唐軍所驅，黃巢軍開通一條由衢州、須江，翻越仙霞嶺至建州的山路，長達七

〔註386〕同前註。
〔註387〕《新唐書》卷四十一，〈地理五〉，頁1060。
〔註388〕同前註，頁1061。
〔註389〕《新唐書》卷四十一，〈地理五〉，頁1057：齊澣開伊婁河的時間，《新唐書・地理志》載爲開元二十二年，然據《舊唐書》，卷九，〈玄宗下〉則記載爲開元二十六年冬，《資治通鑒》，卷二一四，亦繫於玄宗開元二十六年，唯未言何月，故繫此事於開元二十六年。
〔註390〕《元和郡縣圖志》，卷二十六，頁624。
〔註391〕《新唐書》，卷四十一，〈地理五〉，頁1059。
〔註392〕參見李志庭，《浙江地區開發探源》，頁262。

百里。據《資治通鑑》乾符五年（878）八月條，說黃巢「引兵攻浙東開山路七百里攻剽福州諸州。（按《九域志》衢州治所至建州七百五里，此黃巢始開之邪！）」，[註393] 又《新唐書·黃巢傳》：「黃巢收眾踰江西破虔吉饒信等州，因刊山開道七百里，直趨建州」。[註394] 足見本路是由黃巢軍所開。

　　此外，兩浙地區在經過隋唐時期開鑿運河，開闢道路的不斷努力下，已建立起了完整的水路交通網路，各州間都有道路可通，而驛館也就應運而生，據《唐六典》記載唐朝有驛1639所、其中水驛260所，陸驛1297所，水陸驛86所，[註395] 浙江境內可考者有29所。[註396]

第四節　商業佈局

　　隋代以前兩浙地區的毗陵（唐常州）、吳郡（唐蘇、湖州）、會稽（唐越州）、餘杭（唐杭州）、東陽（唐婺、衢州）等地已是「川澤沃衍，有海陸之饒，珍異所聚，故商賈並湊」。[註397] 唐五代時期兩浙地區由於農業發達和手工業的進步，提供了充分的商品，而優越的地理位置和便利的水陸交通運輸網，大大促進了經濟的發展；而隨著人口增加和手工業的進步，使得境內商業蓬勃發展。

　　而隨著坊市制度的日趨破壞，兩浙地區也出現了夜市，如蘇州，在杜荀鶴詩曰「君到姑蘇見，人家盡枕河，……夜市賣菱蓮藕，春船載綺羅。」[註398] 及「夜市橋邊火，春風寺外船」[註399] 可證。另在蘇州城內亦有夜間經營的酒肆，據《太平廣記》載，范俶在蘇州開酒肆，有客人夜來投宿，[註400] 可見范俶所開酒肆兼營旅店生意，屬於多角化經營，另一方面也顯示了坊市制度的破壞。

　　唐代兩浙地區主要的商品以糧食、茶、鹽、酒、瓷器、紡織品及紙等數

〔註393〕《資治通鑑》，卷二五三，僖宗乾符五年八月戊寅條，頁8208。
〔註394〕《新唐書》，卷二二五下，〈黃巢傳〉，頁6454。
〔註395〕《唐六典》，卷五，〈尚書·兵部·駕部司〉，頁163。
〔註396〕原見《浙江古代道路交通史》第二章第四節，此乃轉引自李志庭，《浙江地區開發探源》，頁265。
〔註397〕《隋書》，卷三十一，〈地理志下〉，頁887。
〔註398〕《全唐詩》，卷六九一，頁1740上，〈送人遊吳〉。
〔註399〕《全唐詩》，卷六九一，頁1740上，〈送友遊吳越〉。
〔註400〕《太平廣記》，卷三三七，范俶條引《廣異記》，頁2674。

種爲大宗。

一、糧食交易

　　兩浙地區由於糧食生產量大，故糧食成爲重要的商品，糧食交易亦相當活躍。早在南朝時就有糧商的出現，如會稽山陰（紹興）人賀琛年青時家貧，「常往還諸暨，販粟以自給」，〔註401〕山陰約當唐代越、明二州之地，足見其時山陰糧食生產有餘，可用於販賣。

　　據載武則天聖曆三年（700）婁師德出使并州，沿途驛站給他「白而細」的飯食，而給他隨員「黑而粗」的飯食。他問驛站何以如此，驛站官員答曰：「邂逅浙米不得」，〔註402〕意思是一時得不到浙江的大米，可見兩浙生產的米品質的確不同凡響，而浙米顯然已成爲相當受歡迎的商品。德宗興元元年（784）閏十月詔：

> 江淮之間，連歲豐稔，迫於供賦，頗亦傷農，收其有餘，濟彼不足，宜令度支於淮南、浙江東西道加價和糴三五十萬石，差官般（搬）運，於諸處減價出糴，貴從權便，以利於民。〔註403〕

朝廷於淮南、浙江東西道辦理「和糴」，可見這二道就是文中所稱的「連歲豐稔」之處，才需要進行和糴來平易物價。而「和糴」雖和一般商品交易不完全相同，但仍屬於商業行爲的一種。而文宗大和三年（829）詔曰：

> 河南、河北諸道，頻年水患，重加兵役，農耕多廢，粒食未豐。……如聞江淮諸郡，所在豐稔，困於甚賤，不但傷農，州縣長吏，苟思自便，潛設條約，不令出界。……宜令御史台揀擇御史一人，於河南巡察，但每道每州界首，物價不等，米商不行，即是潛有約勒。……淮南諸郡，米價漸起，展轉連接之處，直至江西、湖南、荊襄以東並需約勒。〔註404〕

表明唐政府希望用使米商流通的方法，來以豐補歉，平抑物價。由此數項史料觀之，兩浙地區的米糧交易應相當活躍。另據《唐國史補》卷中記載：

〔註401〕姚思廉，《梁書》（臺北，鼎文書局，1993年1月初版7刷），卷三十八，〈賀琛傳〉，頁540。

〔註402〕李昉等編，《太平廣記》（臺北，文史哲出版社，1987年5月再版），卷一七六，頁1308。

〔註403〕見王溥，《唐會要》（臺北，世界出版社，1989年4月5版），卷九十，頁1636，〈和糴〉。

〔註404〕《唐會要》，卷九十，頁1635，〈閉糴〉。

> 江淮賈人，積米以待踊貴，圖畫爲人持錢一千買米一斗，以懸於市。

〔註405〕

生動的描寫了當時江淮地區米商謀取暴利的方法，足見當時米商的活躍。

二、茶葉交易

飲茶本爲南方習俗，而北方人因漸染飲茶習俗，而需求量甚大，但茶葉的產地多在江南，故茶商乃應運而生。茶的運銷，因受市場及產地位置的影響，故以「從南向北」及「由東向西」爲主要的運銷模式，〔註406〕由於兩浙地區的茶葉不但種植普遍，且品質優良，甚至成爲鹽鐵使與地方長官爭相進貢之物品。〔註407〕

而每年二、三月間「茶熟之際，四遠商人，皆將錦繡繒纈、金釵銀釧，入山交易。」，〔註408〕其後因茶稅日重，又產生了不肖商人販運私茶的問題，甚至武裝而成爲「劫江賊」，對地方治安有極大的危害，杜牧〈上李太尉論江賊書〉稱：

> 伏以江淮賦稅，國用根本，今有大患，是劫江賊耳。……所劫商人，皆得異色財物，盡將南渡，入山博茶。蓋以異色財物，不敢貨於城市，唯有茶山，可以銷售。茶熟之際，四遠商人，皆將錦繡繒纈、金釵銀釧，入山交易。……凡千萬輩，盡販私茶。……濠、亳、徐、泗、汴、宋州賊，多劫江西、淮南、宣、潤等道；許、蔡、申、光州賊多劫荊襄、鄂岳等道，劫得財物，皆是博茶，北歸本州貨賣，循環往來，終而復始。〔註409〕

觀此文可知當時私販之泛濫及嚴重性，言「凡千萬輩，盡販私茶」，因私販有厚利，而少罪責，故私販者愈來愈多。而「茶熟之際，四遠商人，皆將錦繡繒纈、金釵銀釧，入山交易」，可看作茶山附近因交易活絡而產生了草市。湖州顧山附近的草市就是一個例子，杜牧有〈入茶山下題水口草市絕句〉詩可

〔註405〕見《唐國史補》，卷中，頁35。

〔註406〕「由南而北」流通的觀點參考大澤正昭撰，牟發松譯，〈唐宋時代的小生產方式及其發展階段〉，收入武漢大學中國三至九世紀研究所編，《中國前近代史理論國際學術研討會論文集》（漢口，湖北人民出版社，1997年5月初版），頁450。

〔註407〕《舊唐書》，卷一二三，〈劉晏傳〉，頁3515。

〔註408〕見杜牧撰，裴延翰編，《樊川文集》（臺北，漢京文化出版公司，1983年11月初版），卷一一六，〈上李太尉論江賊書〉，頁168。

〔註409〕見《樊川文集》，卷十一，頁168～171。

證。〔註410〕

　　另一方面，從劫江賊「北歸本州貨賣，循環往來，終而復始」來看是屬南貨北運的模式，亦符合本書前述「從南向北」的運銷模式。而兩浙的湖州顧渚茶及常州潟湖含膏等茗茶遠銷至吐蕃〔註411〕（今西藏地區），本身即一種「由東向西」的運銷模式，由於北方及西藏等地均非茶葉產地，且需求量甚大，而兩浙所在的江淮地區又是主要的茶產地，故此二種運銷模式亦符合經濟學的生產及供給的原則。

　　據《唐國史補》、《茶經》、《茶譜》、《太平寰宇記》、《吳郡圖經續記》、《冊府元龜·帝王部》等史料記載，兩浙地區所產名茶有湖州顧渚紫笋茶，婺州東白茶，睦州鳩坑茶〔註412〕、「細茶」，〔註413〕常州義興紫笋茶〔註414〕、義興陽羨春〔註415〕、潟湖含膏（即潟湖茶〔註416〕），〔註417〕婺州「舉岩茶」，〔註418〕蘇州「水月茶」〔註419〕及吳越時進貢之「腦源茶」、「大茶」〔註420〕等十餘種，〔註421〕其中湖州顧渚茶及常州潟湖含膏茶甚至遠銷至吐蕃，〔註422〕可見兩浙茶葉銷路之廣及交易的活絡。

〔註410〕見杜牧撰，裴延翰編，《樊川文集》（臺北，漢京文化出版公司，1983 年 11 月初版），卷三，〈入茶山下題水口草市絕句〉，頁 53。

〔註411〕見李肇，《唐國史補》，卷下，頁 66。

〔註412〕以上茗茶見李肇，《唐國史補》（臺北，世界書局，民國 80 年 6 月 4 版），卷下，頁 60。

〔註413〕見《新唐書》卷四十一，〈地理五〉，頁 1060 睦州土貢。

〔註414〕至於常州及湖州土貢之「紫筍茶」應為「紫笋茶」之誤。

〔註415〕陳尚君撰，〈毛文錫《茶譜》輯考〉，收入《唐代文學叢考》（北京，中國社會科學出版社，1997 年 10 月初版），頁 422。

〔註416〕見李肇，《唐國史補》，卷下，頁 66。

〔註417〕陳尚君撰，〈毛文錫《茶譜》輯考〉，收入《唐代文學叢考》（北京，中國社會科學出版社，1997 年 10 月初版），頁 422。

〔註418〕陳尚君，〈毛文錫《茶譜》輯考〉引《事類賦注》卷十七，頁 423。

〔註419〕朱長文撰，金菊林點校，《吳郡圖經續記》（南京，江蘇古籍出版社，1999 年 8 月初版），卷下，頁 84。

〔註420〕王欽若、楊億等編，《冊府元龜》，（北京，中華書局，1988 年 8 月 3 版），卷一六九，〈帝王部·納貢獻〉，頁 2037～2045；「腦源茶」及「大茶」之品種、產地不明，張劍光，《唐五代江南工商業佈局研究》，頁 190，認為是新品種，筆者認為大茶應不是新品種問題，可能只是一種摘採及烘焙不同的茶而已。

〔註421〕詳見本章第一節「經濟作物」部分及第二節「手工業的發展·製茶業」部分內容。

〔註422〕見李肇，《唐國史補》，卷下，頁 66。

　　到了晚唐，茶商在兩浙地區更為活躍，如《廣陵妖亂志》載呂用之父親呂璜，「以貨茗為業，來往於淮、浙間」，〔註423〕唐末五代時據有兩浙的錢鏐多次向華北政權進貢茶葉，並「差使押茶貨往青州回變供軍布衫段送納」，〔註424〕這是錢鏐以茶葉換布衫的變相貿易。而唐文宗，〈追收江淮諸色人經紀本錢敕〉稱：「江淮富豪大戶，……私販茶、鹽，頗撓文法，州縣之弊，莫甚於斯」，〔註425〕此詔說明江淮地區的富豪大戶，因私販茶葉及鹽有暴利可圖，故挺而走險；另一方面，也充分證明包含兩浙在內的江淮地區茶葉貿易的興盛。

三、食鹽交易

　　在鹽的交易方面，唐代兩浙地區海鹽產量僅次於淮南道，年產量達百萬石以上。〔註426〕唐代自安史亂後實施鹽專賣制，鹽利成為政府重要的歲入項目，「大曆末，通計一歲征賦所入總一千二百萬貫，而鹽利且過半」。〔註427〕但由於私販鹽的利潤高，致私鹽盛行，白居易有詩〈鹽商婦〉曰：

> 鹽商婦多金帛，不事田農與蠶績，……婿作鹽商十五年，不屬州縣屬天子，每年鹽利入官時，少入官家多入私，官家利薄私家厚，鹽鐵尚書遠不知。〔註428〕

生動說明鹽商販賣私鹽有厚利可圖。韓愈更進一步說：「鹽商納榷，為官糶鹽，子父相承，坐收厚利」。〔註429〕足見販賣私鹽之暴利，無怪乎鹽商無懼於嚴刑峻罰，而趨之若鶩。

　　晚唐時成為唐朝大患的黃巢及王仙芝原先均是鹽販，〔註430〕甚至許多割據群雄或藩鎮用事者均是鹽商出身，如吳越錢鏐、前蜀王建及吳國輔臣徐溫等，〔註431〕可見當時販賣十分盛行。因販賣私鹽有厚利，故地方豪強亦紛紛

〔註423〕見羅隱，《廣陵妖亂志》，頁538，是書收入氏著，潘慧惠校注，《羅隱集校注》（杭州，浙江古籍出版社，1995年6月初版）。
〔註424〕《冊府元龜》，卷四八四，〈邦計部・經費〉，頁5792下。
〔註425〕《全唐文》，卷七四，頁338下。
〔註426〕參見本書第四節，〈手工業的發展〉，製鹽業部分。
〔註427〕《舊唐書》，卷一二三，〈劉晏傳〉，頁3514。
〔註428〕《白居易集》，卷四，頁84，〈鹽商婦〉。
〔註429〕《韓昌黎文集校注》，卷八，頁379，〈論變鹽法事宜狀〉。
〔註430〕見《新唐書》，卷二二五下，〈黃巢傳〉，頁6451及《舊唐書》，卷一五〇下，〈黃巢傳〉，頁5391。並參見陳衍德、楊權，《唐代鹽政》，頁165。
〔註431〕錢鏐事見《新五代史》卷六七〈吳越世家〉，頁835；王建事見《新五代史》

與唐政府爭奪鹽利，如唐文宗〈追收江淮諸色人經紀本錢敕〉稱：「江淮富豪大戶，……私販茶、鹽，頗撓文法，州縣之弊，莫甚於斯」，〔註432〕表明江淮地區私販茶、鹽的情形十分嚴重。

而常袞《授李栖筠浙西觀察使制》亦云：「震澤之北，三吳之會有鹽井銅山，有豪門大賈，利之所聚，奸之所生」，〔註433〕說明浙西地區物產豐富，但「利之所聚」即「奸之所生」，各種私販、盜採情形層出不窮。而《新唐書‧王播附王式傳》云：「餘姚（明州）民徐澤專魚鹽之利，慈溪民陳瑊冒名仕至縣令，皆豪縱，州縣不能制。」，〔註434〕則指明了浙東地區的豪強霸占山澤之利，豪縱不法的情形，由以上史料可知兩浙地區在中晚唐時期私販風氣的興盛。

綜上所述，兩浙地區由於鹽產量豐富及私販的盛行，使食鹽交易非常活躍。

四、酒的交易

兩浙地區的名酒甚多，據《唐國史補》及時人詩文的記載約可得湖州烏程所產的箬下酒，蘇州之五酘酒、蒲黃酒、藍尾酒及卯時酒等數種名酒，實際上應不止此數種，惜史料闕文，未能詳列。蘇州之五酘酒雖《唐國史補》未載，仍十分有名，如白居易在洛陽時就曾飲蘇州的五酘酒，而白氏在當時雖未爲湖州刺史，仍常飲其友所贈的湖州名酒，白居易在杭州刺史任內，曾飲湖州刺史所贈之箬下酒，〔註435〕其後到蘇州仍飲湖州箬下酒，白居易「萍醅箬溪醑，水饋松二十八丈江鱗」詩可證，〔註436〕足見箬下酒之聞名遐邇，居易乃喜飲酒之人，故不捨其味。〔註437〕居易所飲之五酘酒及箬下酒等酒，雖多來自朋友贈送，但從他對此二種酒的喜好，顯示出兩浙所產酒的高知名度及所擁有的廣大市場。

卷六三〈前蜀世家〉，頁783；徐溫事見《新五代史》卷六一〈吳世家附徐溫傳〉，頁760；並參閱陳衍德、楊 權，《唐代鹽政》，頁166。

〔註432〕《全唐文》，卷七四，頁338下。

〔註433〕《全唐文》，卷三一六，〈授李栖筠浙西觀察使制〉，頁1418上～1418中按此時浙西觀察使治蘇州，而非治潤州。

〔註434〕《新唐書》，卷一六七，〈王播附王式傳〉，頁5120～5021。

〔註435〕見《白居易集》，卷二十，頁437，〈錢湖州以箬下酒，李蘇州以五酘（酘）酒，相次寄到，無因同飲，聊詠所懷〉。

〔註436〕見《白居易集》，卷二十一，頁454～455，〈郡齋旬假命宴，呈座客，示郡寮〉。

〔註437〕見《白居易集》，卷三十四，頁771，〈自題酒庫〉詩。

五、瓷器交易

　　兩浙地區因有越窯、婺窯、甌窯等三大瓷窯，瓷器生產量大，同時帶動了瓷器的交易。越窯所產青瓷，品質之高，聞名於世。而婺州窯主要是走商品化的路線，所生產的瓷器以民間日用品為主，〔註438〕且產量很大，銷路甚廣。兩浙地區所產瓷器除內銷至全國各地外，亦從揚州、蘇州、明州、台州等地遠銷日本等海外地區。〔註439〕據學者研究在唐五代時期中日間商船來往共有64次，唐王朝方面有出發港口記錄者共計18次，其中明州有9次，佔50％，台州3次，揚州2次，蘇州、楚州及廣州各一次。〔註440〕

　　1973年在寧波（唐代明州）和義路唐代海運碼頭發掘出了700多件待裝出海的唐代瓷器，其中最多的是越瓷。〔註441〕1970、1980年代在揚州手工業作場遺址第一、二、三次發掘中，發現了大量的瓷器碎片，其中尤以青瓷為多，應大部分是兩浙所生產的瓷器。僅1975年那次便發掘出瓷片一萬五千餘片，數量驚人，並且種類繁多有青釉、白釉、黃釉瓷及各種彩釉。〔註442〕由於揚州是唐代最大商業中心及外銷的重要國際港口，在此發現大量青瓷碎片，表明當時越瓷是受歡迎且銷路甚廣的商品。

　　此外，1950～1980年在明州鄞縣發現東錢湖窯場，該窯場所燒造瓷器不但品類眾多，並且質地精良。〔註443〕因寧波（明州）在唐代是外銷港口，故東錢湖窯場所生產的瓷器，很可能是作為外銷用途。

　　唐代兩浙地區所產瓷器的銷售地區十分廣泛，甚至遠達日本等地，根據學者萇嵐的研究，兩浙地區外銷日本的瓷器以青瓷為大宗，而越窯的產品作為貿易瓷，早在八世紀中即已開始外銷日本，一直到晚唐五代仍持續大量外

〔註438〕秦浩，前引書，頁268。
〔註439〕見萇嵐撰，〈中國唐五代時期外銷日本的陶瓷〉，頁476～477。
〔註440〕見萇嵐撰，〈中國唐五代時期外銷日本的陶瓷〉，頁506～510，表二「唐五代中日往來商船一覽表」。
〔註441〕見林士民，〈浙江寧波市出土一批唐代瓷器〉，《文物》，1976年第7期，頁60～61。
〔註442〕見南京博物院、揚州博物館及揚州師範學院發掘工作組，〈揚州唐城遺址一九七五年考古工作簡報〉，《文物》，1977年第9期，頁22；有關揚州唐城第二、三次發掘情形，見南京博物院，〈揚州唐城手工業作坊遺址第二、三次發掘簡報〉，《文物》，1980年第3期，頁11至14。
〔註443〕原見林士民，〈浙江寧波東錢湖窯場調查與研究〉，載《中國古陶瓷研究》第13期（北京，紫禁城出版社，1990年），此處轉引自萇嵐撰，〈中國唐五代時期外銷日本的陶瓷〉，《唐研究》第四輯（1998），頁469。

銷，到五代末北宋初則精品漸少，側面說明瞭越窯的外銷開始衰落。〔註444〕

婺州窯的產品，在九世紀中葉至十世紀中葉的日本遺址地層中多有發現，足見其大量銷往日本應在晚唐五代時期，〔註445〕而台州溫嶺窯也在同時期開始加入外銷行列。綜上所述兩浙瓷器的外銷，在中晚唐時期已達到顛峰的狀況，成爲重要的外銷商品，而有「貿易瓷」之稱。

而據有關研究，唐代前後期越窯青瓷產品銷售的主要市場有所改變，九世紀以前北方是越窯青瓷的主要市場，而八世紀下半葉開始，越窯的產品一方面大量銷往日本、韓國及埃及等地，〔註446〕另一方面，則是銷往南方地區。其主要原因，應與安史之亂後，北方動亂頻仍，社會經濟衰退，導致市場萎縮有關，使其不得不開發新的市場，並進行銷售策略的調整；〔註447〕而漸染唐風的日、韓等地，及經濟日益繁榮的江淮地區，乃成爲越窯青瓷產品的主要市場。

因瓷器本身易碎不耐震且笨重的特性，宜以水路運銷，而隋代所修建的大運河系統正符合此需求。故不論在唐代前後期，越窯青瓷產品在域內的主要銷售途徑，仍以運河系統爲主，據統計在運河沿線以外，較少見越窯青瓷器的遺存。〔註448〕特別在九世紀後，主要市場從北方換成南方後，江南運河及邗溝（山陽瀆）〔註449〕成爲越窯青瓷器的主要運輸孔道。而兩浙地區密佈的水運網路，使越窯產品的運銷更爲容易。

六、紡織品交易

在紡織品交易方面，兩浙地區的紡織品生產在中唐以後有長足的進步，如蘇州所生產的紡織品如緋綾、綾絹、烏眼綾衫、段羅、折皂布等，〔註450〕不但種類多，且品質精良。潤州則有紋綾，衫羅，水紋、方紋、魚口、繡葉、花紋等綾及火麻布等多種不同花紋的高級紡織品。〔註451〕而常州亦有紫紅綿

〔註444〕莨嵐，〈中國唐五代時期外銷日本的陶瓷〉，頁470。
〔註445〕莨嵐，〈中國唐五代時期外銷日本的陶瓷〉，頁470。
〔註446〕見康才媛著，《唐代越窯青瓷的研究》（臺北，中國文化大學史學所博士論文，1997年6月），頁184～189。
〔註447〕見康才媛著，《唐代越窯青瓷的研究》，頁189。
〔註448〕見康才媛著，《唐代越窯青瓷的研究》，頁170～172。
〔註449〕有關邗溝的開鑿問題見拙作，〈唐代揚州的盛況及其繁榮因素試析〉，《淡江史學》，第十期（1999年6月），頁277註3。
〔註450〕范成大，《吳郡志》（南京市，江蘇古籍出版社，1999年8月初版），卷一，〈土貢〉，頁6～7。
〔註451〕《元和郡縣圖志》，卷二十五，頁590及見《新唐書》卷四十一，〈地理五〉，

巾、緊紗、兔褐、皀布等許多種類的紡織品。湖州則貢御服、烏眼綾、折帛布及絁布等，種類增加不少。〔註452〕另外，杭州所生產的緋綾、白編綾亦被列為貢品。〔註453〕而明州土貢則有吳綾、交梭綾等。〔註454〕

　　杜荀鶴詩云：「君到姑蘇見，人家盡枕河，夜市賣菱蓮藕，春船載綺羅」，〔註455〕說明蘇州的絲織品向外運輸的情形。而由杜牧〈揚州〉云：「全絡擎雕去，鸞環拾翠來。蜀船紅綿重，越橐水沈堆。」〔註456〕及張祜〈庚子歲寓游揚州贈崔荊四十韻〉：「冷清連心簞，輕疏著體繒。被裁新蜀錦，光砑小吳綾。」〔註457〕的詩句中，可知兩浙所生產的「越橐」及「吳綾」均可見於揚州市面上，而揚州當時不但是東南地區賦稅及茶、鹽及紡織品等商品、貨物的集散地，亦是國內最大經濟都會，〔註458〕而兩浙商品在揚州市上隨處可見，說明瞭兩浙地區絲、棉產品的高流通性及受歡迎的程度。

七、紙製品交易

　　唐代兩浙地區所生產的藤紙名聞全國，尤以剡溪生產的藤所製成的藤紙最為人所稱道，越州所產的剡藤紙在當時大受歡迎，藤紙還常被當作貴重的禮物來送人，如《舊唐書》，卷九八，〈杜暹傳〉謂：「（暹）秩滿將歸，州吏以紙萬餘張以贈之，暹唯受一百，餘悉還之」。〔註459〕晚唐詩人薛能有詩云：「越台隨厚俸，剡硾得尤名」，〔註460〕可見剡紙加工精良，頗有名氣。

　　而舒元輿，〈悲剡溪古藤文〉云：「過數十百郡，泊東洛、西雍，歷見言

　　　　頁1056。
〔註452〕見《新唐書》卷四十一，〈地理五〉，頁1058及《元和郡縣圖志》，卷二十五，頁605。
〔註453〕《新唐書》卷四十一，〈地理五〉，頁1059。
〔註454〕《元和郡縣圖志》，卷二十五，頁629及《新唐書》卷四十一，〈地理五〉，頁1061。
〔註455〕《全唐詩》，卷六九一，頁1740上，〈送人遊吳〉。
〔註456〕杜牧撰，裴延翰編，《樊川文集》（臺北，漢京文化出版公司，1983年11月初版），卷三，頁42。
〔註457〕原見上海古籍出版社影印宋蜀刻本，《張承吉文集》，卷七，此處乃引自陳尚君輯校，《全唐詩補逸》（北京，中華書局，1992年10月初版），上冊，第二編，王重民，《全唐詩補選》，卷之八，頁214。
〔註458〕詳見拙作，《唐代淮南道研究》（臺北，中國文化大學史學研究所碩士論文，1997年6月），頁200。
〔註459〕《舊唐書》，卷九八，〈杜暹傳〉，頁3075。
〔註460〕《全唐詩》，卷五五九，頁1431下，〈送浙東王大夫〉。

書文者皆以剡紙相誇」，〔註461〕說明剡紙廣受歡迎的程度。蘇州的「彩箋」亦十分有名，推測其銷路亦甚廣。

第五節　草市的興起與鎮的商業化

　　唐五代時期江南地區因經濟發展快速，原有定點定時的市場交易方式，已不能滿足大量且日夜不息的商業行為，故草市乃如雨後春筍般的大量湧現。其實兩浙地區的草市可上追到南朝時期，蕭齊（479～502）時建康附近就有草市，甚至亦有「草市尉」的官職設置。〔註462〕《南齊書》，卷五〇，〈明七王・蕭寶夤傳〉載：

　　　　寶夤至杜姥宅，日已欲暗，城門閉，城上人射之，眾棄寶夤逃走。
　　　　寶夤逃亡三日，戎服詣草市尉，尉馳以啟帝，帝迎寶夤入宮問之。
　　　　〔註463〕

杜姥宅位置在台城南掖門外，係晉成帝杜皇后母裴氏的宅第，〔註464〕蕭寶夤所拜訪的官員注明為草市尉。而在《太平寰宇記》，卷九〇，〈昇州・上元縣條〉中則進一步說明建康七部尉的位置：

　　　　古建康縣，初置在宣陽門內。……是時有七尉部，江尉在三生渚；
　　　　西尉在延興寺後巷北；東尉在吳大帝陵口，今蔣山西門；南尉在草
　　　　市北，湖官寺前；北尉在朝溝村；左尉在清流溪孤首橋；右尉在沙
　　　　市。〔註465〕

依位置來看，七部尉中的南尉在草市北，極可能就是文中所稱的草市尉所在。〔註466〕

　　到了唐代，江南草市更蓬勃發展，兩浙地區的水路交通要道及鹽、茶產

〔註461〕同前註，頁 3321 中。

〔註462〕蕭子顯撰，《南齊書》（臺北，鼎文書局，1987 年 1 月 5 版），卷五〇，〈明七王・蕭寶夤傳〉，頁 865。

〔註463〕蕭子顯撰，《南齊書》（臺北，鼎文書局，1987 年 1 月 5 版），卷五〇，〈明七王・蕭寶夤傳〉，頁 865。

〔註464〕參見張敦頤撰，張忱石點校，《六朝事跡編類》（上海，上海古籍出版社，1995 年 1 月初版），卷七，〈宅舍門〉，頁 88。

〔註465〕樂史撰，《太平寰宇記》（臺北，文海出版社，1979 年初版），卷九〇，〈昇州・上元縣條〉，頁 681 上。

〔註466〕草市尉，加藤繁最早指出可能即是「南尉」，傅宗文亦贊同此意見，見傅宗文，《宋代草市鎮研究》（福州，福建人民出版社，1991 年 9 月初版），頁 4。

區出現了許多草市。武則天長安（701～704）年間，有司表稅關市，鳳閣舍人崔融上疏勸諫，其諫文據《舊唐書・崔融傳》載：

> 四海之廣，九州之雜，關必據險路，市必憑要津。……且如天下諸津，舟航所聚，旁通巴、漢，前指閩、越，七澤十藪，三江五湖，控引河洛，兼包淮海，弘舸巨艦，千軸萬艘，交貿往還，昧旦永日。
> 〔註467〕

崔融此奏獲得武則天的同意，遂罷關市之征。〔註468〕可見在武則天時期，各地的關、市已是「舟航所聚」，貿易十分繁盛，亦間接帶動當地經濟發展。中唐以後，各地關市、要津之地商業貿易更爲發達，可從杜牧，〈上李太尉論江賊書〉中瞭解其情形：

> （劫江賊）所劫商人，皆得異色財物，盡將南渡，入山博茶。蓋以異色財物，不敢貨於城市，唯有茶山，可以銷售。茶熟之際，四遠商人，皆將錦繡繒纈、金釵銀釧，入山交易。……凡江淮草市，盡近水際，富室大戶，多居其間。〔註469〕

由杜牧所言，可見無論在水陸要道或茶山，凡有商機之處，均產生許多草市，江淮草市甚至有「富室大戶」居住其間，此種情形在兩浙地區亦然。如湖州茶山附近在唐代即形成草市，杜牧有〈入茶山下題水口草市絕句〉詩可證。〔註470〕位在水路要津的市則有「平水市」，元稹〈白氏長慶集序〉中稱：

> 予於平水市中，見村校諸童競習詩，召而問之，皆對曰：「先生教我樂天、微之詩。」固亦不知予之爲微之也。〔註471〕

「予於平水市中」句下小注「鏡湖傍草市名」，鏡湖是越州境內的湖泊，符合杜牧所說「凡江淮草市，盡近水際，富室大戶，多居其間」的情形。

　　唐五代時期兩浙地區在工商業發達的情形下，各地交通要道、水陸關津及茶、鹽產地均出現了草市或市集，這些草市或市集，許多到了宋代仍然存在，並在宋元時期升格爲「鎮」。〔註472〕而宋時各地的鎮除由草市升格外，

〔註467〕劉昫等撰，《舊唐書》，（臺北，鼎文書局，1992年5月7版），卷九四，〈崔融傳〉，頁2997～2998。
〔註468〕《舊唐書》，卷九四，〈崔融傳〉，頁2996～3000。
〔註469〕見《樊川文集》，卷十一，頁168～171。
〔註470〕見《樊川文集》，卷三，〈入茶山下題水口草市絕句〉，頁53。
〔註471〕元稹撰，《元稹集》（臺北，漢京文化出版公司，1983年10月初版），卷五一，〈序記〉，〈白氏長慶集序〉，頁555。
〔註472〕其例詳見加藤繁，〈唐宋時代的草市及其發展〉，收入加藤繁著，譯者不詳，《中

更多的鎮是由軍鎮及驛站等設置遞變而來，〔註473〕因唐五代時期各地有許多屬於方鎮系統的軍鎮，〔註474〕如董昌原爲杭州石鏡鎮將，唐末爲浙東節度、義勝軍節度使，〔註475〕即是顯例。這類軍鎮在宋初以後逐漸減少，其中部分政治、軍事性較強的鎮被裁併掉，而一些具有經濟價值的鎮則繼續存留下來。〔註476〕

　　而亦有學者認爲軍鎮向店市、鎮市轉化或互相結合，是唐末五代時期的趨勢。〔註477〕據不完全統計，唐五代時期兩浙地區草市有確定名稱的約有21個，其中蘇州、常州最多，各有6個，越州4個次之，潤州、湖州各2個，杭州1個。〔註478〕唐人詩文中亦有其他兩浙地區草市之記載，但因名稱不能確定，故暫不列出。

國經濟史考證》（臺北，稻鄉出版社，1991年2月初版），頁355～361及蔣兆成，《明清杭嘉湖社會經濟研究》（杭州，浙江大學出版社，2002年1月初版），頁389～390。

〔註473〕「鎮」的起源及演變參見周一良，〈北魏鎮戍制度考及續考〉，載氏著，《魏晉南北朝史論集》（北京，北京大學出版社，1997年6月初版），頁215～238及加藤繁，〈唐宋時代的草市及其發展〉，收入加藤繁著，譯者不詳，《中國經濟史考證》（臺北，稻鄉出版社，1991年2月初版），頁354～355及頁366。

〔註474〕或稱爲「鎮戍」。

〔註475〕《新唐書》，卷二二五下，〈董昌傳〉，頁6466。

〔註476〕此說法最早由日本學者加藤繁提出，加藤氏認爲從宋開國到宋神宗時，無用的鎮完全裁撤，參見加藤繁，〈唐宋時代的草市及其發展〉，收入氏著，譯者不詳，《中國經濟史考證》（臺北，稻鄉出版社，1991年2月初版），頁355；並參見蔣兆成，《明清杭嘉湖社會經濟研究》（杭州，浙江大學出版社，2002年1月初版），頁390。

〔註477〕見傅宗文著，《宋代草市鎮研究》（福州，福建人民出版社，1991年9月初版），頁19～21。「草市」、「店市」名稱極易混淆，就其實店市應是較有規模的草市。

〔註478〕參見張劍光，《唐五代江南工商業布局研究》（南京，江蘇古籍出版社，2003年5月初版），頁395～396。書中原列草市22個，其中處州的㳠義市的出處爲《大清一統志》，卷二三六，〈處州府〉，根據該書說明，雖有提到「唐貞元間，郡刺史張增請於朝，改設今所，即古紫荊村也」，然查郁賢皓，《唐刺史考全編》（合肥市，安徽大學出版社，2000年1月初版），〈括州（縉雲郡・處州）〉部分，並無張增其人，雖然該書缺列建中四年至貞元四年間（784～788）刺史姓名。但因《大清一統志》年代距唐代相差近千年，又無法查證其眞實性，故本書未採用此條資料。

表 3-3 唐代兩浙地區草市一覽表〔註479〕

市 名	位 置	資 料 出 處	備 註
新豐市	潤 州	《全唐文》，卷三三一，〈丹陽作〉、《江南通志》，卷二六，〈關津〉	
新林市	潤 州	《景定建康志》，卷十六，〈鎮市〉	
洛社市	常 州	《無錫縣志》，卷三下，〈古跡〉	
陸壚市	常 州	《無錫縣志》，卷三下，〈古跡〉	
竹塘市	常 州	《咸淳毗陵志》，卷三	
望亭市〔註480〕	常 州	《白居易集》，卷二十四，〈望亭驛酬別周判官〉、《吳郡圖經續記》，卷下，〈往跡〉	
申港市	常 州	《成化重修毗陵志》，卷二，〈地理二〉	
利城市	常 州	《成化重修毗陵志》，卷二，〈地理二〉	
顧亭林市	蘇 州	《全唐文》，卷七九二，〈大唐蘇州華亭縣顧亭林市新創法雲禪寺記〉	
光福市	蘇 州	《甫里集》卷十六〈送小雞山樵人序〉	
義和市	秀 州〔註481〕	《太平寰宇記》卷九五〈江南東道七〉	
語兒市	蘇 州	《至元嘉禾志》，卷一，〈沿革〉	
當湖市	蘇 州	《天啓平湖縣志》，卷五，〈丘墓〉	
鮑郎市	蘇 州	《吳地記·通元寺》	
水口市	湖 州	《樊川文集》，卷三，〈入茶山下題水口草市絕句〉	
陸 市	湖 州	《嘉泰吳興志》，卷十八	
硤石市	杭 州	《至元嘉禾志》，卷一，〈沿革〉	
五大夫市	越 州	《唐文拾遺》卷三○〈五大夫市新橋記〉	
梅 市	越 州	《全唐文》卷二四八〈送李遂之越〉	
平水市	越 州	《元稹集》，卷五一，〈序記〉，〈白氏長慶集序〉，	
臨浦市	越 州	《寶慶會稽續志》，卷三，〈市〉	

〔註479〕 本表參考張劍光著，《唐五代江南工商業布局研究》（南京，江蘇古籍出版社，2003 年 5 月初版），頁 388～398 及相關史料製作，部分草市名稱及史料出處作了修正及補充。

〔註480〕 《白居易集》，卷二十四，〈望亭驛酬別周判官〉詩云：「何事出長洲，連宵飲不休？醒應難作別，歡漸少於愁。燈火穿村市，笙歌上驛樓。何言五十里，已不屬蘇州。」，以此詩觀之，此草市似在蘇州，而《吳郡圖經續記》，卷下，〈往跡〉，頁 59 則稱「隋開皇九年置爲驛，唐常州刺史李襲譽改今名」，是望亭驛應在蘇、常州交界處，唯在行政上應爲常州轄境，否則不會有「唐常州刺史李襲譽改今名」語。

〔註481〕 唐爲蘇州領域，吳越始置，故仍列入蘇州。

　　到了宋代，因商業貿易持繼發達，各地草市蓬勃發展，據不完全統計，兩浙地區僅草市就有 456 個，其中明州 139 個最多，蘇州 76 個居次，台州 73 個，越州 43 個，潤州 42 個，湖州 28 個，杭州 22 個，常州 12 個，衢州 11 個，處州 5 個，婺州 4 個，睦州 2 個，溫州則有 1 個。〔註482〕

　　從宋代草市的分佈，可以瞭解沿海地區市集的成長最快，像明州、台州等草市在唐五代時期尚未見記載，此時卻大量出現，其數量甚至超越浙西蘇、常等州，標誌著經濟發展已擴及到沿海地區，而浙東地區的經濟發展亦已取得相當的成果。唐五代時期，兩浙地區草市的蓬勃發展，表明本區整體經濟的快速發展，使本區不但成為江淮的精華區，更是全國的財政及賦稅中心。

〔註482〕見傅宗文著，《宋代草市鎮研究》（福州，福建人民出版社，1991 年 9 月初版），
　　　　〈宋代草市鎮名錄編目〉頁 432～436；450～478。為方便統計，凡有「市」、
　　　　「店」、「坊」等均列入計算，若名稱或性質不能確定者，則暫不列入。凡名
　　　　稱中有「鎮」字者，因不能確定其究竟是由草市升格者或原來即是軍鎮或鎮
　　　　戍，並且考慮到與唐代草市的對照，故未列入計算。

第四章　兩浙城市經濟的發展

　　六朝時期兩浙地區經濟已有相當的發展，區域內的城市〔註1〕亦逐漸繁榮，兩浙地區城市的繁榮與其發展的條件及發展模式有關，本章將深入探討影響城市繁榮的原因，並詳論浙西及浙東個別城市的經濟狀況，最後，則從地理因素、政治因素及經濟重心南移等三方面，對唐五代時期江淮城市分佈變遷背景進行論述，期能明瞭兩浙地區在六朝以降，特別是唐五代時期的總體經濟發展，並進一步明瞭兩浙地區在唐、宋之際，經濟重心南移過程中所扮演的角色及其影響。

第一節　六朝時期兩浙地區的經濟發展與城市的繁榮

　　六朝時期兩浙地區的丹陽、毗陵、吳郡、會稽、餘杭、東陽及京口等地區已十分繁榮，故《隋書·地理志》稱：

> 丹陽舊京所在，人物本盛，小人率多商販，君子資於官祿，市廛列肆，埒於二京，人雜五方，故俗頗相類。京口東通吳（郡）、會（稽），南接（長）江、（太）湖，西連都邑，亦一都會也。……宣城、毗陵、吳郡、會稽、餘杭、東陽，其俗亦同。然數郡川澤沃衍，有海陸之饒，珍異所聚，故商賈並湊。〔註2〕

六朝時期兩浙地區因農業經濟的發展、手工業技術的進步及商業貿易的興

〔註1〕關於中國古代城市的起源及其界定，參閱趙岡，《中國城市發展史論集》（台北，聯經出版事業公司，1995年5月），頁1～4；9～15。

〔註2〕《隋書》，卷三十一，〈地理志下〉，頁887。

盛，促進了區域城市的興起及繁榮，其中建康、吳、會稽及京口等城市因地區經濟的發展，而欣欣向榮。

建康〔註3〕曾為孫吳、東晉、宋、齊、梁、陳等朝代都城，在政治力影響超越一切的時代，〔註4〕不但有眾多的中央官員、戍衛的禁軍，再加上僑寄衣冠及當地人口，故戶口殷實，工商業均十分發達，故《隋書‧地理志》云：「市廛列肆，埒於二京」，〔註5〕將丹陽與漢魏舊都長安、洛陽相較，足見其繁榮。

從《隋書‧地理志》的記載，可知六朝時期丹陽的商業頗盛，甚至與長安、洛陽相比亦不遜色。如《太平御覽》引《丹陽記》載「京師四市，建康大市，孫權所立，建康東市，同時立，建康北市，永安中立，秣陵鬥場市，隆安中發樂營人交易因成市也。」。〔註6〕東晉安帝元興三年（404）二月建康發大水，「潮水入石頭（城），是時貢使商旅，方舟萬計，漂敗流斷，骸胔相望，江左雖有潮變，未有若斯之甚。」〔註7〕由「方舟萬計」一語，足見當時建康商船雲集之狀，側面反映建康商業貿易的繁榮景況。在戶口方面，據研究在孫吳（222～280）時建康人口至少已有二十萬，〔註8〕蕭梁（502～557）時更增至三、四十萬。〔註9〕建康的地位一直要到隋文帝平陳後，才因揚州治所移至江都〔註10〕等因素而衰落。〔註11〕

〔註3〕 按建康即為唐之潤州江寧縣，唐初曾為昇州，旋廢，晚唐又置。在六朝時多次更名，吳名建業，宋為建康，又名金陵、秣陵或丹陽，見《宋書》，卷三五，〈州郡一〉，頁1029～1030；《舊唐書》，卷四○，〈地理三〉，頁1584及許嵩撰，孟昭庚等點校，《建康實錄》，卷一，〈吳上〉，頁1～3。並參見方亞光，〈六朝隋唐時期的金陵與廣陵〉，收入《古代長江下游的經濟開發》（西安，三秦出版社，1989年8月初版），頁92～93。

〔註4〕 見拙作，〈北魏的工商業〉，《淡江史學》，第十四期（2003年12月），頁269。

〔註5〕 同註2。

〔註6〕 見李昉等編，《太平御覽》（台北，商務印書館，1968年台一版），卷八二七，頁3819上引《丹陽記》。

〔註7〕 《宋書》，卷三十三，〈五行四〉，頁956及房玄齡等撰，《晉書》（臺北，鼎文書局，1976年10月初版），卷二十七，〈五行上〉，頁817。

〔註8〕 參見郭黎安，〈南京歷史人口的變遷及其原因〉，收入《江蘇史論考》（南京市，江蘇古籍出版社，1989年10月初版），頁97。

〔註9〕 參見郭黎安，〈南京歷史人口的變遷及其原因〉，頁98。

〔註10〕 即唐代揚州，今江蘇省揚州市。

〔註11〕 江都取代建康地位原因，詳見方亞光，〈六朝隋唐時期的金陵與廣陵〉，收入《古代長江下游的經濟開發》（西安，三秦出版社，1989年8月初版），頁92～95。

　　吳（今江蘇蘇州市），是六朝時期吳郡的治所，是當時本區內最重要的商業區，吳位於富庶的太湖流域，早在春秋時期吳國就建都於此（姑蘇），〔註12〕《史記·貨殖列傳》云：「東有海鹽之饒，章山之銅，三江、五湖之利，亦江東之一都會也」。〔註13〕依司馬遷之言，吳郡有豐富的物產且交通便利，故能成「江東之一都會」。

　　吳所在的吳郡在六朝時期已有相當程度開發，與吳興、丹陽並稱「三吳」地區，是東晉南朝時，江南開發較早且最富庶的地區。〔註14〕左思〈吳都賦〉：「煮海爲鹽，採山鑄錢，國稅再熟之稻，鄉貢八蠶之綿」。〔註15〕故史稱「自晉氏渡江，三吳最爲富庶，貢賦商旅，皆出其地」。〔註16〕既稱「貢賦商旅，皆出其地」，足見六朝時期吳郡所在的三吳地區已成爲當時江南的精華地區，不僅戶口殷實，且工商業皆相當發達，才能擔負起沈重的進貢和賦稅。

　　會稽〔註17〕（今浙江紹興），在春秋時期就已建城，東漢少帝永建四年（129），吳郡、會稽郡分治，會稽成爲郡治（原治吳郡）。〔註18〕會稽地區在孫吳、西晉時期因持續開發，而漸爲富庶，除鑑湖水利工程效益甚大外，永嘉之亂後，北方人民大量南移，而會稽因其地理位置適中，故成爲北來移民的樂土，包括王羲之、謝安等顯要家族亦在會稽安家立業，〔註19〕而一般人民遷入的則不計其數，故時人稱會稽郡治山陰爲「海內劇邑」。〔註20〕

　　由於人口的大量增加，使得各行各業欣欣向榮，出現了「今之會稽，昔

〔註12〕參見蕭孟龍，〈吳國的三次遷都試探〉，《吳文化研究論文集》（1993年），頁29。

〔註13〕司馬遷，《史記》（臺北，鼎文書局，1986年10月3版），卷六十九〈貨殖列傳〉，頁3267。

〔註14〕參見李吉甫《元和郡縣圖志》，卷二十五，〈江南道一·蘇州〉，頁600。

〔註15〕蕭統編，李善注，《文選》（臺北，華正書局，1984年初版），卷五，頁87。

〔註16〕司馬光，《資治通鑑》，卷一六三，簡文帝大寶元年五月己巳條，頁5045。

〔註17〕南北朝前期會稽郡治山陰縣，到陳代始析山陰爲山陰及會稽二縣，隋平陳改山陰爲會稽，其後唐代亦曾析會稽置山陰縣，旋又廢，是會稽、山陰二者關係十分密切，爲方便敘述且避免混淆，故通稱爲「會稽」；參見沈約等撰，《宋書》（臺北，鼎文書局，1987年1月5版），卷三五，〈州郡一〉，頁1030及《元和郡縣圖志》，卷二十六，〈江南道二·越州〉，頁618。

〔註18〕參見皇甫遵著，周生春校注考證，《吳越春秋輯校匯考》，頁130～131及陳橋驛撰，〈歷史時期紹興城市的形成與發展〉，頁355～363。

〔註19〕見陳橋驛撰，〈歷史時期紹興城市的形成與發展〉，載氏著《吳越文化論叢》（北京，中華書局，1999年12月初版），頁364。

〔註20〕《宋書》，卷八一，〈顧覬之傳〉，頁2079。

之關中」〔註21〕的盛況。到劉宋時，依《宋書》卷五四史臣曰的記載，會稽已是：「帶海傍湖，良疇亦數十萬頃，膏腴上地畝值一金」，且有「魚鹽杞梓之利，充仞八方，絲綿布帛之饒，覆衣天下」，〔註22〕可見其農業及手工業均相當發達，相較於兩漢時期，經濟發展十分快速。

手工業方面，會稽的製瓷業、鑄鏡業和紡織業（麻織業）〔註23〕均有相當發展，尤以製瓷業最爲發達，在山陰及上虞均曾發現西晉窯址，僅上虞一地就發掘出窯址六十餘處。〔註24〕而唐代的越窯亦是繼承六朝時期會稽製瓷業的堅實基礎。〔註25〕會稽郡的郡治山陰縣在漢末建安年間，已是銅鏡鑄造業的中心之一。〔註26〕

在商業方面，會稽地區因土地肥沃，稻米生產量大，早在蕭梁（502～557）時就有糧商的出現，如會稽山陰（紹興）人賀琛年青時家貧，就「常往還諸暨，販粟以自給」，〔註27〕而《南齊書・顧憲之傳》載：「吳興無秋，會稽豐登，商旅往來，倍多常歲」，〔註28〕更顯現出會稽包括糧食交易在內商業行爲的活絡。會稽因製瓷業、鑄鏡業和紡織業（麻織業）的發達，故瓷器、銅鏡、紡織品的交易均十分活躍，如吳縣獅子山傅氏家族墓所出土兩件青瓷的穀倉罐刻辭，表明爲會稽及始寧（今浙江上虞縣西南）所生產。〔註29〕

京口（今江蘇鎮江市）亦爲重鎮，因有水道可東連吳會，〔註30〕且地理

〔註21〕房玄齡等撰，《晉書》（臺北，鼎文書局，1976 年 10 月），卷七七，〈諸葛恢傳〉，頁 2042。

〔註22〕沈約等撰，《宋書》（臺北，鼎文書局，1987 年 1 月 5 版），卷五四，頁 1540。

〔註23〕詳見陳橋驛撰，〈歷史時期紹興城市的形成與發展〉，頁 363。

〔註24〕見劉淑芬，〈三至六世紀浙東地區的經濟發展〉，載氏著，《六朝的城市與社會》（臺北，學生書局，1992 年 10 月初版），頁 212。

〔註25〕六朝及唐宋時的越窯爲一脈相承且前後連貫的瓷窯體系，見許輝、蔣福亞主編，《六朝經濟史》，頁 328 注解。

〔註26〕見湖北省博物館、鄂州市博物館編，《鄂城三國六朝銅鏡》（北京，文物出版社，1986 年），俞偉超序，頁 1～2。

〔註27〕姚思廉，《梁書》（臺北，鼎文書局，1993 年 1 月初版 7 刷），卷三十八，〈賀琛傳〉，頁 540。

〔註28〕蕭子顯撰，《南齊書》（臺北，鼎文書局，1987 年 1 月 5 版），卷四六，〈顧憲之傳〉，頁 807。

〔註29〕參見張志新，〈江蘇吳縣獅子山西晉墓清理簡報〉，載《文物資料叢刊》第三輯（北京，文物出版社，1980 年 5 月初版），頁 136。

〔註30〕京口即唐代江南大郡常州州治所在，其地位於長江畔，且有水道與吳（今江蘇蘇州）及會稽（今浙江紹興）相連，交通十分方便，可參見史念海，《河山集》（第七輯）（西安，陝西師大出版社，1999 年 1 月初版），頁 188。

位置良好，故十分繁榮，《隋書・地理志》云：「京口東通吳（郡）、會（稽），南接（長）江、（太）湖，西連都邑，亦一都會也」，〔註31〕足見其交通及商業地位均十分重要。

　　由於六朝時期兩浙城市經濟的持續發展，爲往後本區的城市經濟奠下堅實的基礎，使得唐五代時期，本區中的潤州、蘇州及杭州相繼成爲江南地區的經濟中心城市，亦爲宋代以後兩浙地區躍居全國最重要的經濟地區開啓先河。

第二節　唐五代城市經濟的發展

　　唐五代時期兩浙地區因農田水利及耕作技術的進步，而使糧食生產量大增，而原本從事農業者，可轉爲手工業及商業的就業人口；冶金、紡織、製瓷、製茶、製鹽、造紙及造船等手工業的發達，使許多手工製品得以商品化；商業貿易的興盛，更是促使商品得以交換流通，經濟得以持續活絡的重要原因。上述因素讓兩浙地區的城市經濟日益繁榮，呈現欣欣向榮的景象。

　　而地理環境、政治、戰亂及經濟重心南移等因素又使江淮地區的城市分佈產生變化，安史亂後揚州成爲全國最大經濟都會，潤州則因其位置與揚州隔岸相對，而十分繁榮；唐末江淮地區中心城市揚、潤二州，因戰亂及運河淤塞等因素而衰弱，而蘇州則持續繁榮，故中心城市逐漸由蘇州所取代；五代時期蘇州經濟又因戰爭破壞等原因而衰弱，杭州則因吳越國建都而日形繁榮，故此時杭州乃成爲區域經濟中心。

　　唐五代時期江淮地區經濟中心城市的轉移過程，是既緩慢又漫長的，是逐漸而非一蹴可及的，並且是受到多種因素的影響，而不是單一因素造成，此誠爲研究唐代經濟史者不可忽略之重大課題。本節將從城市經濟的發展因素及模式著手，並將兩浙地區城市依行政區劃分爲浙西及浙東城市，加以深入分析，期待對伴隨著經濟重心南移而來的城市分佈變遷問題，能建構新的理論基礎，在唐代區域經濟研究，能略有貢獻。

一、城市經濟的發展的因素及模式
　　一般來說，能影響城市經濟的發展的因素相當多，主要有下列數項：(1)產業的發展（農業、手工業及商業）有一定的基礎；(2)優越的地理環境及

完備的交通條件；（3）政治因素的影響。原則上有其中二項條件者，應能成一般城市，上述三項條件均有者，其發展成區域中心城市的可能性大為增加。像唐代最大經濟都會揚州，在隋代就已具備了後二項因素，到了唐代，揚州雖然在政治因素方面不若隋代，〔註32〕但因淮南地區相對安定，揚州的農業、手工業及商業的發展均達到了一定水準，加上大運河使得交通十分便利，故在中晚唐時期超越長安、洛陽及益州，成為國內最大經濟都會。〔註33〕

而兩浙地區的潤州，〔註34〕雄據長江與運河口，具有極佳的地理位置，與揚州隔岸相望，且在六朝以來即有相當雄厚的經濟基礎，故在唐代前期城市經濟發展快速，天寶時潤州人口達十萬餘，在本區僅次於常州，但人口密度則超越常州，每平方公里達83.67人，人口密度為兩浙第一（見表2-4）。其後，又為浙西觀察使駐所，為浙西政治、軍事中心。五代時潤州地區的金陵又為南唐國都，足見其地理位置的優越。〔註35〕

結合揚州和潤州的發展歷程，可發現兼具經濟基礎、交通便利及政治因素等條件，是兩者的共通點。而本區城市在唐五代時期的發展過程中，具有政治因素助力的尚有越州、蘇州及杭州，越州向為浙江東道觀察處置等使治所，自不待言，蘇州曾為浙西治所，但為時甚短，〔註36〕杭州則在五代時期為吳越國都城。而純粹的經濟城市，一般認為在中古時期存在的可能不大，但城市主要職能為經濟性的城市，在兩浙地區有蘇州及明州等。

蘇州在在浙西治所移治潤州後，原則上已是不折不扣的經濟城市，蘇州挾著六朝以來三吳地區的雄厚基礎，並坐擁太湖及江南運河的便利運輸條件，在在使蘇州有著較一般經濟城市更好的發展條件。上述歷史背景及交通條件，使得蘇州在中晚唐時期成為江南第一大經濟都會。

蘇州是一個從政治中心城市轉為經濟中心城市的例子，而杭州則正相

〔註32〕參見拙作，〈唐代揚州的盛況及其繁榮因素試析〉，《淡江史學》，第十期（1999年6月），頁295。

〔註33〕參見拙作，〈唐代揚州的盛況及其繁榮因素試析〉，《淡江史學》，第十期（1999年6月），頁277～280。

〔註34〕唐代州治在丹徒（今江蘇省鎮江市），轄境約相當於今日江蘇鎮江、南京、丹陽、江寧、句容及金壇等地。

〔註35〕唐代潤州治丹徒，與六朝時期的建康位置不同，及至南唐建都於金陵，潤州地區重心又移回原建康地區。

〔註36〕從乾元二年（758）至貞元三年（787）約三十年間，蘇州大致為浙西治所，此後治潤州。

反，卻是從經濟城市轉化爲政治中心城市的顯例。唐代杭州從全國來看只能算是第三級的城市，即使在兩浙地區，也只能算是第二級的城市，在吳越時期，才晉級爲第一流城市。〔註37〕而杭州在吳越時期的發展，雖與晚唐以來的經濟發展有關，但最直接的因素則是吳越建都於杭州，故與政治因素有密切關係。

　　由於城市興起及繁榮的原因很多，有時甚至是多重的，像蘇州同時就具有發達的農工商業、交通便利及港口城市等優勢，潤州也同時具有良好的地理位置（包括交通及戰略）及政治優勢，故城市要確定其屬於那一類別或性質並不容易；另一方面，唐前期與安史亂後兩浙城市的發展差異極大，且在安史亂後城市的發展也並非百年不變，因此問題十分錯綜複雜，故本書未就兩浙地區城市性質作進一步分類，〔註38〕而原則上依其發展加以敘述。

　　此外，日本學者斯波義信認爲：「城市和市鎮經濟等級體系所顯示出來的眞正意義，只是在於中唐以後的長途貿易、農業生產和勞動分工的進步」。〔註39〕意謂著貿易的興盛、農業生產的進步及手工業、商業分工的日趨細密，是促成城市及市鎮經濟產生及茁壯的主要因素。唐五代時期兩浙的城市群正因具備了

〔註37〕譚其驤在〈杭州都市發展之經過〉一文中，認爲在唐代東南地區，揚州是第一等城市，蘇、越是第二等城市，杭州只能是第三等城市，在吳越時杭州才提升至第一等城市。見譚其驤，〈杭州都市發展之經過〉，《長水集》（上海，上海人民出版社，1987年初版），上冊，頁422。

〔註38〕邵承芬在其博士論文《唐代江南道研究──以經濟發展爲探討重心》中對江南道的城市進行分類，共有商業大州、地處要衝、區域性的商業中心、港口城市及軍事重鎮等五種城市，將蘇州、常州、湖州、杭州及越州列爲商業大州，衢州及溫州列爲區域性的商業中心，明及台州列爲港口城市，潤州則列爲軍事重鎮，參見邵承芬，《唐代江南道研究──以經濟發展爲探討重心》（臺北，中國文化大學史學所博士論文，2004年6月），頁70～78。而筆者認爲此種分類雖不乏新見，但忽略了有些城市同時具有數種特性，將其歸入某類城市並不合適，如蘇州、杭州之所商業繁榮，與其對外貿易興盛有密切關連，如將其放在商業大州，而忽略其港口功能，並不合適。其次，潤州之江寧雖爲六朝舊都所在，又居長江與運河交接處，故其戰略地位甚爲重要，但同樣的因其良好的地理位置，唐前期經濟發達，成爲兩浙地區經濟中心，故其亦具有商業大州的地位。再者，越州在唐代爲都督府的原因與其戰略地位不無關係，僅就其經濟地位而論，似嫌不夠周詳。另一方面，安史之亂後至唐亡亦達百餘年之久，城市的性質及發展亦有轉變或不同，應以不同時期再加細分較佳。

〔註39〕斯波義信撰，郁越祖譯，盧雲校，〈長江下游地區的城市化和市場發展〉（摘譯），載復旦大學歷史地理研究所編，《歷史地理研究》第1輯（上海，復旦大學出版社，1986年5月初版），頁399。

上述條件，而使得城市經濟迅速發展。

而蘇州及毗鄰地區的大量剩餘稻作物，是整個長江下游地區城市發展的關鍵因素。〔註40〕因充足的食糧才能支持大量的城市人口，而大量剩餘稻作物，即可外銷，更能使許多原本務農的人口，能轉而從事手工業及商業的活動，何況農作物亦可作商品來銷售。而蘇州及其鄰近地區農業發展的成功應歸功於投入大量人力、物力所興建的水利及灌溉建設，這些設施不但對農田的灌溉及排水有益，更是有利於運河的排洪及濟運。故農業的發展及交通便利，是促使兩浙地區城市迅速發展的原動力。

兩浙地區經濟發展的模式方面，兩浙地區的開發模式主要有三種：其一、是由北而南發展：從蘇南、浙北向浙南發展，如本區北部的潤、常、蘇、湖等州，在六朝時期就有相當程度的開發，南部的睦、衢、台、處等州開發則較遲；其二是由平原向山區發展：如由太湖平原、杭嘉湖平原及寧紹平原等地區，向西側及南側的山區開發，如從婺州析置衢州即是顯例；其三是由內地向海邊、海島發展：由內地朝海濱發展，如唐代由越州析置明州及由處州析置溫州均是此種情形。〔註41〕而從下游地區向上游地區發展的規律因受河川走向的影響，部分地區不適用，〔註42〕但仍然可說明兩浙大部分地區的開發情形。

六朝時期兩浙地區的開發呈現重北輕南的情形，局部地區有較高程度的開發；到了唐五代時期，則是朝向過去認為是偏遠地區（如山區及海濱）開發，並且有相當的效果，如衢州、溫州及明州〔註43〕的設立就是顯例。唐五代時期兩浙地區經濟的快速發展，帶動了區域內的城市經濟，使得潤、常、蘇、湖、杭、越、明、婺等州經濟日益繁榮。

在兩浙地區因各地的物產及製造水準的不同，而發展出城鄉分工及城市、地區分工的模式，特別在中晚唐時期，兩浙地區呈現了城市手工業與鄉村農業的分工情形，由鄉村生產的蠶絲，在城市加工成絲織品即是一顯例，蘇、杭、越等出產高級絲織品的州，都有類似的情形出現。在此種分工模式下，江淮地

〔註40〕斯波義信撰，郁越祖譯，盧雲校，〈長江下游地區的城市化和市場發展〉（摘譯），頁399。
〔註41〕開發模式參考譚其驤，〈浙江各地區的開發過程與省界、地區界的形成〉，載復旦大學歷史地理研究所編，《歷史地理研究》第1輯（上海，復旦大學出版社，1986年5月初版），頁2～5。明州的設置雖主要因安輯逃戶，同時也表明在內陸開發已飽和的情況下，朝向沿海地區發展是必然趨勢。
〔註42〕見譚其驤，〈浙江各地區的開發過程與省界、地區界的形成〉，頁3～4。
〔註43〕明州的設立雖是為了安置逃戶，卻也顯示了濱海地區的逐漸開發。

區有些城市甚至出現了大型的手工業作坊，如揚州就曾發掘出大型手工業作坊遺址，據推測其面積廣達 10,000 平方公尺，〔註44〕潤、湖等州也曾發現官府及私人金銀器作坊，〔註45〕其他蘇、越等城市雖目前仍未有發掘出大型作坊的紀錄，但以文獻的記載來看，存在著手工業作坊的可能性很大。

另一方面，兩浙地區的金銀製造業，主要分佈在浙西的潤州、湖州、蘇州及浙東衢州等地，〔註46〕其中除衢州外皆不產銀，兩浙地區的產銀州尚有越州、處州等地，〔註47〕足見潤、湖、蘇等州金銀製造業的原料來源，極有可能來自上述越、處二州，此例則是區域內各州的分工，然而亦不排除鄰近的江西地區因盛產金、銀，有運至潤州、蘇州等地進行加工，製成金銀器物的可能性。〔註48〕

唐五代時期兩浙地區因經濟發達，而使此區域之城市亦因之繁榮。浙西地區的經濟狀況，據杜牧，《崔公行狀》云：

> 三吳者，國用半在焉，因高為旱，因下為水，六歲矣，經（輕）賦兵役，不減於民，上田沃土，多歸豪強。……衣冠者，民之主也，……不能自奮者，多栖於吳土。〔註49〕

由此文不但得知浙西地區的賦稅對唐廷的重要性，亦顯示在浙西地區外來移民甚多。另常袞在《授李栖筠浙西觀察使制》中亦稱：「震澤（太湖）之北，三吳之會有鹽井銅山，有豪門大賈，利之所聚，奸之所生」，〔註50〕足見浙西

〔註44〕 詳見拙作，〈唐代揚州的盛況及其繁榮因素試析〉，《淡江史學》，第十期（1999年6月），頁 288。

〔註45〕 潤州、湖州皆曾發掘出大量銀器窖藏，被斷定為手工業作坊，見參見丹徒縣文教局等，〈江蘇丹徒丁卯橋出土唐代銀器窖藏〉，《文物》，1982年11期，頁 15~及長興縣博物館夏星南，〈浙江長興縣發現一批唐代銀器〉，《文物》，1982年11期，頁 38~42；並參見本書第三章第二節手工業的發展「金銀製造業」部分詳論。

〔註46〕 蘇州及衢州的金銀製造業，參見本書第三章第二節手工業的發展「金銀製造業」部分詳論。

〔註47〕 見本書第三章第二節手工業的發展「冶金業」部分。

〔註48〕 江西地區的金、銀生產，參見《新唐書》卷四十一，〈地理五〉，頁 1067~1071及路振撰，《九國志》（收入《宛委別藏叢書》，臺北，商務印書館，1981年10月初版），卷二，〈劉信傳〉，頁 48。

〔註49〕 杜牧撰，《樊川文集》（臺北，漢京文化出版公司，1983年11月初版），卷一四，頁 210，〈唐故銀青光祿大夫檢校禮部尚書御史大夫充浙江西道都團練觀察處置等使上柱國清河郡開國公食邑二千戶贈吏部尚書崔公行狀〉。

〔註50〕 《全唐文》，卷四一三，〈授李栖筠浙西觀察使制〉，頁 1873 上，按此時浙西觀察使治蘇州，而非治潤州。

潤、常、蘇、湖、杭等州，物產豐富，手工業發達，貿易亦十分興盛。

浙東方面，杜牧在〈李納除浙東觀察使兼御史大夫制〉中亦稱越州所在的浙東地區是「西界浙河（運河），東奄左海，機杼耕稼，提封七州，其間蠲稅魚鹽，衣食半天下」，〔註51〕表明浙東越、明、婺、衢、處、台、溫等州，物產富饒，供應朝廷的賦稅甚多。唐代兩浙地區由於農業生產量提高、手工業技術不斷進步及商業的繁盛等因素，而使浙西的潤州、常州、蘇州、湖州、杭州及浙東的越州、明州、婺州等城市經濟日漸興盛繁榮。

兩浙地區因經濟繁榮而吸引許多的外來移民，其中不乏文人雅士及富商大賈。據統計唐代高僧有明確籍貫者有 555 人，其江南東道有 136 人，居各道之首，而唐前期兩浙潤、常、越、蘇、杭等州就集中了江南東道 75%以上的高僧，另一方面，兩浙地區所駐錫的高僧亦相對較江南其他地區爲多，〔註52〕以上統計數字，顯示兩浙地區因其經濟發達及人口密集等因素，〔註53〕而有許多高僧駐錫在此，亦表明潤、常、越、蘇、杭等城市由於具有經濟、文化及交通便利等優勢，而能贏得許多高僧的青睞。

二、浙西城市

浙西城市包括浙江西道所管轄的潤、常、蘇、湖、杭、睦州等六個城市，其中以潤、常、蘇、湖、杭州等城市較爲繁榮。李觀，〈浙西觀察判官廳壁記〉云：「浙右之疆，包流山川，控帶六州，天下之盛府也，國之盈虛，於是乎在。」〔註54〕充分說明潤、常、蘇、湖、杭州等城市所在的浙西，是膏腴之地，並且爲朝廷的經濟命脈所在。

（一）潤　州

潤州地區爲六朝時期長江下游重鎮京口所在，昔日極爲繁華，但隨著隋文帝的統一，並刻意貶抑金陵的政治地位，將揚州州治移往江都，並在江都

〔註51〕 杜牧撰，《樊川文集》（臺北，漢京文化出版公司，1983 年 11 月初版），卷一八，頁 268，〈李納除浙東觀察使兼御史大夫制〉。
〔註52〕 以上統計數字參見辛德勇〈唐高僧籍貫及駐錫地分布〉，載《唐史論叢》第四輯（西安，三秦出版社，1988 年 6 月初版），頁 287～305。
〔註53〕 辛德勇認爲自然地理條件、經濟條件、人口條件、交通條件及政治條件等因素，是影響唐代高僧地理分佈的主要原因，參見辛德勇〈唐高僧籍貫及駐錫地分布〉，載《唐史論叢》第四輯（西安，三秦出版社，1988 年 6 月初版），頁 306。
〔註54〕 《全唐文》，卷五三四，李觀，〈浙西觀察判官廳壁記〉，頁 2401 上。

設置總管府，〔註55〕使潤州地位一落千丈。唐代潤州則爲浙西首府，位在長江與江南運河交叉口，地理位置良好，且與經濟都會揚州相望，是漕運必經之處，故工商業均繁榮。

在手工業方面，潤州的鑄錢業、金銀業製造業、鑄銅業、絲織業等均十分興盛。絲織業方面，如敬宗時詔浙西織造可幅盤條繚綾一千匹，時浙西觀察使李德裕上表論諫，不奉詔，唐廷方作罷，〔註56〕而潤州爲浙西首府，絲織業又十分發達，像「可幅盤條繚綾」這種高級絲織品，極可能是在潤州製造。

在金銀業製造業方面，因潤州擁有大批技術純良的金銀工匠，故朝廷乃多次向浙西宣索金銀器物，〔註57〕大量的出土實物亦證明潤州的金銀業製造十分發達。〔註58〕潤州因經濟繁榮，人口快速增加，到天寶時已達102,033戶，在兩浙地區戶口數僅次於常州；安史亂後，雖各州戶口大量減少，但潤州戶數仍居兩浙地區第二位，仍然保持其浙西大郡的地位。

常袞，《授李栖筠浙西觀察使制》中稱：「震澤（太湖）之北，三吳之會，有鹽井銅山，有豪門大賈，利之所聚，奸之所生」，〔註59〕說明潤、常等州製鹽、鑄錢業及商業的興盛。德宗貞元時，因流通錢幣數量少，州縣紛紛禁錢不得出州境，使商賈皆絕跡，浙西觀察使李若初乃「請通錢往來，而京師商賈齎錢四方貿易者，不可勝計。」〔註60〕此事後雖不果行，但可側面瞭解到，當時包括潤州在內的浙西地區，商業應已十分繁榮，「商賈不行」對其經濟（例如商稅收取）可能有不良影響，故李若初有是奏。

再者，潤州商業繁榮可從來往船舫的數量來看，開元九年（721）七月丙辰，「揚、潤等州暴風，發屋拔樹，漂損公私船舫一千餘隻」，〔註61〕揚、潤二州僅漂走及損毀的船隻即達千餘艘，可見來往於揚州〔註62〕與潤州的船隻

〔註55〕　魏徵、令狐德棻等撰，《隋書》（臺北，鼎文書局，1987年5月5版），卷三一，〈地理下〉，江都郡條，頁873。

〔註56〕　見《舊唐書》，卷一七上，〈敬宗紀〉，頁512。

〔註57〕　參見《舊唐書》，卷一七上，〈敬宗紀〉，頁511～512。

〔註58〕　參見丹徒縣文教局等，〈江蘇丹徒丁卯橋出土唐代銀器窖藏〉，《文物》，1982年11期，頁15～24。

〔註59〕　《全唐文》，卷四一三，〈授李栖筠浙西觀察使制〉，頁1873上。

〔註60〕　《新唐書》，卷五四，〈食貨四〉，頁1388。

〔註61〕　《舊唐書》，卷八，〈玄宗紀上〉，頁182。

〔註62〕　關於揚州商業繁榮的情況，參見拙作〈唐代揚州的盛況及其繁榮因素試析〉，載《淡江史學》第十期（1999年6月），頁289～294。

數量必然相當多，從而可知潤州的商業貿易十分發達。

　　潤州在中唐以後，在經濟上的重要性漸不如蘇州，但到唐末仍爲浙西的首府，是浙西地區的政治中心，足見唐政府對潤州的重視。潤州在唐前期是江南東道的政治、經濟中心。但在中晚唐時期，一者因蘇州由於農工商業的發展及進步，使人口的大幅增長，超過潤州近一倍。二者是潤州賴以繁榮的漕運，在情勢發生了變化。因唐後期，汴渠常不通，這種情形對潤州的發展相當不利，潤州也因此沒落下去。〔註63〕上述情形造成蘇州的地位日益重要，其後遂取代了潤州成爲江南東道的經濟中心。

（二）蘇　州

　　蘇州，位於富庶的太湖區域，農產富饒，手工業、商業均十分發達。加以蘇州是唐代江南運河的交通樞紐，可由運河泛太湖，溯長江可通往內地各州縣。東南沿海的船舶，可由吳淞江直達蘇州城下，以通日本、朝鮮、南洋。〔註64〕蘇州由於緊臨運河，交通便利，且因農業、手工業發達，提供了充足的商品，而使商業交易活絡，經濟繁榮。據統計蘇州城內手工業門類有十餘種之多，〔註65〕其中紡織業、造紙業、釀酒業和金銀製造業最爲發達，蘇州的金銀製造業甚至結爲「行」，並有「行首」或「行頭」的存在，〔註66〕可見其規模之大。

　　蘇州地區由於農業發達和手工業的進步，提供了充分的商品，優越的地理位置和由運河及太湖水運網所組成的水陸交通運輸網，大大促進了經濟的發展；而隨著人口增加和手工業的進步，使得境內商業蓬勃發展。蘇州的郭下吳縣「居當水陸交馳之會，承上撫下之勤，征賦郵傳之繁，百倍他縣」，〔註67〕即表明蘇州擁有良好的地理位置。唐代蘇州主要的商品以糧食、茶、鹽、洞庭橘、絹布、瓷器及紙（彩箋）等數種爲大宗。《太平廣記》載，有安胡者，爲長洲縣蕭縣令經營米絹求利，〔註68〕則此人爲米商兼絹布商。此外，蘇州商人亦

〔註63〕　本處觀點受廈門大學教授鄭學檬先生啓發甚多，特此致謝。
〔註64〕　江蘇社會科學院江蘇史綱編寫組，《江蘇史綱》（古代卷）（杭州，江蘇古籍出版社，1993 年 8 月初版），頁 401。
〔註65〕　見凍國棟，《唐代商品經濟與經營管理》（漢口，武漢大學出版社，1990 年 3 月初版），頁 27。
〔註66〕　《太平廣記》，卷二八○，劉景復條引《纂異記》，頁 3235。
〔註67〕　《全唐文》，卷五一九，梁肅〈吳縣令廳壁記〉，頁 2335 上。
〔註68〕　見《太平廣記》，卷三三七，蕭審條引《廣異記》，頁 2679。

活躍海內，他們販橘到鄭州，行賈鄱陽，足跡甚廣。〔註69〕

　　唐代城市均有「坊」，當時蘇州有 60 坊，其中的吳趨、黃鸝坊及子城以北及以西諸坊，均爲當時的商業區，〔註70〕據《吳郡圖經續記》云：

　　　　《圖經》坊市之名各三十，蓋傳之遠矣。……黃鸝市之名，見白公

　　　　詩，所謂「黃鸝巷口鶯欲語，烏鵲橋頭冰未銷」，是也。〔註71〕

《圖經》言「黃鸝市」可見當時設在黃鸝坊的商家應不少。此外，據記載蘇州當時尚有「西市」〔註72〕及「東市」〔註73〕等，可知蘇州商業貿易之繁盛。

　　而隨著坊市制度的日趨破壞，蘇州也出現了夜市，如杜荀鶴〈送人游吳〉詩云：

　　　　君到姑蘇見，人家盡枕河，夜市賣菱藕，春船載綺羅。〔註74〕

而〈送友游吳越〉詩亦云「夜市橋邊火，春風寺外船」。〔註75〕再再說明蘇州的夜市情景。蘇州城內亦有夜間經營的酒肆，據《太平廣記》載，范俶在蘇州開酒肆，有客人夜來投宿，〔註76〕可見范俶所開酒肆兼營旅店生意，屬於多角化經營。另一方面，也顯示了坊市制度的破壞及酒肆的經營時間。

　　蘇州有相當多的草市，白居易〈東南行一百韻〉云：「水市通闤闠，煙村混舳艫。吏徵魚戶稅，人納火田租。亥日饒蝦蟹，寅年足虎貙」，〔註77〕張籍亦有「江村亥日長爲市，落帆度橋來浦里」詩句，即描寫定期草市，日本學者加藤繁有專章討論唐宋草市，他認爲蘇州江村「亥日」市，可能與蜀的「痎

〔註69〕《全唐文》，卷九八五，闕名，〈對梨橘判〉，頁 4518 下～4519 上；並參見鄭學檬，〈唐五代太湖地區經濟試探〉，收入氏著《中國古代經濟重心南移和唐宋江南經濟研究》（長沙，岳麓出版社，1996 年 4 月初版），頁 148～149。

〔註70〕見陸廣微撰，曹林娣校注，《吳地記》（南京，江蘇古籍出版社，1999 年 8 月初版），頁 101～103；並參見魏嵩山，《太湖流域開發探源》（南昌，江西教育出版社，1993 年 4 月初版），頁 199。

〔註71〕《吳郡圖經續記》，卷上，頁 8。

〔註72〕《吳郡圖經續記》，卷上，頁 9。

〔註73〕《吳郡志》，卷六，頁 71。

〔註74〕彭定求、沈三曾等編纂，《全唐詩》（江蘇，上海古籍出版社，1993 年 10 月 10 刷），卷六九一，頁 1740 上，〈送人遊吳〉。

〔註75〕《全唐詩》，卷六九一，頁 1740 上，〈送友遊吳越〉。

〔註76〕《太平廣記》，卷三三七，范俶條引《廣異記》，頁 2674。

〔註77〕《白居易集》，卷十六，〈東南行一百韻寄通州元九侍御、澧州李十一舍人、果州崔二十二使君、開州韋大員外、庚三十二補闕、杜十四拾遺、李二十助教員外、竇七校書〉，頁 323。

市」相同，均爲間日市，但亦保留三日一市的可能性。〔註78〕蘇州常熟塘開後，「舟楫鱗集，農商景從」，〔註79〕顯示水路交通對市集形成的重要性。另外，白居易〈望亭驛酬別周判官〉詩云：

> 何事出長洲，連宵飲不休？醒應難作別，歡漸少於愁。燈火穿村市，
> 笙歌上驛樓。何言五十里，已不屬蘇州。〔註80〕

從「燈火穿村市」及「何言五十里，已不屬蘇州」詩句，可知在蘇州城外無錫望亭驛附近亦有草市，〔註81〕且在夜晚仍十分熱鬧，故白詩乃有「何言五十里，已不屬蘇州」句，意謂雖不在蘇州城內，仍有市集可供聚會送別。

蘇州因物產豐富，工商業發達，加以戶口眾多，每年稅收當極爲可觀。杜牧稱「三吳者，國用半在焉」，〔註82〕所謂三吳者，系指吳郡（蘇州）、吳興（湖州）、丹陽（潤州）而言。而以三州之賦當國用之半，雖稍嫌誇張，也說明瞭三州賦稅占當時稅收的重要比例。據《舊唐書·食貨志》載：

> （建中）三年九月，戶部侍郎趙贊上言曰：「伏以舊制，置倉儲粟，
> 名曰常平。……臣今商量，請於兩都並江陵、成都、揚、汴、蘇、
> 洪等州府，各置常平，輕重本錢，上至百萬貫，下至數十萬貫，隨
> 其所宜，量定多少。」〔註83〕

由戶部侍郎趙贊上疏建議設常平於兩都及蘇、江陵、成都、揚、汴、洪等州

〔註78〕 見加藤繁，〈唐宋時代草市及其發展〉，收入《中國經濟史考證》（台北，稻鄉
出版社，1991年2月初版），第一卷，頁370～371。齊濤在《魏晉隋唐鄉村
社會研究》一書則認爲「墟市、亥市是典型的鄉村貿易場所，其由來要早於
草市」，並認爲三日或五日一市是較常見的情形，參見氏著，《魏晉隋唐鄉村
社會研究》（濟南，山東人民出版社，1995年1月初版），頁173～176。有關
「亥市」的開市時間，不論古人或現代學界均存在相當大的差異性，從二日、
三日、五日、六日，甚至十二日均有其說法，筆者則認爲從各種史料記載、
前輩學者的研究及唐代蘇州經濟的發達情形來看，三日一市是較有可能的。
〔註79〕 《全唐文》，卷七一三，頁3245下～3246上，〈蘇州新開常熟塘碑銘〉。
〔註80〕 《白居易集》，卷二十四，頁552，〈望亭驛酬別周判官〉。
〔註81〕 據傅宗文著，《宋代草市鎮研究》（福州，福建人民出版社，1991年9月初版），
〈宋代草市鎮名錄編目〉，常州有「望亭堰鎮」，見頁461，但不能確定即白居
易詩中之望亭驛所在，因以此詩觀之，此草市似在蘇州，而《吳郡圖經續記》，
卷下，〈往跡〉，頁59則稱「隋開皇九年置爲驛，唐常州刺史李襲譽改今名」，
結合古籍今作，是望亭驛應在蘇、常州交界處，唯在行政上應爲常州轄境，
否則不會有「唐常州刺史李襲譽改今名」語。
〔註82〕 《全唐文》，卷七五六，頁3475下，杜牧〈唐故銀青光祿大夫崔公行狀〉。
〔註83〕 《舊唐書》，卷四九，〈食貨志〉，頁2125；《舊唐書》，卷十二，〈德宗紀上〉，
頁334。

府一事，側面顯示蘇州的經濟繁榮，且當「津要都會之所」，〔註84〕才能和長安、洛陽、成都、揚州等名都雄郡並列爲置常平之所在。

蘇州商業繁盛情形，還可從稅收來看，據《大唐國要圖》記載：「唐朝應管諸院，每年兩浙場收錢六百六十五萬貫，蘇州場一百五萬貫」，〔註85〕蘇州一地稅收佔兩浙全額的百分之十五點八。另《吳地記》記載蘇州「（兩）稅茶鹽酒等錢六十九萬二千八百八十五貫七十六文」，〔註86〕比唐後期每歲全國稅茶錢多出近三十萬貫，〔註87〕相當於元和五年全國鹽利收入的十分之一。〔註88〕且其上供（送中央）比例高達52.94%，〔註89〕高於劍南西川上比例（41.73%），更高於全國平均數（上供及地方支用比例約爲 1：2，即爲 33%），〔註90〕從蘇州的巨額稅收可看出其工商業的發達及經濟繁榮的景況，白居易稱「江南諸州，蘇最爲大，兵數不少，稅額至多」，〔註91〕可謂允當。

有學者將唐代各州稅額加以比較，〔註92〕以杜牧〈上宰相求杭州啓〉詩中「杭州戶十萬，稅錢五十萬」爲杭州稅額依據，認爲杭州每戶平均稅率爲9.75%，高於蘇州平均稅率（6.87%）。案此說有待商榷：其一、詩文中的數字常有誇大之情形（虛指），不可盡信，如杜牧稱杭州戶十萬，但杭州元和戶不過 51,276，能否增長至十萬戶，實有疑問，同樣杭州稅錢是否能達到五十萬之數額，也是不無疑問。其二、前引「蘇州場一百五萬貫」，言「場」應爲鹽

〔註84〕《舊唐書》，卷四九，〈食貨志〉，頁 2125。

〔註85〕《吳郡志》，卷一，〈戶口稅租〉，頁 5：張劍光認爲除鹽利外，尚包括金屬礦課的收入，見張劍光著，《唐五代江南工商業布局研究》（南京，江蘇古籍出版社，2003 年 5 月初版），頁 171。

〔註86〕《吳地記》，頁 2。案《吳地記》所載「稅茶鹽酒等錢」或是「兩稅茶鹽酒等錢」，各版本記載不相同，學者認知也不同，據前述僅蘇州場鹽（礦）收入即有 105 萬一貫，則此處若將兩稅計入，則數字明顯太少，故應以「稅茶鹽酒等錢」爲是。

〔註87〕《唐會要》，卷八四，〈雜稅〉，頁 1546 載自張滂初稅茶始，每年得錢四十萬貫。並參見凍國棟，《唐代商品經濟與經營管理》，頁 27。

〔註88〕《舊唐書》，卷十四，〈憲宗紀上〉，頁 435 載「元和五年都收賣鹽價錢六百九十八萬五千五百貫」。

〔註89〕陸廣微撰，曹林娣校注《吳地記》（南京，江蘇古籍出版社，1999 年 8 月初版），頁 2～3。

〔註90〕參見李錦繡，《唐代財政史稿》下冊（北京，北京大學出版社，2001 年 6 月初版），頁 1084～1087。

〔註91〕《白居易集》，卷六十八，頁 1434，〈蘇州刺史謝上表〉。

〔註92〕見李錦繡，《唐代財政史稿》下冊（北京，北京大學出版社，2001 年 6 月初版），頁 656。

（礦）稅收入，而非兩稅。如蘇州僅鹽（礦）稅一項收入就達一百五萬貫，而以此六十九萬餘貫是包括兩稅錢的話，數字顯然太少，並不合理，足見此六十九萬極有可能是指稅茶鹽酒錢，則其兩稅額應遠超此數。〔註93〕

蘇州經濟發達使戶口快速增加，據《元和國計簿》記載，在兩浙地區中，唯有蘇州因物產富饒，工商業繁榮，使戶口不減反增。蘇州在貞觀時僅 11,859 戶，開元時已增至 68,093 戶，天寶年間更增為 76,421 戶，元和時甚至達十萬戶以上，由唐初到元和時期近 200 年間，蘇州戶數成長達 8.5 倍，居江南道各州戶數成長第一位。〔註94〕白居易詩云蘇州「版圖十萬戶，兵籍五千人」〔註95〕、「十萬夫家供課稅，五千弟子守封疆」，〔註96〕雖是詩詞之文，亦有其根據。而曾任蘇州刺史的劉禹錫以「當州口賦，首出諸郡」，〔註97〕來形容蘇州的口多賦重，的確十分貼切。

憲宗元和時，李吉甫上《元和國計簿》稱：

> 每歲賦入倚辦，止於浙江東西、宣歙、淮南、江西、鄂岳、福建、
> 湖南等八道，合四十九州，一百四十四萬戶，比量天寶供稅之戶，
> 則四分有一。〔註98〕

其中蘇州戶數竟然占八道總戶數的十四分之一，不但超越了當時浙西首府潤州的戶數近一倍，更高居諸道（上述八道）之冠。〔註99〕唐末蘇州更因經濟繁榮，而戶口大量增加，據《吳地記》記載，蘇州戶數達 143,261 戶，人口成長著實驚人。〔註100〕

〔註93〕 參見拙作，〈試論唐代蘇州繁榮的經濟基礎〉，《淡江史學》，第十三期（2001年 12 月），頁 100。

〔註94〕 蘇州各年代戶數參見《舊唐書》，卷四十，〈地理三〉：頁 1586。《元和郡縣圖志》，卷二十五，〈江南道一〉，頁 600。元和時戶口在十萬以上的州全國只有 4 個，蘇州居四分之一，參閱杜瑜撰，《中國經濟重心南移——唐宋間經濟發展的地區差異》（台北，五南出版社，2005 年 4 月初版）頁 243。

〔註95〕 白居易，《白居易集》，卷二十四，〈律詩〉，頁 531～532，〈自到郡齋僅經五日，方專公務未及宴游，偷閒走筆，題二十四韻兼寄常州賈舍人、湖州崔郎中，仍呈吳中諸客〉詩。

〔註96〕 白居易，《白居易集》，卷二十四，〈律詩〉，頁 533，〈登閶門閒望〉。

〔註97〕 劉禹錫撰，《劉賓客集》（臺北，台灣中華書局，1983 年 12 月臺 2 版），卷十七，〈蘇州舉韋中丞自代狀〉。

〔註98〕 《舊唐書》，卷十四，〈憲宗上〉，頁 424。

〔註99〕 參見凍國棟，《唐代人口問題研究》，頁 199，表 4～22 及頁 206～207，表 4～23。

〔註100〕 陸廣微撰，曹林娣校注《吳地記》（南京，江蘇古籍出版社，1999 年 8 月初版），頁 1。

　　有關唐末蘇州的人口估計問題，學者多有論述，〔註101〕其焦點在於城內的戶口有多少，因古籍對於城居人口與鄉居人口的記載常混淆不清。其中僅蘇州郭下吳縣及長洲縣二縣即有 62,061 戶，〔註102〕佔蘇州總戶口達 43%，倘若蘇州城區以 5 萬戶來計算，乘以每戶 8 人，〔註103〕僅蘇州城（含附郭居民）人口就達 40 萬人之譜。〔註104〕而凍國棟先生以吳融〈風雨吟〉詩云「姑蘇碧瓦十萬戶，中有樓台與歌舞」〔註105〕及皮日休〈奉和魯望早春雪中作吳體見寄〉詩云「全吳縹瓦十萬戶」，〔註106〕認為蘇州城內達 10 萬戶，〔註 107〕

〔註101〕凍國棟、張劍光均提出蘇州城居人口數字，參見凍國棟，《唐代人口問題研究》，頁 214 及張劍光《唐代江南工商業布局研究》（南京，江蘇古籍出版社，2003 年 5 月初版），頁 350～351。

〔註102〕路廣微撰，曹林娣校注，《吳地志》（南京，江蘇古籍出版社，1999 年 8 月初版），頁 1～2；頁 33 及頁 45。

〔註103〕蘇州天寶戶 76,421，口數為 632,650，平均每戶有 8.28 口，高於兩浙平均數，故以每戶 8 口計算，蘇州天寶戶口見《新唐書》，卷三一，地理五，頁 1058。

〔註104〕張劍光認為蘇州戶口應區分為城、鄉，並分開計算，即蘇州郭下吳、長洲二縣各有 30 坊及 30 鄉，二縣戶口總數應減去鄉居戶口，才是住在坊內的城居人口。據他估計蘇州城內人口在 20 萬人左右，至多不超過 30 萬人，見張劍光著，《唐五代江南工商業布局研究》（南京，江蘇古籍出版社，2003 年 5 月初版），頁 350～351。筆者認為有待商榷，其一是古代城鄉往往不分，且《元和郡縣圖志》明確注明吳縣、長洲縣為「郭下縣」，古代城市往往有內、外城牆，外城牆用以保護城門外的市集及居民，故所謂「郭下縣」應在外城牆之內，也就是在廣義的城區內應無疑義（見劉石吉，〈城郭市廛──城市的機能、特徵及其轉型〉，載《中國文化新論·經濟篇》（臺北，聯經出版事業公司，1987 年 2 月初版 5 刷），頁 310～311）。其二、吳縣、長洲縣二縣各 30 坊，各亦為 30 鄉，十分巧合，眾所皆知，鄉數是依戶口數來調整的，但吳縣有 38,361 戶，只有 30 鄉，而另一蘇州屬縣嘉興縣戶數僅有 27,754，卻有 50 鄉，相當不合理；在蘇州郭下縣方面，長洲縣有戶 23700，吳縣則有 38,361 戶，二者相差達 14,661 戶，而均為 30 鄉，亦不合理，因此只能解釋為「鄉數是相對於坊數」，即鄉數是配合坊數，坊數有多少，鄉數也有多少，因此無張文所說城、鄉之別。其三、吳縣、長洲縣二縣合計 6 萬餘戶，儘管其中可能有部分城郊人口，但仍應視為蘇州城的整體人口，且蘇州城周長達 42 里，為兩浙地區一級城市，要容納 40 ～50 萬人，應不是不可能。但因考量到明中葉到清中葉間是蘇州最盛的時期，其府城（包括城外附郭）人口據估計在 50～100 萬之間，並且在清代中期超過 100 萬人（見李伯重著，《多視角看江南經濟史》（北京，三聯書店，2003 年 5 月初版），頁 398 及頁 413），儘管蘇州在中晚唐時期是一個經濟發達的城市，仍不能高估其都市化的程度，故唐末時蘇州城區（包括城郭居民）的戶口數不宜過高估計，40 萬人應為合理的數字。

〔註105〕《全唐詩》，卷六八七，頁 1735 上，〈風雨吟〉。

〔註106〕《全唐詩》，卷六一三，頁 1552 上，〈奉和魯望早春雪中作吳體見寄〉。

吳融及皮日休二人均爲唐末人，皮日休且曾任（崔璞）蘇州軍事判官，〔註108〕理應熟悉蘇州景物。但唐詩中數字多爲虛指，唐人在作詩又多誇大其辭，亦常取整數，故應不能作爲蘇州城內的確實戶數。且唐末蘇州經濟發展迅速，人口大量增加，但蘇州七縣共 143,261 戶，但如說城內有 10 萬戶，則比例仍然過高，並不符合古代城鄉人口比例。

　　以蘇州與浙西、浙東地區各州相比，唯有蘇州元和戶較天寶戶爲增加，因經安史之亂後，各州戶口普遍大幅減少，只有蘇州不減反增。蘇州戶口能在安史戰亂後迅速恢復舊觀，且此後一直成長，除大量來自北方的移民外，〔註109〕蘇州工商業發達，亦是吸引鄰近州縣人口遷入的重要因素。

　　再者，就史實而言，人口增加往往與經濟成長成正比，唐代蘇州人口之所以呈現直線上升趨勢，與蘇州經濟的繁榮有密切關係。白居易詩稱蘇州「人稠過楊（揚）府，坊鬧半長安」，〔註110〕的確名符其實。

　　蘇州在唐前期是浙西的政治中心，到了中唐以後，因經濟發展快速，取代了潤州在浙西的經濟地位，並成爲江南地區唯一的雄州。蘇州非但人口眾多，且因稅額高，人多事雜，刺史要承擔這樣的繁重的事務，僅蘇州的郭下縣（吳縣）在當時就已「號爲難治」，〔註111〕故梁肅〈吳縣令廳壁記〉載：

> 自京口南被溮河，望縣十數，而吳爲大。國家當上元之際，中夏多
> 難，衣冠南避，寓於茲土，參編戶之一，由是人俗舛雜，號爲難
> 治。……居當水陸交馳之會，承上撫下之勤，征賦郵傳之繁，百倍
> 他縣。〔註112〕

表明蘇州郭下吳縣的人口眾多及縣令之難爲。〔註113〕而白居易〈張正甫蘇州刺史制〉云：

> 浙右列城，吳郡爲大：地廣人庶，舊稱難理。多選他部二千石之良

〔註107〕參見凍國棟，《唐代人口問題研究》，頁 214。

〔註108〕見《全唐詩》卷六一三，作者小傳。

〔註109〕參見吳松弟，〈唐後期五代江南地區的北方移民〉，《中國歷史地理論叢》，1996
　　　　年第 3 期，頁 103～104。

〔註110〕白居易撰，《白居易集》（北京，中華書局，1991 年 7 月），卷二十四，頁 550，
　　　　〈齊雲樓晚望偶題十韻〉。

〔註111〕《全唐文》，卷五一九，梁肅〈吳縣令廳壁記〉，頁 2335 上。

〔註112〕《全唐文》，卷五一九，梁肅〈吳縣令廳壁記〉，頁 2335 上，梁肅此文據文末
　　　　所記應作於大曆十四年（779）。

〔註113〕蘇州的郭下縣除吳縣外，尚有長洲縣。

者，轉而遷焉。鄧州刺史張正甫，……宜以大郡，推而廣之。〔註114〕
其稱「地廣人庶，舊稱難理」更證實了蘇州刺史的難爲，故曾任蘇州刺史的
白居易及劉禹錫，在其詩文均稱蘇州爲「劇郡」，〔註115〕乃實情也。而元錫在
〈蘇州刺史謝上表〉中亦稱「況東吳繁劇，首冠江淮，自非良能，豈能妄處」，
〔註116〕充分說明瞭蘇州刺史任務的繁雜及其重要性。

　　隋代蘇州（吳郡）已有相當程度的開發，故《隋書・地理志》稱蘇州所
在的吳郡是「川澤沃衍，有海陸之饒，珍異所聚，故商賈並湊」，〔註117〕唐朝
時期蘇州地區由於農業發達和手工業的進步，提供了充分的商品，而優越的
地理位置和便利的水陸交通運輸網，大大促進了經濟的發展；而隨著人口增
加和手工業的進步，使得境內商業蓬勃發展。

　　由於蘇州的繁榮和地位日益重要，不但升爲雄州，〔註118〕更取代了唐前期
浙西首府潤州，〔註119〕成爲浙西的經濟中心及江南東道采訪使治所，〔註120〕
至五代時期，南唐更升蘇州爲中吳軍，而在此之前，原治潤州的鎮海軍已移治
杭州，故在五代時期，蘇州已全面取代潤州在浙西地區的政治、經濟地位。曾
任蘇州刺史的白居易稱蘇州「甲郡摽天下，環封極海濱」〔註121〕誠非虛語。

〔註114〕見白居易，《白居易集》，卷五五，頁 1154，〈張正甫蘇州刺史制〉，張正甫在
　　　　憲宗元和七至八年（812～813）任蘇州刺史，見郁賢皓著，《唐刺史考全編》
　　　　（第 3 冊）（合肥市，安徽大學出版社，2000 年 1 月初版），頁 1919。
〔註115〕見白居易，《白居易集》，卷二十一，〈格詩歌行雜體〉，頁 454，〈郡齋旬假命
　　　　宴呈座客示郡寮〉及劉禹錫撰，《劉賓客集》（臺北，台灣中華書局，1983 年
　　　　12 月臺 2 版），卷十七，〈蘇州加章服謝宰相狀〉。
〔註116〕《全唐文》，卷六九三，頁 3151 上；元錫在憲宗元和八至十年（813～815）
　　　　任蘇州刺史，爲張正甫下一任的蘇州刺史。
〔註117〕《隋書》，卷三十一，〈地理志下〉，頁 887。
〔註118〕《新唐書》卷四十一，〈地理五〉，頁 1058。
〔註119〕潤州在唐前期是江南東道的政治、經濟中心。但在中晚唐時期，一者因蘇州
　　　　由於農工商業的發展及進步，使人口的大幅增長，超過潤州近一倍。二者是
　　　　潤州賴以繁榮的漕運，在情勢發生了變化。因唐後期，汴渠常不通，這種情
　　　　形對潤州的發展相當不利，潤州也因此沒落下去。上述情形造成蘇州的地位
　　　　日益重要，其後遂取代了潤州成爲江南東道的政治、經濟中心。
〔註120〕《新唐書・地理志》以蘇州爲江南東道采訪使治所，見《新唐書》，卷四十一，
　　　　〈地理五〉，頁 1066；而唐代江南東道采訪使向由浙西觀察使兼任，見《新
　　　　唐書》，卷六十八，〈方鎮五〉，故是時蘇州亦應爲浙西治所。
〔註121〕白居易，《白居易集》，卷二十四，〈律詩〉，頁 531～532，〈自到郡齋僅經五
　　　　日，方專公務未及宴游，偷閑走筆，題二十四韻兼寄常州賈舍人、湖州崔郎
　　　　中，仍呈吳中諸客〉詩。

近年蘇州五代七子山一號墓的發現，反映了錢氏父子治蘇州 60 餘年，蘇州社會經濟的繁榮情況，而蘇州因錢氏的積極經營而益形繁榮，〔註 122〕由於唐五代對蘇州的持續經營，開啓了日後宋代蘇州的極度繁榮景況。宋時蘇州是浙西大郡，南宋時諺稱「天上天堂，地下蘇、杭」，〔註 123〕無論在農業生產或城市繁榮方面均居領先地位。〔註 124〕而唐時盛極一時的揚州，則因戰亂及其他原因而一蹶不振，〔註 125〕故北宋時蘇州乃順勢取代了揚州成為江淮最大的經濟都會。

（三）杭 州

杭州是浙西地區的重要經濟城市，因位於江南運河終點的絕佳地理位置，可以匯集其南方精華區各州的租稅和貨物，向北轉輸到揚州。〔註 126〕早在六朝時期，杭州就被《隋書‧地理志》稱「山川沃衍，有海陸之饒，珍異所聚，故賈並湊」。〔註 127〕

唐代在杭州所興建可考的水利建設就達 11 項之多，在兩浙地區中僅次於越州，其中以餘杭北湖的規模較大，溉田達千餘頃。〔註 128〕唐代杭州由於有良好的經濟基礎，加以江南運河開通後所帶來的龐大商機，而十分繁榮。元稹，〈代杭民答樂天〉詩云：「農開舊廢田」，〔註 129〕可見杭州農業的蓬勃發展。

杭州的手工業主要表現在紡織業、釀酒業、製紙業、製茶業及造船業等

〔註 122〕 參見鄭學檬，〈唐五代太湖地區經濟試探〉及〈五代時期長江流域及江南地區的農業經濟〉（《歷史研究》，1985 年 4 期）二文有關蘇州部分。另參見錢公麟、徐亦鵬，《蘇州考古》（蘇州，蘇州大學出版社，2000 年 8 月初版），五代〈七子山一號墓〉簡介，頁 209。

〔註 123〕 《吳郡志》，卷五○，〈雜志〉，頁 669。

〔註 124〕 見梁庚堯，〈宋元時代的蘇州〉，載氏著《宋代社會經濟史論集》（臺北，允晨文化出版事業公司，1997 年 4 月）上冊，頁 334。

〔註 125〕 有關揚州衰落的原因可參見拙作，《唐代淮南道研究》（臺北，中國文化大學碩士論文（未刊本），1997 年 6 月），頁 191～194。

〔註 126〕 參見史念海，《唐代歷史地理研究》（北京，中國社會科學出版社，1998 年 12 月初版），頁 326。

〔註 127〕 《隋書》，卷三十一，〈地理志下〉，頁 887。

〔註 128〕 見表 3～1「唐代兩浙水利工程興修表」杭州部分及《新唐書》，卷三一，〈地理五〉，頁 1059。

〔註 129〕 見元稹撰，《元稹集》（臺北，漢京文化出版公司，1983 年 10 月初版），卷一五，頁 179，〈代杭民答樂天〉。

方面，紡織業部分，因杭州不斷的引進先進的紡織技術，而使產品的品質不斷的提升，所生產的緋綾、白編綾被列爲貢品。〔註130〕製酒業方面，杭州生產的「梨花春」酒〔註131〕亦甚著名。杭州不但是江南運河的終點，更東瀕大海，良好的地理位置，使造船業益形發達，如唐太宗貞觀二十一年（647）九月「敕宋州刺史王波利等發江南十二州工人造大船數百艘，欲以征高麗。」，〔註132〕杭州因造船業發達，故亦在這十二州之中。

唐代杭州由於商業發達，商家侵占街衢，故元稹〈代杭民答樂天〉詩有「路溢新城市」語，〔註133〕元稹用此句形容杭州工商業繁榮、戶口眾多十分貼切。李華，〈杭州刺史廳壁記〉則進一步稱杭州爲：

> 東南名郡，……咽喉吳越，勢雄江海，……水牽卉服，陸控山夷，
>
> 駢檣二十里，開肆三萬室。〔註134〕

以杭州當時的繁榮景象，李華稱杭州爲「東南名郡」，實非過譽，而「駢檣二十里」、「開肆三萬室」語雖稍嫌誇大，但也說明瞭杭州城區商業十分繁榮，才會有如此多的商肆、手工業作坊及船舶停靠。

杜牧爲求杭州，曾有〈上宰相求杭州啓〉，其文稱「今天下以江淮爲國命，杭州戶十萬，稅錢五十萬」，〔註135〕詩中言杭州十萬戶，應是虛指，但亦可見其戶口甚多。〔註136〕沈亞之在〈杭州場壁記〉中稱杭州場：

> 顧杭州雖一場耳，然則南派巨流，走閩禺甌越之賓貨，而鹽魚大賈

〔註130〕《新唐書》卷四十一，〈地理五〉，頁 1059。

〔註131〕見《白居易集》，卷二十，〈杭州春望〉詩，頁 443。

〔註132〕《資治通鑑》，卷一九八，太宗貞觀二十一年八月戊戌條，頁 6249。

〔註133〕見元稹撰，《元稹集》（臺北，漢京文化出版公司，1983 年 10 月初版），卷一五，頁 179，〈代杭民答樂天〉。

〔註134〕《全唐文》，卷三一六，頁 1417 中，〈杭州刺史廳壁記〉。

〔註135〕見杜牧，《樊川文集》（臺北，漢京文化事業公司，1983 年 11 月初版），卷十六，頁 249，〈上宰相求杭州啓〉。

〔註136〕施光明認爲在唐代後期杭州經濟發達，僅「生活在市區的商人、工匠、市民、官吏等城市人口，已達二三十萬之多」，見施光明，〈井邑日富，百萬生聚〉，載周峰主編，《隋唐名郡杭州》（杭州，浙江人民出版社，1997 年 6 月初版），頁 34。但杭州唐末雖經濟十分發達，但其天寶戶亦不過 86,258 戶，且元和戶數下降甚多，僅約五萬戶左右，如以唐末杭州仍有 8～9 萬戶推估，杭州有 8 縣，且郭下僅錢塘一縣，與蘇州郭下有二縣不同，錢塘縣戶數如參照蘇州長洲縣及吳縣戶數（蘇州 7 縣，143,262 戶，吳縣 38,361 戶，長洲縣 23,700）所佔蘇州戶數比例估算，至多 3 萬戶，如以每戶 6 人計算，約爲 18 萬戶，而且還是較高估計，以此觀之，說杭州唐末有二、三十萬人，委實過於高估。

> 所來交會，每歲官入三十六萬千計。〔註137〕

由「走閩禺甌越之賓貨，而鹽魚大賈所來交會」語，可見杭州場是群商匯集之所在，而所交易的貨物除食鹽外，尚包括福建、嶺南、浙東等各地來的珍寶奇貨，推測可能有草市的存在，亦顯示杭州商業貿易的繁榮，而「歲入三十六萬千（貫）」，側面顯示杭州場收入甚高。

杜牧在〈杭州新造南亭子記〉一文中，又稱「錢塘於江南，繁大雅亞吳郡」，〔註138〕吳郡即是蘇州，是當時江南最富庶的地方，稱「繁大雅亞吳郡」，意指杭州的繁榮僅次於蘇州，足見當時人們對杭州是很看重的。而杜牧〈上宰相求杭州啟〉稱：

> 今天下以江淮為國命，杭州戶十萬，稅錢五十萬，……朝廷多用名
> 曹正郎，有名望而老於為政者而為之。〔註139〕

足見杭州刺史任重道遠，非重臣良吏不能當之。

歷任蘇、杭刺史的白居易甚至將杭州與蘇州連稱，如〈見殷堯藩侍卿《憶江南詩》三十首，因繼和之〉詩云「江南名郡數蘇杭」，〔註140〕似乎居易已將蘇、杭並列同等重要了，而白居易〈和《三月三十日四十韻》〉詩中更指出將蘇、杭並列的理由，即是「杭土麗且康，蘇民富而庶」，〔註141〕可見在歷任蘇、杭等大郡刺史的白居易心中，蘇、杭的地位均十分重要。

白居易〈初到郡齋寄錢湖州、李蘇州〉詩云：「雪川（湖州）殊冷僻，茂苑（蘇州）太繁雄，唯此錢塘郡，閑忙恰得中」，〔註142〕據《吳郡志‧雜志》，「雪川」係指湖州，「茂苑」乃是指蘇州，〔註143〕言「唯此錢塘郡，閑忙恰得中」，足見白居易對於擔任杭州刺史一職是相當滿意的。

此外，白居易詩云「平河七百里，沃壤二三州」，〔註144〕此句有學者認

〔註137〕沈亞之，《沈下賢文集》，收入《叢書集成續編》（台北，新文豐出版社，1989年7月台一版），第183冊，卷六，頁191下，〈杭州場壁記〉。

〔註138〕《樊川文集》，卷十，頁155，〈杭州新造南亭子記〉。

〔註139〕見杜牧，《樊川文集》（臺北，漢京文化事業公司，1983年11月初版），卷十六，頁249，〈上宰相求杭州啟〉。

〔註140〕白居易，《白居易集》，卷二十六，〈見殷堯藩侍卿《憶江南詩》三十首，詩中多蘇杭勝事，餘嘗典二郡，因繼和之〉，頁586～587。

〔註141〕白居易，《白居易集》，卷二十二，〈格詩雜體〉，，頁481。

〔註142〕白居易，《白居易集》，卷二十，〈律詩〉，頁434，〈初到郡齋寄錢湖州、李蘇州〉。

〔註143〕范成大撰，陸振岳校點，《吳郡志》，卷五十，雜志〈雜志〉，頁669。

〔註144〕白居易，《白居易集》，卷二十七，〈想東游五十韻〉，頁607。

爲係指蘇、杭二州，〔註 145〕按《元和郡縣圖志》記載，蘇州至杭州僅三百七十里，與七百里差距過大，雖詩中數字多爲虛指，但衡情論理，似不太可能。據《元和郡縣圖志》記載，潤州至常州一百七十里，常州至蘇州又一百九十里，蘇州至杭州三百七十里，如將各州距離相加可得出潤州至杭州共約七百三十里，符合白詩「七百里」之說，且本句下注「自常及杭，凡三百里」，尚不足七百里，可見白居易所指「平河七百里」，應包括潤、常、蘇、湖、杭等五州而並非僅指蘇、杭二州，但其心目中的「沃壤」，極可能是指包括蘇、杭二州在內的浙西精華地區，而杭州就是白居易所指的「沃壤」，應無疑義。

　　到了晚唐，杭州仍有進一步的發展，錢鏐因杭州工商業發達，人口增加，故擴大城垣以納之，故羅隱，〈杭州羅城記〉載：「東眄巨浸，輳閩粵之舟櫓，北倚郭邑，通之寶貨」，〔註 146〕即是明證，杭州城在錢鏐擴建後周長達 70 里，爲當時兩浙地區城市規模最大者。〔註 147〕《舊五代史‧世襲列傳》亦稱杭州城「邑屋之繁會，江山之雕麗，實東南之勝概也」。〔註 148〕由於杭州是吳越的首府，故經錢氏 80 餘年的努力經營，杭州已成爲名符其實的「東南名郡」。〔註 149〕

〔註 145〕見張偉然，〈唐人心目中的文化區域及地理意象〉，載李孝聰主編，《唐代地域結構與運作空間》（上海，上海辭書出版社，2003 年 8 月初版），頁 378。

〔註 146〕羅隱撰，潘慧惠校注，《羅隱集校注》（杭州，浙江古籍出版社，1995 年 6 月初版），〈雜著〉，頁 597。

〔註 147〕有關杭州城規模，參見《羅隱集校注》，〈雜著〉，頁 599 注引《吳越備史》；兩浙各州城規模參見斯波義信著，方健、何忠禮譯，《宋代江南經濟史研究》（南京，江蘇人民出版社，2001 年 1 月初版），頁 295～299 及張劍光著，《唐五代江南工商業布局研究》（南京，江蘇古籍出版社，2003 年 5 月初版），頁 361 及愛宕元，〈唐代州縣城郭の規模と構造〉，載《第一屆國際唐代學術會議論文集》（台北，學生書局，1989 年 28 月初版），頁 686。《宋代江南經濟史研究》及《唐五代江南工商業布局研究》二書所載各州城牆周長大都類似，應爲同一資料來源，愛宕元〈唐代州縣城郭の規模と構造〉一文則揭示了杭州州城規模的變化過程，對明瞭杭州城規模的擴大及演變十分有助益。兩浙地區中的蘇州城周長應爲 45 里，潤、常等州城周長均在 26～27 里之間，而愛宕元在《唐代地域社會史研究》一書中，認爲周長二六里的潤州城是在僖宗廣明元年（880）周寶時才擴大興建，之前潤州城的規模則不詳，參見氏著，《唐代地域社會史研究》（京都，同朋舍出版，1997 年 2 月），頁 420～421，但因各州城規模在記載時間上有相當差距，故應作爲參考較爲妥當。

〔註 148〕薛居正等撰，邵晉涵輯，《舊五代史》（臺北，鼎文書局，1992 年 4 月 7 版），卷一三三，〈世襲列傳〉，頁 1771。

〔註 149〕《全唐文》，卷三一六，頁 1417 中，〈杭州刺史廳壁記〉

（四）湖　州

湖州地處太湖流域，土地肥沃，產物豐富，工商業發達，故杜牧稱「三吳者，國用半在焉」，〔註150〕所謂三吳者，系指吳郡（蘇州）、吳興（湖州）、丹陽（潤州）而言。〔註151〕杜牧將蘇、湖二州擺在同等，表明湖州的重要性不亞於蘇州，而以三州之賦當國用之半，雖稍嫌誇張，也說明瞭三州賦稅占當時稅收的重要比例。

其實湖州所在的吳郡地區在隋以前就被稱為「川澤沃衍，有海陸之饒，珍異所聚，故商賈並湊」，〔註152〕進入唐代，湖州依然保持其重要性。湖州被杜牧稱為「十萬戶州，天下根本之地」，〔註153〕人口多，相對的，稅也收的多，故稱之為「根本之地」，甚為合理。

顧況在〈湖州刺史廳壁記〉中盛誇湖州的雄富，其云：

> 江表大郡，吳興為一，……川澤所通，舟車所會，物土所產，雄於楚越，雖臨淄之富，不若也；其冠簪之盛，漢晉以來敵天下三分之一。〔註154〕

「雖臨淄之富，不若也」，將湖州與齊都臨淄比較，可見吳興（湖州）的繁榮，而「其冠簪之盛，漢晉以來敵天下三分之一」語，雖有些誇大，卻成為六朝以來，湖州經濟發達，衣冠之士群聚的有力佐證。

以史實證之，湖州的手工業十分發達，湖州的所生產的箬下酒及顧渚紫筍茶均為名聞全國的產品，銷路甚廣。湖州箬下酒盛名遠播，如白居易詩云「萍醅箬溪醡，水膾松江鱗」，〔註155〕可證其對箬下酒的喜愛。顧渚所產之紫筍茶，據《元和郡縣圖志》記載：「每歲以進奉顧山紫筍茶，役工三萬人，累月方畢」。〔註156〕製茶竟用到三萬工人，可見顧渚貢茶院規模之大，茶產量之

〔註150〕《樊川文集》，卷十四，頁210，杜牧〈唐故銀青光祿大夫檢校禮部尚書御史大夫充浙江西道都團練觀察處置等使上柱國清河郡開國公食邑二千户贈吏部尚書崔公行狀〉。

〔註151〕《元和郡縣圖志》，卷二十五，〈江南道一〉，頁600；並參見《吳郡志》，卷四八，〈考證〉，頁627～628。

〔註152〕《隋書》，卷三十一，〈地理志下〉，頁887。

〔註153〕《樊川文集》，卷十六，頁243，〈上宰相求湖州第一啓〉。

〔註154〕《全唐文》，卷五二九，頁2379上，〈湖州刺史廳壁記〉。

〔註155〕白居易，《白居易集》，卷二十一，〈格詩歌行雜體〉，頁454，〈郡齋旬假命宴呈座客示郡寮〉。

〔註156〕《元和郡縣圖志》，卷二十五，頁606。

多，而湖州也因此成爲兩浙地區茶產量最大的州郡之一。「金沙泉」列爲湖州長慶貢，〔註157〕杜牧有〈題茶山〉詩云：「山實東吳秀，茶稱瑞草魁。……泉嫩黃金湧，牙香紫壁裁。」，〔註158〕其中「茶稱瑞草魁」句係指紫筍茶，而「泉嫩黃金涌」即指「金沙泉」，句下小注「山有金沙泉，修貢出，罷貢即絕」，「罷貢即絕」或與季節性泉水枯乾有關，亦可見其泉水之珍貴難得。

由於四遠商人均到顧山來買茶或做其他交易，甚至在茶山（顧山）附近形成了草市，杜牧有〈入茶山下題水口草市絕句〉詩云「倚溪侵嶺多高樹，誇酒書旗有小樓」可證，亦可作爲杜牧在〈上李太尉論江賊書〉所稱：「茶熟之際，四遠商人，皆將錦繡繒纊、金釵銀釧，入山交易」，〔註159〕茶山所在多有市集的印證。而劉禹錫在大和年間任蘇州刺史時，有〈西山蘭若試茶歌〉詩，詩中提到「顧渚春」，即以湖州顧渚所產之紫筍茶，〔註160〕再配合湖州特產的金沙泉沖泡，其味甚佳，此二者均列爲貢品。〔註161〕

而湖州又擁有進步的紡織業，故手工業的發達對湖州的經濟發展奠定了堅實的基礎，加以地當衝要，而前述茶山草市的形成，更是湖州商業貿易十分興盛的明證，上述原因使得湖州的經濟益形繁榮，故杜牧在〈上宰相求湖州第三啓〉中稱「湖州名郡」，〔註162〕誠非虛語。由於湖州經濟的持續發展，到北宋時甚至出現了「蘇湖熟，天下足」〔註163〕的諺語，將湖州與北宋時江淮最大經濟都會蘇州並稱，〔註164〕則湖州的重要性可見一斑。

（五）常 州

常州爲浙西大郡，位在太湖北部，六朝時爲毗陵郡，在三國時期孫吳即在此地區大興屯田，並設有毗陵典農校尉，〔註165〕故在農業已有相當基礎，

〔註157〕見《新唐書》卷四十一，〈地理五〉，頁1058。
〔註158〕《樊川文集》，卷三，頁52～53。
〔註159〕見《樊川文集》，卷十一，頁168～171。
〔註160〕見劉禹錫（唐）著，蔣維崧等箋注，《劉禹錫詩集編年箋注》（濟南，山東大學出版社，1997年9月初版），頁562～563。
〔註161〕金沙泉乃湖州土貢，而紫筍茶應即紫筍茶，亦爲湖州土貢之一，見《新唐書》卷四十一，〈地理五〉，頁1058。
〔註162〕《樊川文集》，卷十六，頁248，〈上宰相求湖州第三啓〉。
〔註163〕《吳郡志》，卷五〇，〈雜志〉，頁669。
〔註164〕見梁庚堯，〈宋元時代的蘇州〉，載氏著《宋代社會經濟史論集》（臺北，允晨文化出版事業公司，1997年4月）上冊，頁334。
〔註165〕《宋書》（臺北，鼎文書局，1987年1月5版），卷三五，〈州郡一〉，頁1040。

李華在〈常州刺史廳壁記〉載：

> 當楚越之襟束，居三吳之高爽，其地恆穰，故有嘉稱，領五縣，版
>
> 圖十餘萬，望高地劇，此關外名邦。〔註166〕

常州在唐前期因經濟發展快速，天寶時人口超過潤州，達 102,631 戶，戶口為
兩浙地區第一位，故李華稱常州「望高地劇」、「關外名邦」實非虛語。

在唐人有關常州的論述方面，梁肅，〈獨孤及行狀〉曰：「常州為江左大
郡，兵食之所資，財賦之所出，公家之所給，歲以萬計」，〔註167〕梁肅此文
對常州農業生產及所出財賦有相當高的評價；崔祐甫〈獨孤及神道碑銘〉亦
云：「常州當全吳之中，據名城沃土，兵興之後，中華翦覆，吳中州府，此
焉稱大」，〔註168〕按獨孤及在代宗大曆八年至十二年（773～777）為常州刺
史，〔註169〕常州當時未經劉展之亂，〔註170〕又「據名城沃土」，故「吳中
州府，此焉稱大」，且為「兵食之所資，財賦之所出，公家之所給」的財稅
重地。

常州的紡織業、製銅業、製茶業等手工業均十分發達，其中常州所生產
的名茶品類眾多，如義興紫笋茶〔註171〕、義興陽羨春及湟湖含膏等名茶，〔註
172〕湟湖含膏即《唐國史補》中常魯公使西番時，贊普所言之湟湖茶，〔註173〕
可見其受歡迎程度。常州復因良好的農業基礎及交通便利，故商業貿易亦興
盛。

再從城垣的擴大來看常州的發展，常州位在運河行經之地，唐末常州城
毀於戰火，五代時曾二次築城，在吳天祚二年（936）第二次增築常州城時，
刺史徐景邁索性夾運河而建，城垣周回二十七里三十步，高二丈，開九門，
外有城壕。五代時常州城的重修和拓展，不但顯示運河深刻影響著日常經濟

〔註166〕《全唐文》，卷三一六，頁 1418 上，〈常州刺史廳壁記〉。

〔註167〕《全唐文》，卷五二二，頁 2348 下，〈朝散大夫使持節常州諸軍事守常州刺史
賜紫金魚袋獨孤公行狀〉。

〔註168〕《全唐文》，卷四九○，頁 1857 中～1857 下，〈故常州刺史獨孤公神道碑銘〉。

〔註169〕見郁賢皓著，《唐刺史考全編》（合肥市，安徽大學出版社，2000 年 1 月初版），
頁 1884～1885。

〔註170〕劉展之亂發生在肅宗上元元年十一月，至上元二年一月為田神功所平定，主
要影響區域為揚、潤、昇等州，見《舊唐書》，卷十，〈肅宗紀〉，頁 260。

〔註171〕至於常州及湖州土貢之「紫筍茶」應為「紫笋茶」之誤。

〔註172〕陳尚君撰，〈毛文錫《茶譜》輯考〉，收入《唐代文學叢考》（北京，中國社會
科學出版社，1997 年 10 月初版），頁 422。

〔註173〕見李肇，《唐國史補》，卷下，頁 66。

生活，更說明瞭唐後期江南地區相對安定，社會經濟能夠持續發展，城市繁榮演進的結果。〔註174〕

在安史之亂後，常州戶口雖有減少，仍有 54,767 戶，在兩浙僅次於蘇州及潤州，而居第三位，故仍爲浙西賦稅重地。其後，因受到蘇州經濟發展迅速，戶口猛增的影響，以致於唐前期浙西大郡潤、常等州在經濟上的重要性漸不如蘇州。而潤州因其優越的地理位置及六朝舊都所在，故在安史亂後，取代蘇州而成爲浙江西道觀察使的治所，亦浙西的政治、軍事中心。在潤州、蘇州分別取得浙西的政治及經濟中心地位的影響下，〔註175〕常州在浙西的影響力日減，不復唐前期在浙西地區的重要性，但因戶口甚多，故仍保有其浙西大郡的地位。

另一方面，可從城垣的擴建來看兩浙地區城市的經濟發展，在浙西城市方面此種情形更爲明顯，如常州、杭州及潤州等城市在唐末五代時期均在持續擴大城垣。在杭州方面，杭州城原城垣周長三六里左右，在五代時杭州因爲吳越國的首府，且經濟發達，行旅擁塞，原有城內面積不敷使用，故州城前後擴建凡兩次，分別在昭宗大順元年（890）及景福二年（893）。其中景福二年增築工程較大，《資治通鑑》載「錢鏐發民夫二十萬及十三都軍士築杭州羅城，周七十里」，〔註176〕從此次工程所徵發的人力來看，規模相當大，杭州城經錢鏐擴建後周長達 70 里，爲當時兩浙地區中城市規模最大者。〔註177〕

〔註174〕參見李孝聰，〈唐代城市的形態與地域結構——以坊市制的演變爲線索〉，載李孝聰主編，《唐代地域結構與運作空間》（上海，上海辭書出版社，2003 年 8 月初版），頁 288～289。

〔註175〕據筆者研究，蘇州在唐中期爲浙西治所，後浙西觀察使移治潤州，而蘇州因經濟發展快速，成爲浙西的經濟重鎮；潤州在唐前期經濟十分發達，但在安史亂後，人口顯著減少，且因運河的淤塞，航路不如前通暢，在經濟上的影響漸不如蘇州，但仍保持其浙西大郡的地位，直到唐末鎮海軍移治杭州之前，仍爲浙西治所，就充分說明這一現象。

〔註176〕司馬光撰，胡三省注，《資治通鑑》（臺北，世界書局，1974 年 3 月 6 版），卷二五五，僖宗中和三年（883）十二月條，頁 8301。

〔註177〕有關杭州城規模，參見《羅隱集校注》，〈雜著〉，頁 599 注引《吳越備史》；兩浙各州城規模參見斯波義信著，方健、何忠禮譯，《宋代江南經濟史研究》（南京，江蘇人民出版社，2001 年 1 月初版），頁 295～299 及張劍光著，《唐五代江南工商業布局研究》（南京，江蘇古籍出版社，2003 年 5 月初版），頁 361 及愛宕元，〈唐代州縣城郭の規模と構造〉，載《第一屆國際唐代學術會議論文集》（台北，學生書局，1989 年 28 月初版），頁 686。斯波義信的《宋代江南經濟史研究》及張劍光的《唐五代江南工商業布局研究》二書所載各州城牆周長大

　　而另一浙西城市常州則位在運河行經之地，唐末常州城毀於戰火，五代時曾二次築城，在吳天祚二年（936）第二次增築常州城時，城垣周回達二十七里左右，外有城壕，亦有相當規模。〔註178〕兩浙地區其他城市的規模亦不小，如蘇州的城垣在 45 里左右，在本區中算得上是規模較大者。〔註179〕潤州城的規模則和常州相去不遠，城垣長度約在 26、27 里左右，〔註180〕其他睦、湖等州城垣則受限於地形或經濟發展而規模較小。

三、浙東城市

　　唐代浙東地區有越、明、婺、衢、台、溫、處州等城市，其中以越、明

都類似，應為同一資料來源，愛宕元，〈唐代州縣城郭の規模と構造〉一文揭示
了杭州州城規模的變化過程，對瞭解杭州州城規模的擴大及演變十分有助益。
兩浙地區中的蘇州城周長為 45 里，潤、常等州城周長均在 26～27 里之間，但
因各州州城規模在記載時間上有前後之別，故應作為參考較為妥當。

〔註178〕見《咸淳毗陵志》卷三，並參見李孝聰，〈唐代城市的形態與地域結構──
　　　　以坊市制的演變為線索〉，頁 288～289 及愛宕元，〈唐代州縣城郭の規模と
　　　　構造〉，載《第一屆國際唐代學術會議論文集》（台北，學生書局，1989 年
　　　　28 月初版），頁 686。

〔註179〕關於蘇州城周長，學界存在著相當大的差異，有 42 里、45 里及 47 里等三種
　　　　說法。斯波義信及張劍光均認為蘇州城周長為 42 里，見斯波義信著，方健、
　　　　何忠禮譯，《宋代江南經濟史研究》，頁 295 及張劍光著，《唐五代江南工商業
　　　　布局研究》，頁 357；而日本學者愛宕元在〈唐代州縣城郭の規模と構造〉一
　　　　文中，考察有關數據後，認為蘇州城周長為 45 里左右，但愛宕元在其後出版
　　　　的《唐代地域社會史研究》（京都，同朋舍出版，1997 年 2 月）一書中，採
　　　　用了《元和郡縣圖志》的 47 里數字，而未說明其原因。而史料對此記載亦不
　　　　同，《吳地記》〈闔閭城〉條，作「大城周迴四十五里」，而同書〈羅城〉條作
　　　　「其城南北長十二里，東西九里」，經計算應為 42 里，似有自相矛盾之處，
　　　　然其城作「亞」字形，故四方長度相加，未必恰是周長，故周長 45 里應仍為
　　　　合理的數字；另《元和郡縣圖志》，卷二五，則作「周迴四十七里」，《吳郡志》
　　　　卷三〈城郭〉亦同。按蘇州州建城甚早，且春秋時曾為吳國國都，故其應有
　　　　相當規模，然春秋至唐代約有千餘年，其間城址雖未經大變動，但因時間過
　　　　久，唐時蘇州城是否仍然保持舊貌，實有疑問，而《吳地記》與《元和郡縣
　　　　圖志》雖同為唐人著作，而《吳地記》為方志性質，可靠性應較高，故應以
　　　　《吳地記》所載周長 45 里的可能性較高。

〔註180〕參見斯波義信著，方健、何忠禮譯，《宋代江南經濟史研究》（南京，江蘇人
　　　　民出版社，2001 年 1 月初版），頁 295～299 及張劍光著，《唐五代江南工商
　　　　業布局研究》（南京，江蘇古籍出版社，2003 年 5 月初版），頁 361；而愛宕
　　　　元在《唐代地域社會史研究》一書中，認為周長二六里的潤州城是在僖宗廣
　　　　明元年（880）周寶時才擴大興建，之前潤州城的規模則不詳，參見氏著，《唐
　　　　代地域社會史研究》（京都，同朋舍出版，1997 年 2 月），頁 420～421。

及婺州等城市較爲繁榮。本區因部分州縣位在山區及海濱，故開發較遲；而寧紹平原及金衢盆地，因在六朝時期即已有相當程度的開發，經濟發展相較其他浙東州郡爲快速。

（一）越　州

　　越州即六朝時期的會稽地區，其地因爲六朝江東精華區所在，開發甚早，故早在唐代以前本區已被《隋書・地理志》稱爲：「川澤沃衍，有海陸之饒，珍異所聚，故商賈並湊」，〔註181〕越州在中唐以後爲浙江東道觀察使治所，是浙東地區的政治、經濟中心，除有良好的農業基礎外，紡織業、製瓷業及造船業等主要手工業均十分發達。

　　白居易在〈丁公著浙東觀察使制〉稱：「朕以浙河之左，抵於海隅，全越奧區，延袤千里，宜得良帥，俾之澄清」，〔註182〕表明唐室對浙東觀察使的任用甚爲重視，側面顯示浙東財賦的重要性。而在〈答薛苹《謝授浙東觀察使表》〉中，白居易更稱浙東爲「雄劇之藩」，〔註183〕而浙東觀察使例由越州刺史兼任，可見越州刺史之任亦重，而他在〈早春西湖閑游偶成十八韻寄微之〉詩中亦云「浙右稱雄鎭，山陰委重臣」，〔註184〕在此詩白居易承認任山陰（越州）者官重事繁，故此詩名中亦有「因思在越，官重事殷」語。

　　而曾任浙東觀察使的唐代著名詩人元稹，在他詩文中更數度稱贊越州的山明水秀，如〈寄樂天〉詩云「莫嗟虛老海壖西，天下風光數會稽」，〔註185〕又〈以州宅誇於樂天〉詩云「州城迴繞拂雲堆，鏡水稽山滿眼來」，〔註186〕另在〈再酬復言和誇州宅〉詩中亦云「會稽天下本無儔，任取蘇杭作輩流」，〔註187〕再再顯示出越州有別於一般州郡的特色。

　　唐五代時期越州地區因經濟發達，各地草市甚多，如元稹在〈奉和浙西

〔註181〕《隋書》，卷三十一，〈地理志下〉，頁887。
〔註182〕白居易，《白居易集》，卷五○，〈中書制誥三〉，頁 1052，〈尚書工部侍郎、集賢殿學士丁公著可檢校左散騎常侍、越州刺史、浙東觀察使制〉。
〔註183〕白居易，《白居易集》，卷五七，〈翰林制詔四〉，頁 1210，〈答薛苹《謝授浙東觀察使表》〉。
〔註184〕白居易，《白居易集》，卷二三，〈律詩〉，〈早春西湖閑游悵然興懷憶與微之同賞因思在越官重事殷鏡湖之游或恐未暇偶成十八韻寄微之〉，頁506。
〔註185〕元稹撰，《元稹集》（臺北，漢京文化出版公司，1983 年 10 月初版），卷二二，〈律詩〉，〈寄樂天〉，頁248。
〔註186〕元稹撰，《元稹集》，卷二二，〈律詩〉，〈以州宅誇於樂天〉，頁244。
〔註187〕元稹撰，《元稹集・外集》，卷七，〈續補一〉，〈再酬復言和誇州宅〉，頁702。

大夫李德裕〉詩中稱：「魚蝦集橘市，鶴鸛起亭皋，……漁艇宜孤棹，樓船稱萬艘」，〔註188〕生動繪越州一帶草市交易情形，側面顯示銷售特定產品的市集甚多，而「樓船稱萬艘」語，雖有與上句對偶的可能，亦說明越州商業貿易其興盛。

　　而元稹在〈白氏長慶集序〉稱：「予於平水市中，見村校諸童競習詩，召而問之」，〔註189〕「予於平水市中」句下小注「鏡湖傍草市名」，鏡湖是越州境內的重要湖泊，有灌溉和濟運功能，印證了杜牧所說「凡江淮草市，盡近水際，富室大戶，多居其間」〔註190〕的情形。

　　越州的手工業產品中尤以越窯所產的青瓷最為著名，陸羽《茶經》將越州的瓷碗列為上品，〔註191〕越瓷更行銷海內外，據研究九世紀以前北方是越窯青瓷的主要市場，而八世紀下半葉開始，越窯的產品大量銷往日本、韓國及埃及等地。〔註192〕其主要原因，應與安史之亂後，北方動亂頻仍，社會經濟衰退，導致市場萎縮有關，使其不得不開發新的市場，並進行銷售策略的調整；〔註193〕此外，日、韓等地因漸染唐風，習於飲茶及使用青瓷食具，使青瓷器需求量大增也應是重要原因之一，故日本、韓國等地逐成為越窯青瓷外銷的重要海外市場。

　　《唐國史補》：「凡物由水土，故江東宜紗綾、宜紙者，鏡水之故也。」〔註194〕此「鏡水」應即為越州鏡湖水，表明越州所生產的紡織品及藤紙品質的優良。故越州絲織業亦十分發達，所生產的「繚綾」、「輕容」及「越羅」〔註195〕等高級絲織品名聞全國，除上供外，並行銷各地。如韋堅在廣運潭

〔註188〕元稹撰，《元稹集·外集》，卷七，〈續補一〉，〈奉和浙西大夫李德裕述夢四十韻大夫本題言贈於夢中詩賦以寄一二僚友故今所和者亦止述翰苑舊游而已次本韻〉，頁692。

〔註189〕元稹撰，《元稹集》(臺北，漢京文化出版公司，1983年10月初版)，卷五一，〈序記〉，〈白氏長慶集序〉，頁555。

〔註190〕見《樊川文集》，卷十一，頁168～171。

〔註191〕參見本書第四節「手工業的發展」越州部分。

〔註192〕見康才媛著，《唐代越窯青瓷的研究》(臺北，中國文化大學史學所博士論文，1997年6月)，頁184～189。

〔註193〕見康才媛著，《唐代越窯青瓷的研究》，頁189。

〔註194〕見李肇，《唐國史補》，卷下，頁65。

〔註195〕劉禹錫有詩云：「舞衣偏尚越羅輕」，見劉禹錫著，蔣維崧等箋注，《劉禹錫詩集編年箋注》(濟南，山東大學出版社，1997年9月初版)，頁550，〈酬樂天衫酒見寄〉。

所展示的各郡輕貨中，會稽郡就有銅器、羅、吳綾、絳紗名產等，〔註196〕雖《新唐書‧地理志》未記載越州生產銅器，但從其能作爲展示品，想必製作精良。

另一方面，越州更因技術進步，而成爲浙東地區造船業的中心，貞觀二十二年（648）八月，「敕越州都督府及婺、洪等州造海船及雙舫〔一〕千一百艘」，〔註197〕即是明證。

由於越州農業發展較早，手工業的技術先進，加以商業貿易繁盛，故杜牧〈李納除浙東觀察使兼御史大夫制〉稱越州所在的浙東地區：

> 西界浙河，東奄左海，機杼耕稼，提封七州，其間繭稅魚鹽，衣食半天下。〔註198〕

「浙河」即江南運河，杜牧在此制中稱「衣食半天下」，可見越州所在的浙東地區在賦稅及經濟上的重要性。

由於越州工商業發達，不但人口增加，且商旅往來，絡繹不絕。如《太平廣記》載浙東觀察使皇甫政曾於寶林寺：

> 大設齋，富商來集，政又擇日，率軍吏州民，大陳伎樂。……百萬之眾，鼎沸驚鬧，……頃刻之間，到寶林寺，百萬之眾，引頸駭觀。
> 〔註199〕

「百萬之眾」雖用詞稍有誇大之嫌，卻也說明瞭越州戶口之多，往來商人甚眾。而皇甫政求良工以畫寶林寺壁畫，「自汴、滑、徐、泗、楊（揚）、潤、潭、洪，及天下畫者，日有至焉。」，〔註200〕北從汴、滑，南到潭、洪，均有畫者應聘，側面顯示越州因交通便利及經濟發達，往來行旅甚多。

越州的手工業產品如越窯的瓷器、剡藤苔箋及繚綾、異文吳綾、花鼓歇單絲吳綾、吳朱紗等高級紡織品，均十分著名。越州所生產的特殊絲織品種類繁多，據統計在唐後期，越州的特殊絲織品達15種以上，〔註201〕超越定

〔註196〕《舊唐書》，卷一〇五，〈韋堅傳〉，頁3222。
〔註197〕《資治通鑑》，卷一九九，太宗貞觀二十二年八月丁酉條，頁6261。
〔註198〕杜牧撰，《樊川文集》（臺北，漢京文化出版公司，1983年11月初版），卷一八，頁268，〈李納除浙東觀察使兼御史大夫制〉。
〔註199〕《太平廣記》，卷四一，〈黑叟〉條引《河東記》，頁259～260。
〔註200〕《太平廣記》，卷四一，〈黑叟〉條引《河東記》，頁259。
〔註201〕據《舊唐書‧韋堅傳》、《新唐書‧地理志》及《元和郡縣圖志》等資料記載，越州所生產的絲織品達16種以上，這16種是羅、吳綾、絳紗、繚綾、異文吳綾、花鼓歇單絲吳綾、吳朱紗、寶花、花紋等羅、白編、交梭、十樣花紋

州，為天下第一。〔註 202〕而越窯的產品不但生產量大且器物精美，銷路甚廣。越州在唐前期為浙東政治、經濟及文化中心，戶口殷實，經濟十分發達。安史之亂後因戶口大量減少，經濟地位逐漸為臨近的杭州所取代，但越州仍保持其政治上的重要性，為浙東及義勝軍治所。〔註 203〕

越州在元和時人口不但大量減少，且減幅高於兩浙其他州郡，但越州在安史之亂時並無大損失，劉展之亂的影響亦限於浙西數州，故其人口僅餘二萬餘戶十分可疑，根據各種跡象來判斷，其原因可能有下列三種，其一越州在元和時人口的大量減少，極有可能和逃戶、客戶過多有關，〔註 204〕此點可從明州是為安輯逃戶而設及元和時鄰近的杭州戶口減幅較小，來觀察杭、越、明地區人口的流動；〔註 205〕其二、是因大量的勞動人口從事運輸業、手工業或經商造成流動人口數量的增量，即「人口轉移」現象的產生，而相當影響了著籍戶口的數字；〔註 206〕其三、是與越人習於賣兒女的風俗有關，可從元稹〈估客樂〉詩云「越婢脂肉滑，奚僮眉眼明」〔註 207〕中，知其一二。以上三種因素對越州在唐後期的著籍戶口數目減耗，均有相當大的影響。

此外，可從越州屬縣等第的升降來看越州的人口增減，據《唐六典・尚書戶部》戶部郎中、員外郎條記載在開元時，兩浙望縣僅曲阿、江寧，而越州在開元時期達十萬七千餘戶，元和時只有二萬餘戶，卻有會稽、山陰、諸

等綾、輕容、生縠、花紗、吳絹等。

〔註 202〕唐後期絲織品種類參見《新唐書》，卷三七~四三，〈地理一〉至〈地理七〉及李吉甫撰，《元和郡縣圖志》（北京，中華書局，1995 年 1 月初版 2 刷）。並參閱王永興撰，〈試論唐代紡織業的地理分佈〉，頁 331~332 表一及表三。

〔註 203〕僖宗任劉漢宏為義勝軍節度，其後更名為「威勝軍節度」，錢鏐擊敗董昌後，復改為「鎮東軍節度」，參見《新唐書》，卷一○九，〈劉漢宏傳〉，頁 5488；《新唐書》，卷二二五下，〈董昌傳〉，頁 6466 及《新唐書》，卷六十八，〈方鎮五〉，頁 1924~1925。

〔註 204〕客戶、逃戶問題，參見唐長孺，〈唐代的客戶〉，載氏著《山居存稿》（北京，中華書局，1989 年 7 月初版），頁 130 及翁俊雄撰，〈開元、天寶之際的逃戶〉，收入氏著，《唐代人口與區域經濟》（臺北，新文豐出版事業公司，1995 年 9 月初版），頁 199~210。

〔註 205〕從各種跡象判斷，越州的人口極有可能向鄰近的明、杭二州流動，以致天寶時九萬餘戶，到元和時只有二萬餘戶。

〔註 206〕鄭學檬著，《中國古代經濟重心南移和唐宋江南經濟研究》（長沙，岳麓出版社，2003 年 10 月修訂再版），頁 217~218。

〔註 207〕元稹撰，《元稹集》（臺北，漢京文化出版公司，1983 年 10 月初版），卷二三，頁 268。

暨、剡等四個縣爲望縣。〔註208〕雖唐代史料未明載多少戶口爲望縣，但上縣的標準爲六千，二千戶以上爲中縣，〔註209〕而越州有 4 個望縣，其他緊縣 2 個，上縣僅 1 個，如望縣、緊縣均以上縣的標準六千戶計（實際上應不止此數），則越州至少應有 42,000 戶以上的人口。

再從與戶口有密切關連的鄉數來看，據《唐六典‧尚書戶部》戶部郎中、員外郎條記載每鄉爲 500 戶，〔註210〕即按每鄉 300 戶計算，元和時越州有 145 鄉，也應有 43,500 戶才合理。〔註211〕而越州元和時戶數減幅達 81%，鄉數減幅卻只有 31%，〔註212〕顯然不合理，雖然鄉數與戶數減幅未必相同，從各種跡象顯示，可知越州元和戶數較實際戶數低估甚多，從以上推估，合理戶數應在 42,000 左右。〔註213〕

唐末浙東經濟仍持續發展，如即使在董昌與錢鏐大戰之後，越州府庫仍有「積糧三百萬斛，金幣大抵五百餘帑」，〔註214〕之前董昌爲希冀上恩，曾「賦外獻常參倍，旬一遣，以五百人爲率，人給一刀，後期則誅，朝廷賴其入。」，〔註215〕而每旬所發「一綱金萬兩，銀五千鋌，越綾萬五千匹」，〔註216〕從董昌進奉的大量金銀及絲織品來看，可見越州所在的浙東地區手工業及商業貿易均較前爲發達。在董昌之前領浙東的劉漢宏亦「貢賦踵驛而西」，〔註217〕僖宗嘉之，寵其軍爲義勝軍節度，〔註218〕歷任浙東節帥之所以能如此勤於貢賦，除希冀上恩外，浙東堅實的經濟基礎，才是最重要的原因。

其實，浙東經濟在中唐後有長足的發展，元稹，〈唐故越州刺史河東薛公

〔註208〕《元和郡縣圖志》，卷二六，〈江南二〉，頁 617～620。
〔註209〕李林甫等撰，《唐六典》，卷三，〈尚書戶部〉，頁 73。
〔註210〕《唐六典》，卷三，〈尚書戶部〉，頁 73。
〔註211〕越州開元時有 107,645 戶，210 個鄉，平均一鄉 513 戶，唐後期戶口減耗，每鄉戶數應較開元時減少，故取一鄉 300 戶來計算。
〔註212〕越州開元時有 107,645 戶，鄉 210，元和時僅有 20,685 戶，鄉 145，戶數減幅達 81％，鄉數減幅爲 31％
〔註213〕目前學界對於唐後期越州戶口的完整估算，尚不多見，筆者不揣淺陋，就此一課題提出個人淺見，若有論證不周之處，尚請見諒。
〔註214〕《新唐書》，卷二二五下，〈董昌傳〉，頁 6469。
〔註215〕《新唐書》，卷二二五下，〈董昌傳〉，頁 6466～6467。
〔註216〕見《資治通鑒》，卷二五九，昭宗乾寧元年十二月，頁 8460。
〔註217〕《新唐書》，卷一○九，〈劉漢宏傳〉，頁 5488
〔註218〕司馬光撰，胡三省注，《資治通鑒》（臺北，世界書局，1974 年 3 月 6 版），卷二五五，僖宗中和三年（883）十二月條，頁 8301。

神道碑文銘〉就記載浙東觀察使薛戎在浙東理財有方,「公既歿,浙東使上公所羨之財貫繒積帛之數,凡三十有九萬,則其去他郡也可知矣」,〔註219〕三十九萬貫的羨餘雖與薛戎的善於理財有關,側面顯示浙東的經濟已有良好的基礎,才能有如此多的羨餘。〔註220〕並且因有浙東堅實的經濟基礎為後盾,故唐末劉漢宏、董昌等藩帥才能一而再,再而三的進奉唐廷,以固其寵。

在錢鏐擊敗董昌後,遷鎮東軍軍額於杭州,越州的政治地位逐漸下降,直到五代時期吳越國定都於杭州,越州的政治、軍事地位才被杭州所取代。

(二)明 州

明州是唐代兩浙地區主要的對外港口,由於有盛產絲綢、瓷器、紙及茶葉的廣大腹地(蘇、杭、越、婺、湖等州),附近又是佛教天臺宗的發源地,因而成為中唐後通航日本的主要港口。〔註221〕據日本學者木宮泰彥統計從唐文宗開成四年(839)到後周顯德六年(959),中日之間的商船和人員往來見於史載的有55次,其中除39次出發地和到達地不詳外,其他16次中有7次是在明州進出的,幾占總數的一半,楚州則有3次,其他蘇州、台州、福州、溫州、常州及廣州等均為一次,〔註222〕足見明州是兩浙地區的主要出口港,故商業貿易十分繁榮。

在1950~1980年間在明州鄞縣發現東錢湖窯場,該窯場生產的鼎盛時期在吳越國時期,燒造品種多,產品與餘姚上林湖一帶極為相似,並且質地精良。〔註223〕因寧波在唐代是外銷港口,故東錢湖窯場所生產的瓷器,很可能是作為外銷用途。

1973年在寧波和義路漁浦城門遺址發掘出了700多件待裝出海的唐代瓷

〔註219〕元稹撰,《元稹集》(臺北,漢京文化出版公司,1983年10月初版),卷五三,〈唐故越州刺史兼御史中丞浙江東道觀察等使贈左散騎常侍河東薛公神道碑文銘〉,頁573。

〔註220〕《舊唐書》,卷一七四,〈李德裕傳〉,頁4521載「揚州府藏錢帛八十萬貫匹」,時在牛僧孺去任後,故應為其在任時的羨餘,又頁4512載浙西每年「唯有留使錢五十萬貫」可用,可見浙東羨餘39萬貫,數量並不少。

〔註221〕張澤咸,前引書,頁230。

〔註222〕參見木宮泰彥著,陳捷譯,《中日交通史》(台北,三人行出版社,1974年7月初版),頁139~146及339~349。

〔註223〕原見林士民,〈浙江寧波東錢湖窯場調查與研究〉,載《中國古陶瓷研究》第13期(北京,紫禁城出版社,1990年),此處轉引自甚嵐撰,〈中國唐五代時期外銷日本的陶瓷〉,《唐研究》第四輯(1998),頁469。

器，其中最多的是越州窯的產品，而長沙窯的產品居次，婺州窯的產品很少，而本批瓷器中有相當數量的精品，這些瓷器明顯是作為外銷之用。〔註224〕而寧波即屬唐代的明州地區，而本次發掘地漁浦門，門內是當時市集所在。而城門南邊是是唐代政治文化中心子城所在，北面緊臨餘姚江水路，東南是餘姚江、奉化江及甬江的匯流區，設有海運碼頭，是明州對外貿易的重要集散地。〔註225〕足見明州是唐代兩浙最主要的對外貿易港口。

　　兩浙地區所產瓷器除內銷至全國各地外，亦從揚州、蘇州、明州、台州等地遠銷日本等海外地區。〔註226〕據學者研究在唐五代時期中日間商船來往共有64次，唐王朝方面有出發港口記錄者共計18次，其中明州有9次最多，占一半，其他台州有3次，揚州2次，蘇州、楚州及廣州各一次，〔註227〕可見兩浙地區的明州、台州及蘇州等，均為對日貿易的重要港口。唐初對日本航線的港口，以登州、揚州為主，後因日本與新羅的關係轉差，〔註228〕長江以南航線成為安全路線，故包括明州、蘇州及台州，甚至杭州等地乃成為當時到日本航線的主要港口，〔註229〕故在846年後未見在蘇州以北港口商船及人員的進出。

　　在與百濟新羅交通部分，據《入唐求法巡禮行記》載「案舊例，自明州進發之船，為吹著新羅境，又從揚子江進發之船，又著新羅」，〔註230〕唐朝到新羅的海路，有錢塘江口明州至新羅的海道，《舊唐書‧新羅傳》載「是歲，新羅飢，其眾一百七十人求食於浙東」〔註231〕可證。又有揚子江口至新羅的海路，所以新羅人由此路到蘇州、揚州。〔註232〕明州在唐代已有相當發展，

〔註224〕林士民，〈浙江寧波市出土一批唐代瓷器〉，《文物》1976年第7期，頁60～61。

〔註225〕林士民，〈浙江寧波市出土一批唐代瓷器〉，《文物》1976年第7期，頁60。

〔註226〕見葰嵐撰，〈中國唐五代時期外銷日本的陶瓷〉，頁476～477。

〔註227〕見葰嵐撰，〈中國唐五代時期外銷日本的陶瓷〉，頁506～510，表二「唐五代中日往來商船一覽表」。

〔註228〕《新唐書》，卷二二〇，〈日本傳〉，頁6209，載「新羅梗海道，更繇明、越朝貢」。

〔註229〕張劍光著，《唐五代江南工商業布局研究》（南京，江蘇古籍出版社，2003年5月初版），頁328。

〔註230〕釋圓仁撰，白化文等校註，周一良審閱，《入唐求法巡禮行記校注》（河北，花山文藝出版社，1992年初版），卷一，頁135。

〔註231〕《舊唐書》，卷一九九上，〈東夷‧新羅〉，頁5339。

〔註232〕參見韓國磐撰，〈南北朝隋唐與百濟新羅的往來〉，《歷史研究》，1994年第2

到了吳越國時期明州更成爲沿海的主要港口之一。

另一方面，明州雖是唐代重要港口之一，且有越州作爲腹地，但因地理位置上受制於揚州及泉州兩大國際港口，故比不上蘇、杭二州來的繁榮，〔註233〕但仍是兩浙的重要貿易港口。

（三）婺、衢、溫州

婺、衢州位於金衢盆地，在隋代以前，東陽地區已是「川澤沃衍，有海陸之饒，珍異所聚，故商賈並湊」，〔註234〕而東陽地區即是唐代的婺、衢二州，可見在南北朝時期婺州已有相當程度的開發。到了唐代，婺州經濟持續發展，戶口大量增加，天寶時婺州戶數更超越潤、常、越等名郡大州，竟達十四萬餘戶，戶數高居兩浙地區第一位。李華〈衢州刺史廳壁記〉云：「以婺州封畛爲廣，分置衢州，領六縣，猶爲大郡」，〔註235〕表明婺州因戶口增長快速，而析置衢州的原因。另外，衢州則因位於山區發展較慢，中晚唐後發展加速，經濟上亦有相當發展。

婺州的主要手工業包括製瓷業、製茶業及造船業等。在製瓷業方面，金衢盆地爲兩浙三大瓷窯中的婺州窯所在，據研究婺州窯早在東漢末年已開始生產瓷器，〔註236〕故製瓷業甚爲發達，唐五代時期窯址達28處之多，〔註237〕其產品銷路甚廣，晚唐五代時外銷遠及於海外日本等地，〔註238〕足見製瓷業是促進金衢盆地經濟發展的重要因素。在製茶業部分，婺州東白茶名列《唐國史補》十五種名茶之一，〔註239〕銷路甚廣，而「舉巖茶」亦是婺州名產。〔註240〕

婺州的造船業亦十分發達，如貞觀二十二年（648）八月，「敕越州都督府及婺、洪等州造海船及雙舫〔一〕千一百艘」。〔註241〕說明婺州是唐代浙東地區造船業的中心之一。

期，此處引自複印報刊資料，《中國古代史》（一）1994年第5期，頁116。
〔註233〕見史念海，〈中國港市之發展〉，頁96，收入《歷史地理論集》。
〔註234〕《隋書》，卷三十一，〈地理志下〉，頁887。
〔註235〕《全唐文》，三一六，頁1417下。
〔註236〕原見貢昌，〈談婺州窯〉《中國古代窯址調查發掘報告集》（北京，文物出版社，1984年），此處轉引自劉淑芬，〈三至六世紀浙東地區的經濟發展〉，頁211。
〔註237〕莨嵐，〈中國唐五代時期外銷日本的陶瓷〉，《唐研究》第四輯（1998），頁470。
〔註238〕見莨嵐，〈中國唐五代時期外銷日本的陶瓷〉，《唐研究》第四輯（1998），頁470。
〔註239〕見李肇，《唐國史補》（臺北，世界書局，民國80年6月4版），卷下，頁60。
〔註240〕陳尚君，〈毛文錫《茶譜》輯考〉引《事類賦注》卷十七，頁423。
〔註241〕《資治通鑒》，卷一九九，太宗貞觀二十二年八月丁酉條，頁6261。

　　在衢州方面，衢州西安縣盛產銀，金銀製造業相當發達，從衢州刺史鄭式瞻曾一次進奉銀二幹兩來看，銀產量十分大。〔註242〕兩浙地區潤、衢二州為江南主要的金屬鑄造地，故金屬冶鑄業特為發達。此外，衢州亦是兩浙出產藤紙的四個州郡之一。

　　白居易在〈衢州刺史鄭群可庫部郎中制〉中稱前衢州刺史鄭群「久典名郡，謹身化下，有循吏之風」，〔註243〕可任庫部郎中，可見在當時衢州亦被認為是大郡。而元錫在〈衢州刺史謝上表〉稱「浙東諸州，衢為大郡」，〔註244〕益證衢州之地位。另外，李華在〈衢州刺史廳壁記〉中稱衢州「名山大川，既麗且清，俗尚文學，有古遺風」，〔註245〕表明衢州雖地相處內陸，交通不便，但亦為人文匯萃之地。

　　溫州地處兩浙地區南端，永嘉為兩浙名窯中甌窯所在，故製瓷業為本地區的主要手工業，甌窯因位於浙南甌江之濱，故稱「甌窯」，其與越窯不同之處，是在於甌窯瓷胎呈灰白色或淡灰色，釉層匀淨，釉彩呈淡青色。〔註246〕由甌窯所開發的釉下彩技術，在東晉即已出現，充分顯示甌窯的優良傳統及製瓷技術的精湛。〔註247〕而溫州地處海濱，故本身亦可作為外銷港口，武宗會昌二年（842）即有李處人船由日本肥前國值嘉島那留浦出發，五日後到達溫州的記錄。〔註248〕

第三節　兩浙城市分佈的變遷

　　唐五代時期江南城市的分佈，因受自然條件、經濟發展及大環境因素等的影響，而產生變化，兩浙地區城市的分佈亦因上述原因，而有所改變。本章將從兩浙地區城市的分佈及城市分布變遷的背景等兩方面，來探討較少受

〔註242〕《舊唐書》，卷一三，〈德宗紀下〉，頁394。

〔註243〕白居易，〈衢州刺史鄭群可庫部郎中，齊州刺史張士階可祠部郎中，同制〉，《白居易集》，卷五十五，頁1154～1155。

〔註244〕《全唐文》，卷六九三，頁3151上。

〔註245〕《全唐文》，卷三一六，頁1417下。

〔註246〕參見中國矽酸鹽學會主編，《中國陶瓷史》（北京，文物出版社，1997年6月初版3刷），頁197及秦浩，《隋唐考古》（南京，南京大學出版社，1992年初版），頁268。

〔註247〕秦浩，《隋唐考古》，頁267。

〔註248〕參見木宮泰彥著，陳捷譯，《中日交通史》（台北，三人行出版社，1974年7月初版），頁139。

到重視的城市分佈變遷問題。其中城市分布變遷的背景因素一節，將從地理背景、戰爭和政治因素及經濟重心南移等三方面加以剖析，望能對此課題有進一步的認識。

一、唐五代江南城市分佈的變遷

　　唐五代兩浙城市分布的變遷必須要放在整個江淮地區來看，才能完整呈現出來，而整個江淮城市的變遷，又與大運河息息相關，唐代江淮地區的揚州、潤州、常州、蘇州及杭州等城市，均因運河所帶來綜合效應而繼續繁榮，因此成為運河上的燦爛明珠。〔註249〕

　　揚州在唐前期已成為江淮平原最大經濟都會，〔註250〕安史之亂後，因江淮地區相對安定，且唐廷對江淮漕運倚賴更深，因揚州位於邗溝北上的起點，又與江南河的終點京口隔江相望，並且是由長江達淮河的第一要埠，〔註251〕因而成為極重要的漕運咽喉及交通要衝，是故揚州益形繁榮。加以手工業發達，為唐中後期製鹽、製銅、鑄錢、造船、紡織等製造業中心，並因優良的地理位置及進步的工業促使商業的繁榮，不僅造就了揚州成為唐中後期的全國最大經濟都會，中晚唐時期，揚州更成為全國最大經濟都會。〔註252〕對岸的潤州也因揚州的日益繁榮而經濟發展十分快速。因此潤州的繁榮與揚州有密切關連。

　　若依時期來觀察，唐前期兩浙地區以潤州、常州及越州最為繁榮，戶數均在十萬左右。在中晚唐時，局面則發生了顯著的變化，蘇州及杭州逐漸崛起，成為區域的經濟中心。其中蘇州到了唐末更一躍成為兩浙，甚至江南第一大經濟都會；〔註253〕而杭州則在五代時期成為吳越國首府，並為浙西及浙

〔註249〕參見潘鏞著，《隋唐時期的運河與漕運》（西安，三秦出版社，1986年5月），頁108～114。

〔註250〕見劉希為，〈盛唐以後商胡麇集揚州之由〉，載江蘇省六朝史研究會，江蘇省社科院歷史所編，《古代長江下游的經濟開發》（西安，三秦出版社，1989年8月初版），頁262。

〔註251〕參見潘鏞著，《隋唐時期的運河與漕運》（西安，三秦出版社，1986年5月），頁121。

〔註252〕參見拙作，〈唐代揚州的盛況及其繁榮因素試析〉，《淡江史學》，第十期（1999年6月），頁278～280。

〔註253〕蘇州在元和時期，戶口已躍居江南地區第一位，元和時期各州戶口參見《元和郡縣圖志》，卷二十五至三十，〈江南道一〉至〈江南道六〉，並參閱凍國棟，《唐代人口問題研究》（武昌，武漢大學出版社，1993年2月初版），頁206～207，〈唐江南道諸州各階段戶數統計〉表。

東政治、經濟及文化中心，明顯超越兩浙其他城市

　　潤州在唐前期因良好地理位置之故，從中唐到唐末尚爲浙西政治中心，並爲鎮海軍治所，唐末移鎮海軍於杭州，潤州最後降爲普通州。吳越時南唐升蘇州爲中吳軍，領潤州、常州，江南東道政、經中心由潤州向蘇州的轉移至此結束，蘇州無可爭議地成爲江南東的首郡。〔註254〕

　　越州在唐前期爲浙東政治、經濟及文化中心，戶口殷實，經濟十分發達。安史之亂後因戶口大量減少，經濟地位逐漸爲臨近的杭州所取代，但越州直至唐末仍保持其政治上的重要性，爲浙東及義勝軍治所。〔註255〕而杭州亦因其優良的地理位置，經濟發展十分快速，唐末更取代了唐前期越州的經濟地位，〔註256〕五代時杭州在錢氏的數十年努力經營下，更爲繁榮。

　　在兩浙地區各州的地位方面，白居易詩云：「霅川（湖州）殊冷僻，茂苑（蘇州）太繁雄，唯此錢塘郡，閑忙恰得中」，〔註257〕《吳郡志》在引上述白詩後，亦云「則在唐時，蘇之繁雄，固爲浙右第一矣。」，〔註258〕可見蘇州繁榮甚於湖、杭二州。白居易將蘇杭並稱，也是有一段歷程的，他曾任杭、蘇二州刺史，且理有善政，〔註259〕在致仕後，作詩懷念江南好，常將二州相提並論，如〈見殷堯藩侍卿《憶江南詩》三十首因繼和之〉詩云：「江南名郡數蘇杭，寫在殷家三十章，君是旅人猶苦憶，我爲刺史更難忘。」，〔註260〕似乎居易已將蘇、杭並列同等重要了，而白居易在〈和《三月三十日四十韻》〉詩

〔註254〕此觀點承蒙廈門大學教授鄭學檬先生提出，特此致謝。

〔註255〕僖宗任劉漢宏爲義勝軍節度，其後更名爲「威勝軍節度」，錢鏐擊敗董昌後，復改爲「鎮東軍節度」，參見《新唐書》，卷一○九，〈劉漢宏傳〉，頁5488；《新唐書》，卷二二五下，〈董昌傳〉，頁6466及《新唐書》，卷六十八，〈方鎮五〉，頁1924～1925。

〔註256〕參見張劍光著，《唐五代江南工商業布局研究》（南京，江蘇古籍出版社，2003年5月初版），頁378。

〔註257〕白居易，《白居易集》，卷二十，〈律詩〉，頁434，〈初到郡齋寄錢湖州、李蘇州〉。

〔註258〕范成大撰，陸振岳校點，《吳郡志》，卷五十，雜志〈雜志〉，頁669。

〔註259〕白居易在穆宗長慶二年至四年（822～824）任杭州刺史，敬宗寶曆元年至二年（825～826）任蘇州刺史，見郁賢皓著，《唐刺史考全編》第3冊（合肥市，安徽大學出版社，2000年1月初版），〈江南東道・蘇州〉，頁1922～1923及〈江南東道・杭州〉，頁1983。杭州有「白公堤」，係爲紀念白居易之爲政。

〔註260〕白居易，《白居易集》，卷二十六，〈見殷堯藩侍卿《憶江南詩》三十首，詩中多蘇杭勝事，餘嘗典二郡，因繼和之〉，頁586～587。

中稱「杭土麗且康，蘇民富而庶」，〔註261〕亦明確說明瞭二郡的特色，同時亦將蘇、杭二州並列。

此外，白居易詩云「平河七百里，沃壤二三州」，〔註262〕此句有學者認為係指蘇、杭二州，〔註263〕按《元和郡縣圖志》記載，蘇州至杭州僅三百七十里，與七百里差距過大，雖詩中數字多為虛指，但衡情論理，似不太可能。據《元和郡縣圖志》記載，潤州至常州一百七十里，常州至蘇州又一百九十里，蘇州至杭州三百七十里，如將各州距離相加可得出潤州至杭州共約七百三十里，符合白詩「七百里」之說，且本句下注「自常及杭，凡三百里」，尚不足七百里，可見白居易所指「平河七百里」，應包括潤、常、蘇、湖、杭等五州而並非僅指蘇、杭二州，但其心目中的「沃壤」，極可能是指包括蘇、杭二州在內的浙西精華地區。

在潤、蘇州的地位部分，蘇州在唐中期為浙西治所，後浙西移治潤州，而蘇州因經濟發展快速，成為浙西的經濟重鎮；潤州在唐前期經濟十分發達，但在安史亂後，人口顯著減少，且因運河的淤塞，航路不如前通暢，在經濟上的影響漸不如蘇州，但仍保持其浙西大郡的地位，直到唐末鎮海軍移治杭州之前，仍為浙西治所，就充分說明這一現象。可以說在中晚唐時期，蘇州在經濟上的影響力漸增，逐漸成為浙西的經濟中心，而在同時潤州則漸失去其在經濟上的重要性，以致到了唐末初步形成了蘇州為經濟中心，而潤州為政治中心的現象，這一現象的形成是逐步且緩慢的，且與經濟重心南移現象同步進行。

有關蘇州及杭州地位的消長問題，學者多有討論，〔註264〕此問題應從不

〔註261〕白居易，《白居易集》，卷二十二，〈格詩雜體〉，〈和微之詩二十三首·和《三月三十日四十韻》〉，頁481。

〔註262〕白居易，《白居易集》，卷二十七，〈想東游五十韻〉，頁607。

〔註263〕見張偉然，〈唐人心目中的文化區域及地理意象〉，載李孝聰主編，《唐代地域結構與運作空間》（上海，上海辭書出版社，2003年8月初版），頁378。

〔註264〕如徐沖，〈上有天堂，下有蘇杭——略述諺語「天堂」的形成〉，載周峰主編，《隋唐名郡杭州》（杭州，浙江人民出版社，1997年6月初版），頁38～41；倪士毅，〈燈火家家市，笙歌處處樓——隋唐東南名郡杭州〉，載周峰主編，《隋唐名郡杭州》（杭州，浙江人民出版社，1997年6月初版），頁12；張偉然，〈唐人心目中的文化區域及地理意象〉，載李孝聰主編，《唐代地域結構與運作空間》（上海，上海辭書出版社，2003年8月初版），頁378～379及陳國燦、奚建華著，《浙江古代城鎮史研究》（合肥，安徽大學出版社，2000年1月初版）頁291等均有提及蘇、杭地位問題。

同時期，以較宏觀的角度來看，才能有較正確的評價。如從戶口的增減來觀察蘇州的地位，在唐天寶時，蘇州戶口尚在潤、常、杭、越，甚至台州之下，而在元和時期則躍居浙西甚至兩浙第一位，而唐前期戶口超過蘇州的潤、常、杭、越、台等州，此時減幅甚大，除台州缺元和戶口數字外，其餘各州除杭州外，減幅均在百分之五十左右，越州甚至只有 20,685 戶。故在唐中晚期蘇州已不折不扣的成為兩浙的最大經濟都會。

而杭州則因臨近越州，越州經濟地位下降後，其取而代之的情況十分明顯，〔註265〕唐末鎮海軍移治杭州後，杭州的發展進入新的階段，五代時成為吳越國的都城，越發繁榮，而此時蘇州郤飽受戰火之苦，〔註266〕榮景遭受破壞，故此時蘇州的經濟發展似不如杭州。

到了北宋時期，經過長時期生息，蘇州才再次恢復其繁榮，保持其江淮第一大城的美譽，〔註267〕承接了唐代揚州的經濟地位。南宋時期建都於臨安（杭州），杭州乃成為南宋的政、經中心，經濟空前繁榮，而此時蘇州是宋朝的前線，經濟發展受阻，杭州乃成為南宋時期的最大經濟都會，據研究南宋時杭州人口達 150 萬人，可說是世界性的都會，〔註268〕此時，杭州又再度成為江淮的經濟都會，而南宋范成大《吳郡志》云「上有天堂，下有蘇杭」，〔註269〕此諺語的形成時期，可能在五代，甚至在唐末已形成了。〔註270〕即使范成大是南宋人，

〔註265〕陳國燦、奚建華在合著的《浙江古代城鎮史研究》（合肥，安徽大學出版社，2000 年 1 月初版）中認為在中後唐時即有此種情形，見該書頁 291；而張劍光在《唐五代江南工商業布局研究》（南京，江蘇古籍出版社，2003 年 5 月初版）一書中則認為在錢鏐擊敗董昌後，才出現杭州完全取代越州經濟中心地位的情形，見該書頁 378。筆者認為杭州取代越州的經濟中心地位，不需要等到錢鏐擊敗董昌後，而在元和時就已有此種傾向，從當時兩浙的戶口來看，就已十分明顯，而錢鏐擊敗董昌後，杭州所取得的應是政治、軍事及經濟地位，而不僅限於經濟地位。

〔註266〕楊行密與孫儒、錢鏐數度爭奪蘇州，參見拙作，〈唐末楊行密之據淮及其對政局的影響〉，《淡江史學》，第九期（1998 年 6 月），頁 61～64，「楊行密、孫儒關係表」及「楊氏領土擴張時間表」。

〔註267〕見梁庚堯，〈宋元時代的蘇州〉，載氏著《宋代社會經濟史論集》（臺北，允晨文化出版事業公司，1997 年 4 月）上冊，頁 334。

〔註268〕見斯波義信，方 健、何忠禮譯，《宋代江南經濟史研究》（南京，江蘇人民出版社，2001 年 1 月初版），頁 321～331

〔註269〕《吳郡志》，卷五○，〈雜志〉，頁 669。

〔註270〕見徐沖，〈上有天堂，下有蘇杭——略述諺語「天堂」的形成〉，載周峰主編，《隋唐名郡杭州》（杭州，浙江人民出版社，1997 年 6 月初版），頁 40。

但他亦肯定蘇州在唐代的繁榮是超過杭州的。〔註271〕

綜上所述，從唐代至南宋時期，江淮地區的經濟中心城市可以說數度的易主，從唐中後期盛極一時的揚州，到北宋時的蘇州，至南宋時期，則由杭州成爲區域經濟中心城市。江淮地區經濟中心城市的轉移原因，亦即城市分佈變遷的因素，〔註272〕除了經濟重心南移這個不可逆轉的巨流外，地理的條件及戰爭、政治因素等亦有相當的影響。

二、城市分布變遷因素的探討

兩浙地區在唐五代時期城市分布的變遷，主要表現在沿海及內陸山區城市（如明、溫、衢州）的增加；另一方面，部分城市（如蘇、杭州）則因大運河交通便利因素，而日漸繁榮，而成爲區域經濟中心。從唐初到五代宋初，江淮地區的中心城市呈現由北向南轉移的趨勢。在安史之亂後，揚州成爲全國的最大經濟都會，唐末揚州因戰亂及地理環境的改變等因素而衰落，〔註273〕使江淮地區的中心城市由唐代經濟都會揚州轉移到新崛起的蘇州。降至五代，江南地區中心城市則由吳越首府杭州取代，而在中晚唐時期十分繁榮的蘇州則此時因群雄的爭奪，〔註274〕而經濟凋敝，到了北宋時期才恢復其江淮最大經濟都會的美譽。〔註275〕本節將從地理背景、政治因素及經濟重心南移等方面，來分析唐五代時期兩浙地區城市分佈變遷的原因。

（一）地理背景

兩浙地區中的潤州、常州、蘇州、杭州等均臨近江南運河，而可由運河接通長江，長江和運河本是二條交通的大動脈，長江爲東南地區水運最重要的通道；而大運河則經唐代精心維護疏浚，不僅溝通了錢塘江、長江、淮水、

〔註271〕《吳郡志》，卷五〇，〈雜志〉，頁669。

〔註272〕因經濟中心城市會帶動附近城市的經濟活動，故經濟中心城市的轉移亦會影響整個城市分佈的變遷。

〔註273〕唐末揚州經濟衰落的因素參見拙作，《唐代淮南道研究》（臺北，中國文化大學史學所碩士論文，1997年6月），頁191～194，此外由於運河的淤積，影響到揚州的交通地位，亦是重要原因之一。

〔註274〕楊行密與孫儒、錢鏐數度爭奪蘇州，參見拙作，〈唐末楊行密之據淮及其對政局的影響〉，《淡江史學》，第九期（1998年6月），頁61～64，「楊行密、孫儒關係表」及「楊氏領土擴張時間表」。

〔註275〕見梁庚堯，〈宋元時代的蘇州〉，載氏著《宋代社會經濟史論集》（臺北，允晨文化出版事業公司，1997年4月）上冊，頁334。

黃河、海河五大水系，而且也連結了對外的陸運和海運，所以唐政府把運河看成是生死存亡的經濟命脈；商人們則把它視做最廉價、最方便、最理想的運輸線和商道。唐代最大經濟都會揚州即因位於長江和運河兩大水運動脈的交會點，所以造就了它的繁榮。〔註276〕兩浙地區中的潤州、常州、蘇州及杭州等州也因運河的便利交通及所帶來的龐大商機，而極度繁榮。

潤州位於唐代最大經濟都會揚州的對岸，地理位置良好，受惠於江南運河所帶來的龐大商機，而十分繁榮。蘇州則位於富庶的太湖流域，又臨海近（運）河，交通便利，故中晚唐時成爲兩浙地區的經濟都會。杭州位在江南運河的南端，可匯集浙東的資源北運，而成爲地區性的經濟中心。沿海的明、溫、台等州，對外交通十分便利，明州因海舶可直抵城下，故對外貿易興盛，成爲唐代主要國際貿易都市之一，故地理環境的優越，是明州成爲兩浙地區的貿易重鎮及主要對外貿易港口的首要原因。

綜上所述，兩浙地區中的潤州、常州、蘇州、杭州、明州、溫州及台州等，均因瀕臨運河或畔江濱海的良好地理位置，而使交通十分便利，促使城市經濟日益繁榮。

唐五代江淮地區經濟都會的興起，多與其良好的地理位置有關，如揚州的興起就與其臨江畔海的絕佳地理位置有關，〔註277〕唐末揚州受到戰爭破壞及地理環境改變等因素的影響，而逐漸衰落，〔註278〕除戰亂因素外，影響揚州繁榮的主要因素就屬地理環境的變遷，地理環境的變遷使揚州喪失了對外貿易港口的條件，而眞州（唐時揚州白沙鎮）的興起也使揚州不能再獨占漕運和鹽業中心的地位。〔註279〕同時也有學者提出由於海岸線的東移，使揚州距海日遠，喪失其海港的功能，也就使揚州日漸失去其繁華，並認爲這纔是對揚州商業經濟影響最大的原因。〔註280〕

〔註276〕參閱劉希爲「盛唐以後商胡麋集揚州之由」，收入《古代長江下游的經濟開發》（西安，三秦出版社，1989年8月初版），頁264。

〔註277〕參見拙作，〈唐代揚州的盛況及其繁榮因素試析〉，《淡江史學》，第十期（1999年6月），頁294～295。

〔註278〕唐末揚州經濟衰落的因素參見拙作，《唐代淮南道研究》（臺北，中國文化大學史學所碩士論文，1997年6月），頁191～194。

〔註279〕見謝元魯，〈揚一益二〉，收入《唐史論叢》第三輯（西安，三秦出版社，1987年1月），頁255。

〔註280〕參見韓茂莉，〈唐宋之際揚州經濟興衰的地理背景〉，收入史念海主編，《中國歷史地理論叢》，1987年第1輯，頁113及頁116。

此外，還有江水南移的問題，江水南移確實使揚州對外交通不方便，但在齊澣開伊婁河後，應使海船繼續來到揚州，否則中晚唐時期不會是揚州的極盛時期。但透過一條人工河道來和長江、大海相通，終究是不夠直接方便，因而逐漸為位置相近而具有良好海岸條件的華亭縣所取代，華亭縣在北宋政和元年（1111）始置市舶務，在南宋又置市舶司，可見其海上貿易的繁盛。〔註281〕綜上所述，海岸線東移及江水南移等地理環境的改變，雖不是影響揚州對外貿易興衰的唯一因素，但確是使揚州逐漸失去其海港角色，進而影響其繁榮的重要原因。

（二）政治及戰亂因素

政治因素對浙西的潤州影響尤大，潤州的江寧縣在南北朝時期，為六朝舊都所在，極為繁華，但隨著隋文帝的統一江南，並刻意貶抑金陵的政治地位，將揚州州治移往江都，並在江都設置總管府，〔註282〕連帶使潤州地位一落千丈，無法與六朝時相比擬。在唐前期，潤州以其優越的地理位置，重新取得經濟上的優勢，唐中期以後，恆為浙西治所，再次獲得政治上的優勢。

在安史亂後，江淮地區成為財賦重地，杜牧為求杭州，曾有〈上宰相求杭州啟〉，其文稱「今天下以江淮為國命，杭州戶十萬，稅錢五十萬」〔註283〕韓愈稱「當今賦出於天下，江南居十、九」，〔註284〕杜牧，《崔公行狀》云：「三吳者，國用半在焉」，〔註285〕可見唐廷對江淮賦稅的仰賴。而《舊唐書‧韓滉傳》對當時情形的記載頗詳：

> 而自德宗出居，及歸京師，軍用既繁，道路又阻，關中飢饉，加之
> 以災蝗，江南、兩浙轉輸粟帛，府無虛月，朝廷賴焉。〔註286〕

〔註281〕見黃宣佩等撰，〈從考古發現談上海成陸年代及港口發展〉，《文物》，1976年第11期，頁52。

〔註282〕魏徵、令狐德棻等撰，《隋書》（臺北，鼎文書局，1987年5月5版），卷三一，〈地理下〉，江都郡條，頁873。

〔註283〕見杜牧，《樊川文集》（臺北，漢京文化事業公司，1983年11月初版），卷十六，頁249，〈上宰相求杭州啟〉。

〔註284〕韓愈撰，馬通伯校注，《韓昌黎文集校注》（香港，中華書局，1991年11月重印），卷四，頁135，〈送陸歙州詩序〉。

〔註285〕杜牧撰，《樊川文集》（臺北，漢京文化出版公司，1983年11月初版），卷一四，頁210，〈唐故銀青光祿大夫檢校禮部尚書御史大夫充浙江西道都團練觀察處置等使上柱國清河郡開國公食邑二千戶贈吏部尚書崔公行狀〉。

〔註286〕《舊唐書》，卷一二九，〈韓滉傳〉，頁3601。

　　以上史料均說明朝廷倚重江淮賦稅的情形，而因江淮地區爲唐廷經濟命脈所在，基於鞏固財源的考量，故唐中央對江淮地方大吏的選擇均十分愼重，而對於淮南、浙西、浙東這幾個攸關軍國大計的藩鎭，特別加以重視，而對其節度使的選任是以「對中央效忠心理強弱爲優先考慮條件」，〔註287〕故以中央官外調及任用文人爲優先等兩個原則來選任節度使。〔註288〕如杜牧在〈淮南監軍使院廳壁記〉中就說：

> （淮南）節度使爲軍三萬五千，居中統制二處；……故命節度使，
> 皆以道德儒學，來罷宰相，去登宰相。〔註289〕

據王壽南先生的研究，兩浙歷任節度或觀察使，曾任宰相或在任後官至宰相者共有 17 人，其中浙西曾任宰相或在任後官至宰相者共有 13 人，佔浙西全部藩帥達 30.2％，在江淮藩鎭中僅次於淮南；〔註290〕兩浙藩帥任前爲中央朝臣或在任後爲中央朝臣者共約 60 人次，佔總人數達七成五，〔註291〕足見唐廷對兩浙藩帥選任的重視。

　　而兩浙藩帥亦常爲博得皇帝歡心及舒緩財政壓力，而「競爲進奉」，據《舊唐書・食貨志》載：

> 先是興元克復京師後，府藏盡虛，諸道初有進奉，以資經費，復時
> 有宣索。其後諸賊既平，朝廷無事，常賦之外，進奉不息。……王
> 緯、李錡浙西皆競爲進奉，以固恩澤。〔註292〕

由此可見，德宗時浙西觀察使王緯及李錡進奉的目的在「以固恩澤」。尤有甚者，裴肅爲常州刺史「乃鬻貨薪炭案牘，百賈之上，皆規利焉，歲餘又進奉，無幾，遷浙東觀察使，天下刺史進奉，自肅始也」，〔註293〕而在陝西西安北郊坑底村窖藏，所出土的唐代浙東觀察使裴肅所進的葵花形銀盤，〔註294〕就說

〔註287〕見王壽南，〈從藩鎭之選任看安史之亂後唐中央政府對地方之控制〉，載《國立政治大學歷史學報》，第六期（1988 年 9 月），頁 7。
〔註288〕同前註。
〔註289〕見杜牧，《樊川文集》，卷一〇，頁 159。
〔註290〕據王壽南著，《唐代藩鎭與中央關係之研究》（臺北，大化書局，1980 年 9 月初版），頁 277〜278，表 22「僖宗乾符六年以前江淮藩鎭任前任後情形表」統計。
〔註291〕據王壽南著，《唐代藩鎭與中央關係之研究》（臺北，大化書局，1980 年 9 月初版），頁 814〜831，〈唐代藩鎭總表・浙西〉及〈唐代藩鎭總表・浙東〉統計。
〔註292〕見《舊唐書》，卷四八，〈食貨志〉，頁 2087。
〔註293〕《舊唐書》，卷四八，〈食貨志〉，頁 2088。
〔註294〕見李長慶，〈西安北郊發現唐代金花銀盤〉，《文物》，1963 年 10 期，頁 60。

明了裴肅的進奉，包括許多浙東所生產的銀器。憲宗時的浙西觀察使李錡亦
不遑多讓，據《舊唐書・李錡傳》載：

> 時宿師於野，饋運不集，浙西重鎮，號爲殷阜。乃以錡爲潤州刺史、
>
> 浙西觀察使，令設法鳩聚財貨，淮西用兵，頗賴其賦。〔註295〕

從兩浙藩帥竭盡所能的「進奉」，以滿足唐廷的需求，無疑與其政治前途有關，
而這些藩帥所進奉的大量財物，對德、憲朝唐廷對抗及掃平藩鎮產生了積極
的作用，由於德宗貞元後的進奉甚多，而戰事少，故府庫充盈，使憲宗朝有
足夠的力量來討平劉闢、王承宗等藩鎮。〔註296〕

　　兩浙地區藩帥中的劉漢宏及董昌等均因勤於王事，對唐室進奉不遺餘力，
而加官進爵，如德宗時韓滉因其功而兼領浙江東、西道，並賜號鎮海軍節度；
〔註297〕其後，浙東觀察使劉漢宏亦「貢賦踵驛而西」，〔註298〕僖宗嘉之，寵其
軍爲義勝軍節度。〔註299〕繼劉漢宏爲觀察使的董昌〔註300〕亦希冀上恩，曾「賦
外獻常參倍，旬一遣，以五百人爲率，人給一刀，後期則誅，朝廷賴其入。」，
〔註301〕而每旬所發「一綱金萬兩，銀五千鋌，越綾萬五千匹」，〔註302〕因朝廷
依賴董昌的進獻，故董昌累拜檢校太尉、同中書門下平章事，且封隴西郡王爵。
〔註303〕歷任兩浙節帥之所以能如此勤於貢賦，除因兩浙堅實的經濟基礎外，希
冀上恩亦是重要的原因，而希冀上恩的原因則與政治前途悠關。雖當時國政日
壞，已無法像元和中興一樣重振大唐雄風，但兩浙藩鎮對唐廷的進奉，仍然是
延續唐帝國命脈的重要支撐。由德、憲時進奉藩帥多屬浙西而唐末進奉藩帥多
屬浙東來看，浙東地區的經濟發展已有長足的進步。

　　五代時期，本區作爲享國最久的吳越國領土，皇親國戚、百官大臣久居

〔註295〕《舊唐書》，卷一六二，〈李錡傳〉，頁 4241。
〔註296〕中央與地方的經濟關係，詳見王壽南著，《唐代藩鎮與中央關係之研究》，頁
　　　　283～299。
〔註297〕見《舊唐書》，卷一二九，〈韓滉傳〉，頁 3600～3601。
〔註298〕《新唐書》，卷一○九，〈劉漢宏傳〉，頁 5488
〔註299〕司馬光撰，胡三省注，《資治通鑑》（臺北，世界書局，1974 年 3 月 6 版），
　　　　卷二五五，僖宗中和三年（883）十二月條，頁 8301。
〔註300〕董昌原爲杭州刺史，在董昌擊敗劉漢宏後爲浙東節度使。
〔註301〕《新唐書》，卷二二五下，〈董昌傳〉，頁 6466～6467。
〔註302〕見《資治通鑑》，卷二五九，昭宗乾寧元年十二月，頁 8460。
〔註303〕見《新唐書》，卷二二五下，〈董昌傳〉，頁 6466～6467。僖宗任命董昌爲「威
　　　　勝軍節度」，錢鏐擊敗董昌後，復改爲「鎮東軍節度」，參見《新唐書》，卷二二
　　　　五下，〈董昌傳〉，頁 6466 及《新唐書》，卷六十八，〈方鎮五〉，頁 1924～1925。

杭州，生活奢侈，需要大量的消耗品，從而促成杭州造船、絲織、金銀製造、青銅器等手工業的發達和繁榮，經過五代、北宋時期的發展，南宋時期杭州從而取代蘇州而成爲半壁江山的經濟中心，甚至躍上了首都的地位。

　　總之，由於唐政府對兩浙賦稅的重視，間接提高了兩浙的政治地位，使其成爲江南政治、經濟中心區域，故對兩浙的水利設施等建設不遺餘力，不但爲兩浙地區的繁榮奠下基礎，亦促使了兩浙地區城市分佈的變化。

　　其次，戰亂因素亦是影響唐五代時期城市分佈的重要因素，如唐末揚州的衰落，除了地理環境的改變及眞州興起外，主要因素仍在於連年戰亂，使人口銳減，生產陷於停頓，揚州的經濟遂衰落下來。〔註304〕

　　而兩浙地區中的潤、蘇等州，均曾遭受不同程度的兵災，如潤州地區在劉展之亂時受到到波及，人口及經濟遭受相當大損失，故《元和郡縣圖志》所載潤州人口較天寶時大量減少。蘇州地區在唐末五代之際爲孫儒、楊行密及錢鏐等群雄競逐之要地，數次被攻陷，損害極大，故在晚唐時期一度蓬勃發展的蘇州經濟也橫遭打擊，雖其後南唐及吳越達成協議，保持安定，但五代時蘇州的經濟仍未恢復到唐末的水準。

　　由江淮地區揚州、潤州及蘇州等受到亂火波及，城市經濟受到摧殘，從而影響其在地區經濟地位的情形來觀察，唐五代時期戰亂因素是影響城市佈局的重要原因。

（三）經濟重心南移的影響

　　中國古代經濟重心南移一直是史學界所討論的重要課題，先輩學者多所論述，〔註305〕其時間大部分認爲在唐代開始，五代宋代完成，亦有將經濟重

〔註304〕唐末揚州經濟衰落的因素參見拙作，《唐代淮南道研究》（臺北，中國文化大學史學所碩士論文，1997 年 6 月），頁 191～194。

〔註305〕專書有楊遠，《西漢至北宋中國經濟文化向南發展》（臺北，商務印書館，1991年初版）及鄭學檬，《中國古代經濟重心南移和唐宋江南經濟研究》（長沙，岳麓出版社，2003 年 10 月修訂再版）二書，重要的論文則有有日本學者桑原隲藏撰，黃約瑟譯，〈歷史上所見的南北中國〉，收入劉俊文編，《日本學者研究中國史論著選譯》第一卷導論（北京，中華書局，1992 年 7 初版），頁19～68、曹爾琴，〈唐代經濟重心的南移〉（《歷史地理》，第 2 輯）、林立平，〈試論唐宋之際城市分佈重心的南遷〉（《暨南學報》1989 年第 2 期）、施和金，〈唐宋時期經濟重心南移的地理基礎〉，（《南京師範大學學報》，1991 年第 3 期）、魏明孔，〈隋唐手工業與我經濟重心的南北易位〉（《中國經濟史研究》1999 年第 2 期）及王洪軍撰，〈唐代水利管理及其前後期興修重心的轉移〉（《齊魯學刊》1999 年 4 月）等多篇文章。

心南移時程提前至六朝時期者及認爲到北宋經濟重心南移尚未完成者，〔註306〕故本議題相當具有爭議性。其中以鄭學檬先生在所著的《中國古代經濟重心南移和唐宋江南經濟研究》一書中提出的論點較有代表性。

鄭學檬先生在提出論點時，亦列舉較爲客觀的標準，他所提的標準爲一、經濟重心所在地區經濟發展的廣度和深度超過其他地區；二、經濟重心所在地區經濟發展具有持久性和穩定性，不僅在短時間內居領先地位，而是有持續佔優勢的趨勢。三、新的經濟中心取代了舊的經濟中心後，封建政府在經濟上倚賴新的經濟中心，並且在政治作爲上有所反映。〔註307〕鄭先生根據這三個標準認爲「中國古代經濟重心南移的下限，亦即其終點，應確定在宋代。具體地說，經濟重心南移至北宋後期已接近完成，至南宋則全面實現了」。〔註308〕由於重心南移問題牽涉到城市分佈的變遷，因而特別提出加以探討，日本學者桑原隲藏先生早在 1925 年所發表的〈歷史上所見的南北中國〉一文中就認爲「魏晉以前，中國文化的中樞在北方；南宋以後，中國文化的中樞移到南方。東晉以後至北宋末期約八百年間，是中國文化中樞的過渡期。」，〔註309〕所提出的雖是文化中樞（中心）的轉移問題，其實，經濟、文化常是一體的，故桑原氏也認爲「不僅文運，從戶口、物力上觀察，南北中國的消長經過亦大致相同」。〔註310〕

同時，桑原氏也提出了古代大都會從北向南移的趨勢，唐代第一大都會揚州衰落後，蘇州、杭州則起而代之，〔註311〕就說明了此現象。

〔註306〕羅宗眞撰，〈六朝時期全國經濟重心的南移〉，載《江海學刊》，1984 年第 3 期，認爲在六朝時已完成全國經濟重心的南移過程，而程民生著，《宋代地域經濟》（開封，河南大學出版社，1996 年 5 月初版 2 刷），則認爲一直到北宋，經濟重心的南移尚未完成，見該書，頁 331～332。有關經濟重心南移問題的討論，參見鄭學檬，《中國古代經濟重心南移和唐宋江南經濟研究》，頁 1～27 及魏明孔，〈隋唐手工業與我經濟重心的南北易位〉（《中國經濟史研究》1999 年第 2 期），頁 49～50。

〔註307〕鄭學檬，《中國古代經濟重心南移和唐宋江南經濟研究》（長沙，岳麓出版社，2003 年 10 月修訂再版），頁 15～21。

〔註308〕鄭學檬，《中國古代經濟重心南移和唐宋江南經濟研究》，頁 19。

〔註309〕桑原隲藏撰，黃約瑟譯，〈歷史上所見的南北中國〉，收入劉俊文編，《日本學者研究中國史論著選譯》第一卷通論（北京，中華書局，1992 年 7 初版），頁 28。

〔註310〕桑原隲藏撰，黃約瑟譯，〈歷史上所見的南北中國〉，頁 29。

〔註311〕桑原隲藏撰，黃約瑟譯，〈歷史上所見的南北中國〉，頁 30；桑原隲藏認爲蘇、杭二州在南宋方才取代揚州成爲天下的大都會，筆者則認爲，若不論北宋都城開封，蘇州可謂北宋第一大城，而杭州則是在南宋成爲第一大城。

　　如不論全國的局勢，而僅就兩浙地區而言，中心城市亦呈現由北向南轉移的趨勢，如唐初經濟中心可說是在潤州，到了中晚唐時期則蘇州起而代之，成為兩浙的經濟中心。五代時期杭州一度因政治因素，而躍居蘇州之上，但在北宋時期，蘇州因免除戰爭因素的干擾，故再度成為江淮第一大都會。杭州則在南宋時期不但為都城，更成為全國第一大都會。

　　就史實而言，唐代前後期的南北經濟的確有很大的變化，不僅在經濟上南方逐漸超北方，且在政治及社會文化等角度來看，南方亦有後來居上的趨勢，〔註312〕故有學者指出唐帝國的「南朝化」的傾向。〔註313〕

　　其實，在唐中葉時已有關於江南富庶，建請遷都的論述，如李白〈為宋中丞請都金陵表〉中所論，就相當具有代表性，將其文節錄於下：

> 今自河以北，為胡所凌，自河之南，孤城四壘。大盜蠶食，割為洪溝，宇宙嶢杌，昭然可睹。臣伏見金陵舊都，地稱天險，龍盤虎踞，關扃自然，六代皇居，五福斯在，雄圖霸跡，隱軫猶存，咽喉控帶，縈錯如繡，天下衣冠士庶，避地東吳，永嘉南遷，未盛於此。……況齒革羽之所生，梗柟豫章之所出，元龜大貝充牣其間，銀坑鐵冶，連綿相屬，鏟銅陵為金穴，煮海水為鹽山。以征則兵強，以守則國富。〔註314〕

　　從李白此文可瞭解到唐中葉時南北經濟的變化，以及南北經濟重心易位的趨勢。〔註315〕其言「況齒革羽之所生，梗柟豫章之所出，元龜大貝充牣其間，銀坑鐵冶，連綿相屬，鏟銅陵為金穴，煮海水為鹽山。以征則兵強，以守則國富」，形容江南地區物產豐富，且富有礦藏，冶金業、製鹽業均發達，一片欣欣向榮的情景，實是唐代江南經濟快速發展的最佳寫照。故在文中所反映的，正是江南富庶的情形，而非誇大之詞。從此文可知當時北方的殘破，

〔註312〕像詩人、文學家及進士等的南北比例，在安史亂後呈現逆轉的局勢，大致上是南多於北，詳見凍國棟著，《唐代人口問題研究》（武昌，武漢大學出版社，1993年2月初版），頁313～317，「唐代詩人前後期各道分布統計」、「唐代散文作家前後期各道分布統計」及「唐代進士前後期各道分布統計」等表及說明。
〔註313〕參見牟發松撰，〈略論唐代的南朝化傾向〉，《中國史研究》，1996年第2期，頁51～64。
〔註314〕李白著，王琦注，《李太白全集》（北京，中華書局，2003年10月初版8刷），卷二六，頁1212～1214。
〔註315〕參見魏明孔，〈隋唐手工業與我經濟重心的南北易位〉（《中國經濟史研究》1999年第2期），頁56。

以及南方的安定富庶，恰成明顯的對比，故有遷都建議的提出。〔註316〕

本書將從經濟及政治文化兩大方面，來探討在唐前後期南、北方地位的升降。

1、經濟方面

在經濟方面，主要從戶口的變化、糧食的產量及手工業的地理分布等方面來分析南北地位的變動。

首先從戶口的變化來看，經由於唐代在安史之亂前，黃河流域一帶仍是經濟的重心，關中地區「沃野千里」，不但生產力高，人口也密集。天寶十一載（752）戶數統計，北方五道（關內道、河南道、河東道、河北道、隴右道）共 4,866,052 戶，南方五道（淮南道、山南道、江南道、嶺南道、劍南道）戶數共 4,071,740 戶，北方比南方多出 80 萬戶左右。〔註317〕北方五道這時戶數在五萬數以上的府州有 41 個，而南方五道只有 20 個。〔註318〕到了元和時期，南方五道則有 1,493,066 戶，而同時期北方五道則只有 873,187 戶，相差達 60 餘萬戶；〔註319〕同時期北方五道戶數在五萬戶以上的府州只有 2 個，而南方則已有 10 個，〔註320〕與天寶時期相較，可以說有天壤之別。雖然元和時期的戶數主要根據元和郡縣圖志，當時有些北方州縣不申報戶口，但仍具有相當參考價值。〔註321〕

而從李吉甫，《元和國計簿》來看當時浙江東西、宣歙、淮南、江西、鄂岳、福建、湖南等八道，共有四九州，1,440,000 戶。〔註322〕而當時著籍的戶數約爲 2,440,000 戶，則江淮八道約佔其中 59%，但在天寶年間此地區僅佔全國人口 24.6%，〔註323〕足見江淮各州郡所佔人口比例的提高。

〔註316〕 德宗時浙西韓滉亦有迎駕之準備，「時滉以國家多難，恐有永嘉渡江之事，以爲備預，以迎鑾駕，亦申儆自守也」，參見《舊唐書》，卷一二九，〈韓滉傳〉，頁 3601。

〔註317〕 本書是以秦嶺、淮河做爲南、北方的分界。天寶時期各州戶數見《舊唐書》，卷三八至四一，〈地理志〉。本處並參閱翁俊雄，《唐朝鼎盛時期政區與人口》（北京，首都師大，1995 年初版），頁 38 至 49。

〔註318〕 見凍國棟，《唐代人口問題研究》，頁 156 至 157。

〔註319〕 以《元和郡縣圖志》各府州戶數相加而得，並參閱凍國棟，前引書，頁 159。

〔註320〕 見凍國棟，《唐代人口問題研究》，頁 161。

〔註321〕 《元和郡縣圖志》所載元和戶數，雖有些州不申戶口，有些雖申報戶口，而元和志缺失或遺漏，但這戶口數仍具有參考價值。

〔註322〕 見《舊唐書》，卷一四，〈憲宗紀上〉，頁 424。

〔註323〕 此處以淮南道和江南道扣除黔州觀察使管內戶數後相加，再除以總戶數而得此數據。

其次，再從糧食的產量來看，天寶八載（749）時全國各道的正、義倉儲糧量，可做爲當時江淮以南所產糧食並未佔到重要地位的證明。當時全國正倉總儲量爲 4,200 餘萬石，其中江南道爲 97 萬餘石，在全國各道中只占第五位，淮南道爲 68 萬餘石，在全國中只占第六位。在義倉方面，當時全國義倉儲量爲 6,300 餘萬石，其中江南道約 673 萬石，居全國第四位，淮南道約有 484 萬石，居第六位。〔註 324〕整體來說，江淮的倉儲量在黃河流域諸道之後。如以北方六道（關內道、河北道、河南道、河東道、河西道、隴右道）爲計算單位來計算，北方六道在正倉方面共有 41,132,371 石，約佔全國正倉儲量 96% 左右；南方四道（淮南道、江南道、山南道、劍南道）總和爲 2,034,899 石，只占全國正倉儲量 4% 左右，〔註 325〕其比例之懸殊可見一斑。〔註 326〕

而到了安史之亂後，這種情形有了巨大的轉變，由於長期動亂的破壞，使得位於黃河流域的河南、河北等原本農業核心地帶受到了極大的破壞，如《舊唐書》，卷一二三，〈劉晏傳〉所說：「函陝凋殘，東周尤甚，過宜陽、熊耳，至武牢、成皋，五百里中，編戶千餘而已。」〔註 327〕從此段記載，可見當時關中地區殘破之甚。而當時東南地區，特別是江淮地區，則因北方戶口南移，加以農業技術的改進和政治環境的安定，而使糧食生產有長足的進步。據統計自代宗至唐末諸道興辦的水利工程中，南方五道共有 71 處，而北方的河南、河北、河東等道僅有 4 處，與唐前期北方三道水利工程常占 60% 以上，江淮地區始終不超過 20% 相比，唐代初期農業發展北重於南的局面已完全改觀了。〔註 328〕

此外，稻麥複種制的普遍採用以及水稻生產移栽技術的出現，標誌著兩浙在內的江南地區農業生產空前發展。稻麥複種可大幅增加田地的使用率，最明顯的是促進了冬麥的生產。而移栽（插秧）技術除可大大提高除草和施肥的效率外，稻苗先在秧圃中培植，又可使春季缺水時能充分利用水源，並縮短大田

〔註 324〕見《通典》，卷一二，〈食貨〉一二，頁 292～293。

〔註 325〕此項數字有些微誤差，因各道總和數比正文前載總數多出百餘萬石，使計算出的比例可能存在誤差。

〔註 326〕關於河南、河北兩道正倉儲量特多的原因，除兩道當時戶口眾多，生產量大外，尚有某些年份正租全部留州，造成正倉儲糧特多的情形，因而實際上南北糧食生產量的差距應不會如此大，說見張弓，《唐朝倉廩制度初探》（北京，中華書局，1986 年初版），頁 154。

〔註 327〕見《舊唐書》，卷一二三，〈劉晏傳〉，頁 3513。

〔註 328〕見張弓，《唐朝倉廩制度初探》，頁 49～50。

的種植時間，提高稻米產量。稻麥複種制及水稻生產移栽技術的普遍採用，使兩浙在內的江南地區農業有很大發展，在農業生產方面超越了北方。

再者，從手工業的地理分布，亦可得出唐代前後期，南方與北方在產業經濟上的差距拉大。〔註329〕唐前期北方大致居領先地位，而南方諸道的手工業在中唐以後，有大幅的成長，有後來居上之勢，南方手工業中優勢較爲突出者有冶金業、製瓷業及紡織業等，從以上手工業發展的觀察，可瞭解唐代前後期手工業地理分布的變化。

唐前期冶金業主要在北方，安史之亂後，南方的冶金業逐漸受到重視，揚州的鑄錢、製銅及金銀製造等，名聞遐邇，〔註330〕兩浙地區中浙西潤州的鑄錢、金銀製造及製銅業均十分著名，如1982年在江蘇鎮江丹徒丁卯橋（唐潤州境內）就發現唐代銀器窖藏，共出土銀器950餘件，〔註331〕而從種種跡象來看，應是唐代官府手工業作坊遺址。〔註332〕另從法門寺所發現的鎏金銀器皿「浙西」銀盆是目前所知唐代最大銀器皿之一，〔註333〕另尚有陝西出土由浙江西道觀察使、鹽鐵使敬晦所進奉的「敬晦蓮花形銀盤」，該銀盤係塗金刻花式樣，並在盤底有「鹽鐵使臣敬晦進十二」字樣，〔註334〕可見浙西進奉唐廷的銀器甚多，此外，蘇州及湖州金銀製造業亦相當發達。〔註335〕表明浙西地區金銀製造業的發達。

浙東越州的製銅業及金銀製造業亦十分發達，在陝西西安北郊坑底村窖藏曾出土唐代浙東觀察使裴肅所進的葵花形銀盤，〔註336〕因浙東越州、衢州

〔註329〕參見魏明孔撰，〈隋唐手工業與我經濟重心的南北易位〉，《中國經濟史研究》，1999年第2期，頁49～58。

〔註330〕參見拙作，〈唐代揚州的盛況及其繁榮因素試析〉，《淡江史學》，第十期（1999年6月），頁281～285；286～287。

〔註331〕丹徒縣文教局等，〈江蘇丹徒丁卯橋出土唐代銀器窖藏〉，《文物》，1982年11期，頁15～24。

〔註332〕見齊東方，《唐代金銀器》（北京，中國社會科學出版社，1999年5月初版），頁286～288，發掘報告認爲是「居住址」，但齊氏認爲應爲手工業作坊遺址，並從現場遺留銀器的品質及數量，判斷應爲官府手工業作坊。

〔註333〕見齊東方，《唐代金銀器》，頁193。

〔註334〕見劉向群，〈陝西省耀縣柳林背陰村出土一批唐代金銀器〉，《文物》，1966年1期，頁98。

〔註335〕兩浙地區鑄錢、製銅、金銀製造等業詳見本書第三章「手工業的發展」相關部分。

〔註336〕見李長慶，〈西安北郊發現唐代金花銀盤〉，《文物》，1963年10期，頁60。

及處州均產銀，爲金銀製造提供豐富的原料，故金銀製造業十分發達。而昭宗時義勝（浙東）節度使董昌就「每旬發一綱金萬兩，銀五千鋌」，〔註337〕以希上恩。董昌進奉唐廷的金銀，次數如此頻繁且數量龐大，足見唐末浙東地區金銀的製造已有長足進步。

在製瓷業方面，唐代北方製瓷業以邢窯爲中心，主要生產白瓷，南方則以青瓷爲主要產品，而以越窯爲代表。〔註338〕到了中唐以後，南方的瓷窯大量增加，所生產的瓷器亦較前精美，除越窯及其同系外，較著名的瓷窯尚有淮南壽州窯，湖南岳州窯、長沙窯，江西洪州窯，兩浙均山窯、婺州窯、甌窯、德清窯及四川邛窯等，〔註339〕而以青瓷爲主要產品，間有黑瓷、白瓷及其他種類瓷器的生產。〔註340〕

如陸羽，《茶經·四之器》記載：「碗，越州上，鼎州次，婺州次，岳州次，壽州、洪州次。」，〔註341〕這些名窯大部分在南方，僅鼎州窯在北方（陝西涇陽），〔註342〕而以越窯所產者爲上品，即是對南方所生產瓷器的肯定。雖南、北製瓷業各有所長，但南方瓷窯燒造技術的精進及產品種類的多樣化，〔註343〕表明製瓷的重心已由北方向南方傾斜。

在紡織業的地理分布方面，唐前期北方河北、河南、山南等道，生產的絲織品不但種類多且品質精良，其中定州的特殊絲織品的數量更爲全國第一，〔註344〕即使在江淮地區中，特殊絲織品也是由揚州居首位，包括兩浙在

〔註337〕見《資治通鑒》，卷二五九，昭宗乾寧元年十二月，頁8460。
〔註338〕見秦浩，《隋唐考古》（南京，南京大學出版社，1992年8月初版），頁265。
〔註339〕參見秦浩，《隋唐考古》（南京，南京大學出版社，1992年8月初版），頁265～272；馮先銘著，《中國陶瓷》（上海，上海古籍出版社，1997年10月初版7刷），頁335～344及中國矽酸鹽學會主編，《中國陶瓷史》（北京，文物出版社，1997年6月初版3刷），頁141～142。
〔註340〕如江西景德鎮窯即燒造白瓷，宜興德清窯以燒造黑瓷著名，壽州窯則燒造黃釉瓷，詳見秦浩，《隋唐考古》，頁284～276。
〔註341〕陸羽，《茶經》，卷中，〈四之器·碗〉，頁714下；是書收入《叢書集成新編》（臺北，新文豐出版社，1985年1月初版），第47冊，頁713～717。
〔註342〕鼎州窯目前尚未發現遺址，見秦浩，《隋唐考古》，頁265。
〔註343〕參見馮先銘，《中國陶瓷》，頁344～347；康才媛，《唐代越窯青瓷的研究》（臺北，中國文化大學史學所博士論文，1997年6月），第四章「唐代越窯青瓷的胎釉與裝燒工藝」，頁104～123及陳瑋靜，《唐代長江中下游地區瓷器手工業之研究》（臺北，中國文化大學史研所博士論文，2001年3月），第三章「製瓷工藝」，頁99～132。
〔註344〕唐前期絲織品種類及品等參見李林甫等撰，《唐六典》（北京，中華書局，1992

內的江南道，則僅排名第五，高下十分懸殊。但在安史之亂後，局面開始反轉，江南道總排名由第五，升至第一，在州排名部分也由越、宣、潤等州取得前三名，定州落居第四，揚州第五。〔註345〕江淮地區絲織業的興盛，王永興先生認為其主因是當時的政治及經濟情勢所造成，並認為雖然北方在藩鎮的混戰下，但絲織業並未倒退，只是進步不如江南地區來的快，而唐後期中央政府所掌握的一般和特殊絲織品仍絕大部分來自江淮地區。〔註346〕

由上所述，可見南方特別是江南道部分，在絲紡織業方面有長足的進步，在安史亂後後來居上，超越了北方的紡織業水準。而兩浙地區的絲織業更是獨佔鰲頭，在江南地區中佔有重要份量，由於中唐以後兩浙地區紡織業的確有大幅的進步，不但種類、花樣推陳出新，品質也大大的提高，故顧況在〈韓公行狀〉中說：「今江南縑帛勝於譙、宋」，〔註347〕案據《唐六典·太府寺》載，宋州產絹，名列全國第一等，而其時江南地區僅有建、泉及閩三州產絹列為第八等，〔註348〕其他不列等。自至開元中貞元短短數十年中間，江南絹帛生產水準可謂突飛猛進。

2、政治、社會文化方面

在政治、社會文化方面，首先可藉由唐代進士的籍貫統計及唐代詩人、散文作家的分布，來明瞭唐代前後期北方及南方地位的升降問題。〔註349〕

首先，在唐代進士的籍貫統計方面，唐前期籍貫在北方諸道的進士約占

年1月初版），卷三，〈尚書戶部〉戶部郎中員外郎條，頁64～72、李吉甫撰，《元和郡縣圖志》（北京，中華書局，1995年1月初版2刷）及杜佑撰，王文錦等點校，《通典》（北京，中華書局，1992年再版），卷六，〈食貨典·賦稅下〉，頁112～131：並參閱嚴耕望撰，〈唐代紡織工業之地理分佈〉，收入氏著，《唐史研究叢稿》（香港，新亞研究所，1969年初版），頁645～656及王永興撰，〈試論唐代紡織業的地理分佈〉，收入《陳門問學叢稿》（江西，江西人民出版社，1993年11月初版），頁321～323。

〔註345〕《新唐書·地理志》所載為長慶貢，《元和郡縣圖志》所載為元和貢，唐後期絲織品種類及品等參見《新唐書》，卷三七~四三，〈地理一〉至〈地理七〉及李吉甫撰，《元和郡縣圖志》（北京，中華書局，1995年1月初版2刷）。並參閱王永興撰，〈試論唐代紡織業的地理分佈〉，頁331～332表一及表三。

〔註346〕王永興撰，〈試論唐代紡織業的地理分佈〉，頁334～336。

〔註347〕見顧況，〈檢校尚書左僕射同中書門下平章事上柱國晉國公贈太傅韓公行狀〉，《全唐文》，卷五三○，頁2384上。

〔註348〕李林甫等撰，《唐六典》，卷二○，〈太僕寺〉太僕卿條，頁541。

〔註349〕本書中的北方地區係指關內道、河南道、河東道、河北道、隴右道等五道；南方地區為淮南道、山南道、江南道、嶺南道、劍南道等五道。

總人數的 70%，唐前期籍貫在南方諸道的進士約佔總人數的 30%，唐後期北方諸道的進士比率下降至 52%，唐後期籍貫在南方諸道的比率上升至 48%，〔註350〕雖未超越北方，但其上升趨勢是很明顯的。

唐代詩人、散文作家籍貫的地理分布方面，首述唐代詩人籍貫的地理分布，唐前期籍貫在北方諸道的詩人共 229 人，約佔總人數的 75%弱，唐前期籍貫在南方諸道者共 78 人，約佔總人數的 25%強，唐後期北方諸道的詩人比率則下降至 48%左右，唐後期籍貫在南方諸道者比率則上升至 52%左右，〔註351〕唐後期籍貫在南方的詩人，不但在人數上超越北方，且較前期上升了 365%，成長率十分驚人。

在唐代散文作家籍貫的地理分布方面，唐前期籍貫在北方諸道的散文作家約佔總人數的 80%，唐後期北方諸道的散文作家比率下降為 71%左右，但其人數仍有增加；唐前期籍貫在南方諸道的散文作家僅佔總人數約 20%，唐後期籍貫在南方諸道者比率則上升至 27%左右，其整體比例雖未超越北方，但其成長率則超越北方。〔註352〕

其次，唐代佛教盛行，從高僧的的籍貫及駐錫地，亦可瞭解南北在宗教方面的差異性。首述高僧的的籍貫，唐前期高僧有明確籍貫者有 353 人，後期則有 202 人。唐前期籍貫在北方諸道的高僧人數，約佔高僧總數的 52%，在南方諸道者約佔高僧總數的 39%；〔註353〕唐後期則籍貫在北方諸道的比率下降至 32%，而唐後期南方諸道占高僧總數的比率，則上升至 62%強，南升北降的趨勢十分明顯，其中江南東道所出高僧人數在唐前後期均居各道之冠。〔註354〕

〔註350〕凍國棟據徐松《登科記考》統計而得，詳見凍國棟，《唐代人口問題研究》（武昌，武漢大學出版社，1993 年 2 月初版），頁 315～317，「唐代進士前後期各道分布統計」表及說明。

〔註351〕凍國棟據平岡武夫、市原亨吉編，《唐代的詩人》統計而得，見凍國棟，《唐代人口問題研究》，頁 312～315，「唐代詩人前後期各道分布統計」及「唐代散文作家前後期各道分布統計」等附表及說明。

〔註352〕凍國棟據平岡武夫、今井清編，《唐代的散文作家》一書統計而得，見凍國棟，《唐代人口問題研究》，頁 312～315，「唐代散文作家前後期各道分布統計」表及說明。

〔註353〕此處南北諸道相加仍不足 100％，據筆者推測，可能是因有 9％的高僧籍貫不明，而本書作者未說明。

〔註354〕辛德勇據《續高僧傳》、《宋高僧傳》及《大唐西域求法高僧傳》等史料，加以統計分析而成，見辛德勇〈唐高僧籍貫及駐錫地分布〉，載《唐史論叢》第四輯（西安，三秦出版社，1988 年 6 月初版），頁 287～299。本處南北諸道

　　次述唐代高僧駐錫地的分佈，唐前期在北方諸道居住的高僧約佔總數的69％，而南方在同期僅佔高僧總數的 31％；但唐後期在北方諸道所居住的高僧則僅佔總數的36％，而南方在同時期占高僧總數的比率，則大幅上升至64％，可以說是主客易位。唐前期高僧駐錫地分佈居首者爲京畿道，江南東道居次，京畿道駐錫高僧人高出江南東道 3 倍有餘，唐後期的情形則正好相反，高僧駐錫地分佈居首者爲江南東道，京畿道居次，且其人數僅及江南東道之半，〔註355〕顯見唐代前後期，南北地位的升降。

　　再者，從唐代前後期藝術家籍貫的分布，亦可瞭解南北在藝術、文化方面的消長，唐前期的藝術家籍貫分布，前五名依序爲關內道（76 人）、河南道（52 人）、河北道（39 人）、江南道（32 人）及河東道（25 人），唐後期藝術家籍貫分布，前五名則依序爲關內道（63 人）、河南道（47 人）、江南道（47 人）、河北道（45 人）及河東道（27 人）。〔註356〕唐前期北方五道共有 199人，約佔前期總人數80％，後期則降至71％左右；與此相反的，唐前期南方五道爲 51 人，只占前期總人數約 20％，唐後期則上升至 29％左右，此現象與經濟重心南移的趨勢是吻合的。〔註357〕

　　綜上所述，從唐代前後期戶口升降、糧食生產、紡織業發展、進士籍貫分布、唐代詩人和散文作家籍貫的分布、高僧的的籍貫及駐錫地分布及藝術家籍貫的分佈等經濟、政治及文化面的觀察，可以瞭解在唐中期以後，特別在安史亂後，經濟重心已明顯由黃河流域轉向東南地區，特別是長江流域的下游地區。

　　而兩浙地區的繁榮正是在經濟重心南移這一背景下促成的，並與整個東南地區的興起同步，可以說是整個東南地區經濟發展的縮影。在經濟重心南移的過程中，兩浙地區成爲南北技術轉移、產品交換、貨物集散的中心地區，這不但促進了兩浙地區自身的經濟發展，而且也對周圍地區產生了一種強而有力的吸引力，遂使兩浙地區的蘇州、杭州在中晚唐時期及五代分別成爲江南地區的經濟中心，〔註358〕而蘇州在北宋時期，進而成爲全國最大的經濟都會。

　　　　之百分比相加仍不足100％，據筆者推測，可能有 6％的高僧籍貫不明，但本
　　　　書作者並未說明原因。

〔註355〕辛德勇，〈唐高僧籍貫及駐錫地分佈〉，頁 299～305。

〔註356〕見費省撰，〈唐代藝術家籍貫的地理分布〉，載史念海主編，《唐史論叢》（第
　　　　四輯）（西安，三秦出版社，1988 年 6 月初版），頁 134～145，〈唐前、後期
　　　　藝術家名單〉。

〔註357〕費省撰，〈唐代藝術家籍貫的地理分布〉，頁 120。

〔註358〕參閱韓茂莉，〈唐宋之際揚州經濟興衰的地理背景〉，頁 109 及頁 117。

第五章　安史亂後兩浙地區與中央關係之演變

　　安史之亂後，由於北方藩鎮割據，賦稅不入，且連年征戰不息，使生產受到影響，故唐廷仰賴於江淮藩鎮的賦稅收入，包括兩浙在內的江淮藩鎮，乃被歸類爲「東南財源型」的藩鎮。〔註1〕而因包括兩浙在內的江淮藩鎮是唐廷的經濟命脈，故任命節度使或觀察使均以對朝廷的效忠程度作考量，故兩浙地區的藩帥大都是由宰臣或曾任中央官吏者充任，而歷任兩浙藩帥也大都忠於唐室，除上輸賦稅外，且進奉、助軍不遺餘力，對支持唐帝國的延續發揮了積極作用。唐末錢鏐據有兩浙的大部分地區，建立了五代時期享國最久的吳越國，兩浙地區在錢氏數十年的努力經營下，經濟更爲發達，到了北宋時期，本區所在的兩浙東、西路成爲全國的精華區，而蘇州更成爲江淮地區最大經濟都會。〔註2〕

第一節　唐廷對兩浙賦稅的仰賴與重視

　　安史之亂後，北方殘破，南方相對安定，尤以江淮地區經濟發展較爲快速，其中兩浙所轄的三吳地區挾著六朝以來的經濟基礎，在江南地區中整體經濟表現十分突出。而兩浙地區在中唐以後因經濟發展成效甚佳，而成爲唐

〔註1〕　見張國剛，〈唐代藩鎮的類型分析〉，收入氏著，《唐代藩鎮研究》（長沙，湖南教育出版社，1987年初版），頁81。
〔註2〕　見梁庚堯，〈宋元時代的蘇州〉，載氏著《宋代社會經濟史論集》（臺北，允晨文化出版事業公司，1997年4月）上冊，頁334。

廷的財賦重地，每年所上繳的兩稅及茶稅、鹽稅及商稅等不在少數，對於鞏固財政困窘的唐中央，產生積極的作用。

一、安史亂後南北經濟形勢的改變

安史之亂前，即轉輸江淮米以給京師，而其時關中沃野千里，尚稱富庶，故轉輸數量不大，有時甚至停運，或以迴納造布之法，市輕貨以進，如韋堅在廣運潭開江淮地區物產博覽會時，揚、潤、蘇、杭、洪宣等州船隻所陳列的各地特產，大都爲輕貨名產等。〔註3〕安史之亂後，北方因安史餘孽盤據河朔三鎮，貢賦不入，加以唐中央及各鎮攻伐不息，使北方的經濟凋敝。另一方面，南方則因張巡等力守睢陽，而保江淮地區不受戰火波及，故南方地區不但相對安定，且經濟仍然持續成長，故相較於北方的殘破，江淮地區的經濟力量逐漸受到重視，憲宗元和時，李吉甫上《元和國計簿》稱：

> 每歲賦入倚辦，止於浙江東西、宣歙、淮南、江西、鄂岳、福建、
> 湖南等八道，合四十九州，一百四十四萬戶，比量天寶供稅之戶，
> 則四分有一。〔註4〕

當時江淮地區中兩浙、宣歙、淮南、江西、湖南等道農業經濟已有相當發展，〔註5〕如陸贄在「授杜亞淮南節度使制」中稱淮南地區：「淮海奧區，一方都會，兼水漕陸輓之利，有澤漁山伐之饒。」；〔註6〕宣歙地區是「宣城奧壤，星分牛斗，地控荊吳，扼天下之咽喉，作關東之襟帶。」〔註7〕、且「爲天下沃饒」；〔註8〕江西、湖南地區稻米生產亦十分發達，故《新唐書・食貨志》載：

> 貞元初，關輔宿兵，米斗千錢，……（崔造）增江淮之運，浙江東、

〔註3〕《舊唐書》，卷一○五，〈韋堅傳〉，頁 3222。
〔註4〕《舊唐書》，卷十四，〈憲宗上〉，頁 424。
〔註5〕諸道農業的發展參見拙作，〈唐代浙江地區的經濟發展〉，《淡江史學》，第十二期（2001 年 12 月），頁 1～22；韓國磐，〈唐代宣歙鎮之雄富〉，《江海學刊》，1992 年第 3 期；顏亞玉撰，〈唐中後期淮南農業的發展〉，《中國社會經濟史研究》，1984 年第 4 期，頁 72～77；唐啓淮撰，〈唐五代時期湖南地區社會經濟的發展〉，《中國社會經濟史研究》，1985 年第 4 期，頁 22～34 及杜文玉撰，〈唐五代時期江西地區社會經濟的發展〉，《江西社會科學》，1989 年第 4 期，頁 103～108 等。
〔註6〕見陸贄，《陸宣公集》（杭州，浙江古籍出版社，1988 年 10 月初版），卷九，頁 76，「授杜亞淮南節度使制」。
〔註7〕《全唐文》，卷八七七，頁 4066，韓熙載，〈宣州築新城記〉。
〔註8〕《舊唐書》，卷一三六，〈劉滋傳附劉贊傳〉，頁 3753。

西歲運米七十五萬石，復以兩稅易米百萬石，江西、湖南、鄂岳、
福建、嶺南米亦百二十萬石，詔浙江東、西節度使韓滉，淮南節度
使杜亞運至東、西渭橋倉。〔註9〕

其中江西、湖南、鄂岳、福建、嶺南運米一百二十萬石，因福建、嶺南二道
多山區，平原較少，不利於農業生產，故主要應由江西、湖南、鄂岳三道所
出米來供應。可見江西、湖南產米亦多。

　　而上述八道大部分在江南，僅淮南一道在長江以北。江南地區中的兩浙、
江西及湖南等地由於農業發達，米糧不僅自足，且可大量輸往京師及行在，
故權德輿在《論江淮水災上疏》中說：「江東諸州，業在田畝，每一歲善熟，
則旁資數道」。〔註10〕江東，主要是指包括兩浙在內的江南地區，而韓愈則更
進一步指出：「當今賦出於天下，江南居十、九」，〔註11〕可見唐廷對包括兩
浙地區在內江南賦稅的仰賴。在江南地區中又以吳、越地區為中心，故呂溫
在〈韋府君神道碑〉中稱「天寶之後，中原釋耒，蠶越而衣，漕吳而食」，〔註
12〕可謂允當。

　　唐人對兩浙地區富庶情形的描述相當多，如常袞在《授李栖筠浙西觀察
使制》中稱：「震澤之北，三吳之會，有鹽井銅山，有豪門大賈，利之所聚，
奸之所生」，〔註13〕足見浙西潤、常、蘇、湖等州，物產豐富，手工業發達，
貿易亦十分興盛。杜牧在《崔公行狀》中進一步指出：「三吳者，國用半在焉」，
〔註14〕所謂三吳者，系指吳郡（蘇州）、吳興（湖州）、丹陽（潤州）等地而
言，〔註15〕表明蘇州、湖州及潤州三州之地，是唐廷的賦稅淵藪。

〔註9〕　《新唐書》，卷五三，〈食貨三〉，頁 1369～1370。

〔註10〕　見權德輿，〈論江淮水災上疏〉，董誥等編，《全唐文》（上海，上海古籍出版
　　　　　社，1993 年 11 月初版 2 刷），卷四八六，頁 2198 上。

〔註11〕　韓愈撰，馬通伯校注，《韓昌黎文集校注》（香港，中華書局，1991 年 11 月重
　　　　　印），卷四，頁 135，〈送陸歙州詩序〉。

〔註12〕　《全唐文》，卷六三〇，頁 2816 上，〈故太子少保贈尚書左僕射京兆韋府君神
　　　　　道碑〉。

〔註13〕　《全唐文》，卷三一六，頁 1418 上～1418 中，〈授李栖筠浙西觀察使制〉按此
　　　　　時浙西觀察使治蘇州，而非治潤州。

〔註14〕　杜牧撰，《樊川文集》（臺北，漢京文化出版公司，1983 年 11 月初版），卷一
　　　　　四〈唐故銀青光祿大夫檢校禮部尚書御史大夫充浙江西道都團練觀察處置等
　　　　　使上柱國清河郡開國公食邑二千戶贈吏部尚書崔公行狀〉，頁 210。

〔註15〕　李吉甫撰，《元和郡縣圖志》（北京，中華書局，1995 年 1 月初版 2 刷），卷二
　　　　　十五，〈江南道一〉，頁 600；並參見《吳郡志》，卷四八，〈考證〉，頁 627～628。

　　浙東方面，杜牧在〈李納除浙東觀察使兼御史大夫制〉中亦稱越州所在的浙東地區是「西界浙河，東奄左海，機杼耕稼，提封七州，其間鹽稅魚鹽，衣食半天下」，〔註16〕表明浙東越、明、婺、衢、處、台、溫等州，物產富饒，供應朝廷的賦稅甚多。浙東地區在唐五代時期的開發較遲，但在中晚唐時期則開發加速，從唐末劉漢宏、董昌對唐廷的大量進奉，可知其經濟發展已有相當成效。〔註17〕

　　兩浙地區各州的經濟狀況，潤州，常袞在《授李栖筠浙西觀察使制》中稱潤州所在浙西地區：「有鹽井銅山，有豪門大賈」。〔註18〕常州，梁肅在〈獨孤及行狀〉中稱：「常州為江左大郡，兵食之所資，財賦之所出，公家之所給，歲以萬計」。〔註19〕蘇州，白居易詩云蘇州「版圖十萬戶，兵籍五千人」〔註20〕、「十萬夫家供課稅，五千弟子守封疆」，〔註21〕在〈蘇州刺史謝上表〉文中又稱「江南諸州，蘇最為大，兵數不少，稅額至多」。〔註22〕杭州，杜牧為求杭州，曾有〈上宰相求杭州啟〉，其文稱「今天下以江淮為國命，杭州戶十萬，稅錢五十萬」。〔註23〕湖州亦為大郡，杜牧，〈上宰相求湖州第一啟〉稱湖州「十萬戶州，天下根本之地」，〔註24〕以上唐人對浙西諸州的評論，表明浙西地區經濟的高度發展。

　　浙東方面，白居易在〈丁公著浙東觀察使制〉稱：「朕以浙河之左，抵於海隅，全越奧區，延袤千里，宜得良帥，俾之澄清」，〔註25〕表明唐室對浙東

〔註16〕 杜牧撰，《樊川文集》（臺北，漢京文化出版公司，1983 年 11 月初版），卷一八，頁 268，〈李納除浙東觀察使兼御史大夫制〉。

〔註17〕 參見本章第二節。

〔註18〕 《全唐文》，卷三一六，頁 1418 上～1418 中，〈授李栖筠浙西觀察使制〉，按此時浙西觀察使治蘇州，而非治潤州。

〔註19〕 《全唐文》，卷五二二，頁 2348 下，〈朝散大夫使持節常州諸軍事守常州刺史賜紫金魚袋獨孤公行狀〉。

〔註20〕 白居易，《白居易集》，卷二十四，〈律詩〉，頁 531～532，〈自到郡齋僅經五日，方專公務未及宴遊，偷閒走筆，題二十四韻兼寄常州賈舍人、湖州崔郎中，仍呈吳中諸客〉詩。

〔註21〕 白居易，《白居易集》，卷二十四，〈律詩〉，頁 533，〈登閶門閑望〉。

〔註22〕 白居易，《白居易集》，卷六十八，頁 1434，〈蘇州刺史謝上表〉。

〔註23〕 見杜牧，《樊川文集》（台北，漢京文化事業公司，1983 年 11 月初版），卷十六，頁 249，〈上宰相求杭州啟〉。

〔註24〕 《樊川文集》，卷十六，頁 243，〈上宰相求湖州第一啟〉。

〔註25〕 白居易，《白居易集》，卷五〇，〈中書制誥三〉，頁 1052，〈尚書工部侍郎、集賢殿學士丁公著可檢校左散騎常侍、越州刺史、浙東觀察使制〉。

觀察使的任用甚爲重視，側面顯示浙東財賦的重要性。而在〈答薛苹《謝授浙東觀察使表》〉中，白居易更稱浙東爲「雄劇之藩」。〔註26〕衢州，元錫在〈衢州刺史謝上表〉稱「浙東諸州，衢爲大郡」，〔註27〕婺州，李華〈衢州刺史廳壁記〉云：「以婺州封畛爲廣，分置衢州，領六縣，猶爲大郡」。〔註28〕以上唐人論述顯示浙東地區的經濟發展已有相當成效。

二、唐中央對兩浙賦稅的依賴

在安史亂後，因唐政府財政仰賴東南漕運，因而保持運河的通暢及固定的漕運數量是主政者的要務，兩浙則不僅是重要的農業地區，同時也擁有江南運河中穿的優越地理位置，故爲唐中央所重視。兩浙地區戶口眾多，且農業發達，兩稅等正稅收入並不在少數。加以兩浙不僅手工業進步且商業亦十分繁榮，故鹽稅、茶稅及商稅等賦稅收入爲數相當可觀。因當時鹽稅佔全國歲入的三分之一左右，〔註29〕海鹽又佔鹽利的百分之八十五左右。〔註30〕兩浙地區海鹽年產量據筆者估算在二百一十萬石左右〔註31〕，如以大曆時海鹽

〔註26〕白居易，《白居易集》，卷五七，〈翰林制詔四〉，頁1210，〈答薛苹《謝授浙東觀察使表》〉。

〔註27〕《全唐文》，卷六九三，頁3151上。

〔註28〕《全唐文》，卷三一六，頁1417下。

〔註29〕見楊權、陳衍德，《唐代鹽政》（西安，三秦出版社，1990年12月初版），頁132，此爲大中七年的比例，但據該書作者研究，此比例應是中晚唐時，其鹽利佔政府總稅收的一個經常性的數字。此比例較大曆末年鹽利佔賦稅之半爲低，其原因有三，其一是大中時全國總歲入高於大曆時達三百餘萬石，如鹽專賣收入未增加，其比例自然下降；其二是鹽價在唐代前後期波動甚大，且鹽產量也未必完全相同，故其佔總收入比例亦有所調整；其三在劉晏改革鹽政後，鹽收入大增，爲之前鹽利的十倍左右，可說是唐代鹽收入的高峰時期，而其後則可能鹽產量有所減少，但因史料中所記載鹽監、鹽場的年產量多未明言其時間，故尚無法瞭解其鹽產量的變化。

〔註30〕見楊權、陳衍德，《唐代鹽政》，頁123。

〔註31〕《太平寰記》，卷一三，載海陵監「歲煮鹽六十萬石，而楚州鹽城、浙江嘉興、臨平兩監所出次焉。」見樂史撰，《太平寰宇記》（臺北，文海出版社，1979年初版），卷一三，頁208。按鹽城監「鹽課四十五萬石」，兩浙嘉興、臨平兩監鹽產量僅次於海陵監、楚州鹽城監，故估算嘉興、臨平兩監產量各約爲四十萬石。而《嘉泰會稽志》載蘭亭監每年配課食鹽406,074石1斗，足見兩浙鹽監生產量相當大。如嘉興、臨平二監以四十萬計，蘭亭監四十萬餘石，而永嘉監、新亭監、富都監等鹽產量各以三十萬估算，加上其他鹽場收入，當在二百一十萬石左右。張劍光氏據宋人論述加以推算，認爲兩浙六監產量均在40萬石以上，六監總計250萬石，但各監鹽產量除蘭亭監外，其他五監產

產量六百萬石〔註32〕來計算，則兩浙鹽產量至少佔總產量的 35% 以上，鹽產量既然如此大，則鹽利自必豐厚。

再者，浙西首府潤州及浙東首府越州均因其優越的地理位置及便利的交通，在唐代前期商業已有相當發展。在安史亂後，蘇州更因漕運的繁忙和手工業的發展，使國內、外貿易都有長足的進步，而成為浙西的經濟中心，唐末更成為江南地區最大經濟都會。〔註33〕而越州則以鄰近明州為瓷器、紡織品等的出口港，故明州亦成為唐五代時期重要的貿易港口。而蘇州華亭縣青龍鎮在當時雖未設市舶司，〔註34〕但仍應有相當的商稅收入。在德宗（780～805）時，淮南節度使陳少遊曾奏加該道稅錢，即每千增加二百，使商稅由每貫三十文增加至每貫二百文，〔註35〕德宗並下詔各道遵行，兩浙地區因商業發達，在商稅增加稅率後，每歲所收商稅當不在少數。

另外，在茶稅方面，兩浙地區幾乎各州均產茶，如常州、湖州、蘇州、婺州、睦州、杭州等州均產茶，其中湖州、常州、婺州、睦州等州所產茶為上品，曾列為貢品或為人所稱道。〔註36〕而湖州顧渚茶山規模尤大，據《元和郡縣圖志》記載：「貞元以後，每歲以進奉顧山紫筍茶，役工三萬人，累月方畢」；〔註37〕《南部新書》亦載：「唐制，湖州造茶最多，謂之「顧渚貢焙」。歲一萬八千四百八斤，焙在長城縣西北」。〔註38〕湖州顧渚製茶竟用到三萬工人，且每年產量達一萬八千餘斤，可見顧渚貢茶院規模之大，茶產量之多。

量史無明文，且張氏對永嘉監、新亭監、富都監等監產量估計過高，有待商榷，參見張劍光，《唐五代江南工商業布局研究》，頁 170。

〔註32〕 大曆時，海鹽鹽利為六百萬緡，以海鹽鹽價每斗一一〇文折算之，海鹽產量約為六百萬石。

〔註33〕 參見本書第四章第二節浙西城市蘇州部分。

〔註34〕 華亭縣在北宋時置市舶務，南宋又置市舶司，而真正的海港是在華亭縣的屬鎮——青龍鎮，青龍鎮位於吳淞江口附近，離海甚近，且有太湖流域為其腹地，故無論海外、內河貿易及航運均興盛，參見見黃宣佩等撰，〈從考古發現談上海成陸年代及港口發展〉，《文物》，1976 年第 11 期，頁 52 及譚其驤，《中國歷史地圖集》第六冊，宋・遼・金時期（上海，地圖出版社，1982 年 10月初版），頁 24 至 25，〈兩浙路・江南東路〉圖。

〔註35〕 見《舊唐書》，卷一二六，〈陳少遊傳〉，頁 3564 及《資治通鑑》，卷二二七，建中三年五月條，頁 7329。

〔註36〕 參見本書第三章第二節手工業製茶業部分。

〔註37〕 《元和郡縣圖志》，卷二十五，頁 606。

〔註38〕 錢易撰，黃壽成點校，《南部新書》（北京，中華書局，2002 年 6 月初版），〈戊部〉，頁 66。

而裴休在改革稅茶之法時，也特別針對各茶山出口之茶葉加半稅，〔註 39〕足見兩浙為當時產茶重要地區，也是茶稅征收的重要對象。

　　由前述可知，兩浙地區的鹽稅、商稅、茶稅收入都相當可觀，尤以鹽稅所佔全國歲入比例最高。加以兩浙地區交通便利，且臨海港口甚多，故其商稅收入自然可觀。唐中央在安史亂後的主要賦稅征收地在東南地區，而兩浙地區，除兩稅等正稅外，商稅、鹽稅、茶稅的收入都佔稅收的相當比例，故其受到中央的重視，是理所當然的。更有甚者，唐廷以運河為經濟的命脈，而兩浙地區則是此命脈的源頭，故為唐中央所重視，委以重臣強兵，以確保漕運暢通無阻，以維持唐帝國百年於不墜。從維持漕運通暢和保證賦稅征收的角度來看，兩浙地區在當時倍受唐中央的重視是毫無疑問。

第二節　兩浙藩鎮對唐中央之支持與其成效

　　前文已分析唐代中後期兩浙地區受唐中央重視的原因，主要著眼於賦稅的供給。本節將從兩浙歷任藩帥的分析、兩浙藩帥的選任及其意義和歷任兩浙藩帥對唐中央的支持與其成效等三方面，來探討兩浙藩帥與中央的關係。

一、兩浙歷任藩帥分析

　　本書將分為浙西及浙東二部分，以便對兩浙藩帥進行分析及探討其任前、任後的官職，以明瞭兩浙藩帥所受唐中央重視的程度。

　　浙江西道節度使始置於肅宗乾元元年（758），治所在蘇州。而其後屢有置廢，浙江西道節度使。浙西自設鎮至唐亡凡有 49 任次，共 47 人擔任過節度使或觀察使職務（參見表 5-1），因李德裕曾三任，故實際上共有 47 人曾任此職。而其中由曾任宰相轉任者計有 7 任次，佔總任次的 15%，比例相當高，在江淮藩鎮中僅次於淮南。而任後官至宰相者共 7 任次，亦達總任次的 15%，浙西由曾任宰相者轉任及任後官至宰相者合計達 14 任次，佔總任次達 30%，〔註 40〕突顯出浙江西藩帥之選任受到唐中央的重視。再從藩帥任期來看，由

〔註39〕見《新唐書》，卷五四，〈食貨四〉，頁 1382。

〔註40〕參見王壽南，《唐代藩鎮與中央關係之研究》（臺北，大化書局，1980 年 9 月初版），表 22「僖宗乾符六年以前江淮藩鎮任前任後情形表」。其中曾任宰相者及任後官至宰相者任次之計算方式，尚包括在此之前曾任宰相及在此之後曾任宰相者，不僅限於任兩浙藩帥前後的官職。

於賈餗、趙犨及李諴等並未至鎮，故實際任期應以 46 任來計算，則每任平均任期約爲 3 年 3 個月。其中以錢鏐在任 15 年最久，王緯在任 11 年居次，其他任期在 8 年以上者尚有李錡、周寶及韓滉等。其中，錢鏐任鎮海軍節度使幾達 15 年之久，不但爲浙西所僅見，在其他各鎮也極爲罕見；而王緯、韓滉均以勤於貢獻，忠於唐室著名，尤以韓滉在德宗朝政局多艱時，曾多次濟軍及上供賦稅，德宗嘉之，乃任其爲鹽鐵轉運使，負唐王朝的財賦重任。

再者，浙西藩帥任期在 5 年以上者達 12 任，超過總任次的四分之一，比例可謂甚高。其中任期在 8 年以上者亦有 5 任，即錢鏐、王緯、李錡、周寶及韓滉等 5 人。顯示出浙西藩帥的任期比較穩定，藩帥也較有時間從事建設性的工作，特別是王緯及韓滉等均有治績。〔註41〕

表 5-1　浙西藩帥表〔註42〕

姓　名	就任年月	卸任年月	在鎮時間	任前官職	任後官職	備　註
韋　陟	至德 1	至德 2	2 年	吳郡太守〔註43〕	御史大夫	
司空襲禮	至德 2					
韋黃裳	乾元 1.12	乾元 2	數月	昇州刺史		
顏眞卿	乾元 2.6	上元 1	數月	饒州刺史	刑部侍郎	
侯令儀	上元 1.1	上元 1.11	十一月	杭州刺史	流康州	劉展叛時棄鎮
季廣琛	上元 2.1	永泰 1	5 年	溫州刺史		
韋元甫	永泰 1.11	大曆 3.1	3 年	常州刺史		
李栖筠	大曆 3.2	大曆 6.8	4 年	常州刺史	御史大夫兼京畿觀察使	
李　涵	大曆 7.2	大曆 11.4	5 年	兵部侍郎	御史大夫兼京畿觀察使	
李道昌	大曆 11	大曆 13	3 年	浙西觀察留後		

〔註41〕王緯及韓滉事跡見本節第三小節詳論。

〔註42〕本表以王壽南，《唐代藩鎮與中央關係之研究》（臺北，大化書局，1980 年 9 月初版），頁 814～822，〈唐代藩鎮總表·浙西〉及《新唐書》、《舊唐書》等紀傳相關資料製成，並參閱郁賢皓撰，《唐刺史考全編》（合肥市，安徽大學出版社，2000 年 1 月初版），第 3 冊，卷一三七〈潤州〉及卷一三九〈蘇州〉部分。表中注明「宰相」者，乃因其職銜較長，故以註釋方法另加注明。

〔註43〕吳郡太守即爲蘇州刺史，玄宗天寶元年（742）改州爲郡，蘇州改爲吳郡，肅宗乾元元年（758），復爲蘇州。

韓　滉	大曆 14.11	貞元 3.2	8 年	晉州刺史	卒	兼領浙東
白志貞	貞元 3.2	貞元 3.7	數月	果州刺史	卒	
王　緯	貞元 3.8	貞元 14.7	11 年	給事中	卒	
李若初	貞元 14.9	貞元 15.1	5 月	浙東觀察使	卒	
李　錡	貞元 15.2	元和 2.10	9 年	常州刺史	被殺	以浙西叛
李元素	元和 2.10	元和 3	數月	御史大夫	國子祭酒	
韓　皋	元和 3.2	元和 5	2 年餘	武昌節度使	戶部尚書	
薛　苹	元和 5.8	元和 10	6 年	浙東觀察使	左散騎常侍	
李　翛	元和 11.10	元和 14.3	3 年	京兆尹	卒	
竇易直	元和 14.5	長慶 2.9	4 年	宣歙觀察使	吏部侍郎	
李德裕	長慶 2.9	大和 3.7	7 年	中丞	兵部侍郎	
丁公著	大和 3.7	大和 6.8	4 年	禮部尚書	太常卿	
王　璠	大和 6.8	大和 8	3 年	左　丞	右　丞	
李德裕	大和 8.11	大和 9.4	6 月	兵部尚書	太子賓客分司	
賈　餗	大和 9.4			京兆尹	宰相〔註44〕	未至鎮即改官
路　隨	大和 9.4	大和 9.7	4 月	同平章事	卒	
崔　鄲	大和 9.7	開成 1.11	2 年	鄂岳觀察使	卒	
李德裕	開成 1.11	開成 2.5	7 月	太子賓客分司	淮南節度使	
盧　商	開成 2.5	會昌 1	5 年	蘇州刺史	刑部侍郎	
盧簡辭	會昌 2	會昌 5	4 年	湖南觀察使	兵部侍郎	
李景讓	會昌 6.9	大中 1	2 年	左散騎常侍	左丞	
鄭　朗	大中 2	大中 5	4 年	鄂岳觀察使	宣武觀察使	
敬　晦	大中 5	大中 7	3 年	刑部侍郎	泰寧節度使	
崔　瑤	大中 7	大中 8	2 年	禮部侍郎	鄂岳觀察使	

〔註44〕賈餗改任中書侍郎、同中書門下平章事，見《舊唐書》，卷十七下，〈文宗紀〉，頁 558。

崔愼由	大中 8	大中 10	3 年	刑部侍郎	戶部侍郎	
蕭　寘	大中 10.8	大中 12	3 年	戶部侍郎	戶部尚書	
李　琢	大中 12	大中 12	數月	平盧節度使		
鄭處誨	大中 12.12	咸通 3	4 年	浙東觀察使	吏部侍郎	
盧　耽	咸通 3					
杜審權	咸通 4.5	咸通 8	5 年	宰相〔註45〕	左　僕	
楊　收〔註46〕	咸通 8.3	咸通 9.10	2 年	宰相〔註47〕	端州司馬同正	因事貶官
曹　確	咸通 11.3	乾符 1	4 年	宰相〔註48〕	河中節度使	
趙　隱	乾符 1.3	乾符 2	2 年	宰相〔註49〕	太常卿	因王郢之亂而貶官
裴　璩	乾符 3.2	乾符 5	3 年			平王郢之亂
高　駢	乾符 5.6	乾符 6.10	1 年餘	荊南節度使	淮南節度使	
周　寶	乾符 6.10	光啓 3.12	9 年	涇原節度使	卒	爲節將逐，出奔死
趙　犨	文德 1			泰寧節度使	忠武節度使	未至鎮
李　誕	景福 2 閏			耀德都頭	耀德都頭	未至鎮
錢　鏐	景福 2 閏 5	天祐 4	15 年	武勝防禦使	唐　亡	鎮海軍由潤州移治杭州

　　浙江東道節度使始置於肅宗乾元元年（758），治所在越州，不久罷爲觀察使，而其後除韓滉在兩浙時，曾賜號爲鎮海軍節度外，浙東至晚唐劉漢宏時始復建節。浙東自設鎮至唐亡凡有 50 任，共 50 人擔任過此職務（參見表5-2）。

〔註45〕杜審權在任前爲門下侍郎、兵部尚書、平章事，見《舊唐書》，卷十九上，〈懿宗紀〉，頁 655。
〔註46〕楊收，郁賢皓，《唐刺史考全編》，卷一三七，〈潤州〉部分未列。
〔註47〕楊收在任前爲門下侍郎、戶部尚書、平章事，見《舊唐書》，卷十九上，〈懿宗紀〉，頁 661。
〔註48〕曹確任前爲左僕、門下侍郎、同平章事，見《舊唐書》，卷十九上，〈懿宗紀〉，頁 675。
〔註49〕趙隱任前爲中書侍郎、刑部尚書、同平章事，見《舊唐書》，卷十九下，〈僖宗紀〉，頁 691。

而其中王搏未至鎮，〔註50〕故實際上共有49人曾任此職。而其中由曾任宰相轉任者有 3 任次，佔總任次的 6% 左右，任後官至宰相者亦有 3 任次，佔總任次的 6%，比例雖不如浙西高，但仍顯示浙東藩帥之選任仍然受到唐中央的重視。

再從藩帥的任期來看，由於王搏未至鎮，故實際平均任期應以49任計算，則每任任期平均約為 3 年左右。其中以錢鏐在任 12 年最久，皇甫政在任 11 年居次，其他任期在 7 年以上者有董昌、薛兼訓、韓滉、元稹及劉漢宏等。錢鏐則任本鎮藩帥達 12 年之久，不但為浙東所僅見，在其他各鎮也相當罕見。其中韓滉以以勤於貢獻，忠於唐室而甚受德宗嘉獎，而薛兼訓及元稹在任內亦理有善政。〔註51〕其他如劉漢宏及董昌雖其後有擅攻鄰州或不臣之行為，但在其任內前期仍然勤於貢獻。

表 5-2　浙東藩帥表〔註52〕

姓　名	就任年月	卸任年月	在鎮時間	任前官職	任後官職	備　註
李希言	至德 2	乾元 1	2 年	禮部侍郎	山南西道節度使	
獨孤峻	乾元 1	乾元 2	2 年	陳州刺史	金吾大將軍	
呂延之	乾元 2.6	上元 1	2 年	明州刺史	卒	
趙良弼	上元 1.10	上元 1	數月	廬州刺史	嶺南節度使	
杜源漸	上元 1	上元 2 春	數月	湖州刺史	戶部侍郎	
王　璵	上元 2	寶應 1	2 年	淮南節度使	太子少保	
薛兼訓	寶應 1	大曆 5.7	9 年	殿中監	河東節度使	
陳少遊	大曆 5.9	大曆 8.10	4 年	宣歙觀察使	淮南節度使	

〔註50〕當時錢鏐已據浙東。
〔註51〕薛兼訓在浙東時密令士兵娶北方織婦以歸，對浙東的紡織業發展，頗有助益，詳見本書第三章手工業紡織業部分；元稹則罷海味貢之舊習，頗得人望，其政績詳見第三章農業發展水產品部分。
〔註52〕參見王壽南，《唐代藩鎮與中央關係之研究》（臺北，大化書局，1980 年 9 月初版），頁 814～822，〈唐代藩鎮總表・浙東〉及《新唐書》、《舊唐書》紀傳等相關資料，並參閱賢皓撰，《唐刺史考全編》（合肥市，安徽大學出版社，2000 年 1 月初版），第 3 冊，卷一四二〈越州〉部分。〈唐代藩鎮總表・浙東〉中韓滉受鎮及去鎮年月疑有誤，受鎮年月應與浙西同，即大曆 14 年 11 月，而去鎮年月〈唐代藩鎮總表・浙東〉繫於建中 2 年，但韓滉卒於貞元 3 年 2 月，且其兼領兩浙至其卒為止，故應繫於貞元 3 年 2 月為是，而其在任時間亦改為 7 年，參見《資治通鑒》（臺北，世界書局，1976 年初版），卷二三○，代宗大曆十四年十一月丁丑條，頁 7272 及卷二三二，德宗貞元三年二月戊寅條，頁 7481。

皇甫溫	大曆 9.8	大曆 11	2 年	陝虢觀察使	卒	
崔　昭	大曆 11.7	大曆 14	4 年	宣歙觀察使		
韓　滉	大曆 14.11	貞元 3.2	8 年	浙西觀察使	卒	兼領浙西
皇甫政	貞元 3.2	貞 13.3	11 年	宣州刺史	太子賓客	
李若初	貞元 13.3	貞元 14.9	2 年	福建觀察使	浙西觀察使	
裴　肅	貞元 14.9	貞元 18	4 年	常州刺史		
賈　全	貞元 18.1	永貞 1.10	4 年	常州刺史	卒	
楊於陵	永貞 1.10	元和 2.2	2 年	華州刺史	戶部侍郎	
閻濟美	元和 2.4	元和 2.10	7 月	福建觀察使		
薛　萃	元和 3.1	元和 5.8	3 年	湖南觀察使	浙西觀察使	
李　遜	元和 5.8	元和 9.9	5 年	衢州刺史	京兆尹	
孟　簡	元和 9.9	元和 12.1	3 年	給事中	工部侍郎	
薛　戎	元和 12.1	長慶 1.9	5 年	常州刺史	卒	
丁公著	長慶 1.10	長慶 3	2 年	工部侍郎	河南尹	
元　稹	長慶 3.8	大和 3.9	7 年	同州刺史	左丞	
陸　亘	大和 3.9	大和 7.閏 7	4 年	蘇州刺史	宣歙觀察使	
李　紳	大和 7.7	大和 9.5	2 年	太子賓客	太子賓客分司	
高　銖	大和 9.5	開成 4.閏 1	4 年	給事中	刑部侍郎	
李道樞	開成 4.閏 1	開成 4.3	3 月	蘇州刺史	卒	
蕭　俶	開成 4.3	會昌 2 年	3 年	楚州刺史	左散騎常侍	
李師稷	會昌 2.2	會昌 4	3 年	楚州刺史		
元　晦	會昌 5.3	大中 1	2 年	桂管觀察使	入　朝	
楊漢公	大中 1	大中 2.2	1 年	桂管觀察使	（朝官）	
李　拭	大中 2.2	大中 3.10	2 年	京兆尹	河陽節度使	
李　褎	大中 3	大中 6.8	3 年	禮部侍郎	入　朝	
李　訥	大中 6.8	大中 7.9	4 年	華州刺史	朗州刺史	
沈　詢	大中 9.9	大中 12.6	3 年	禮部侍郎	戶部侍郎	
鄭處誨	大中 12.7	大中 12.12	6 月	刑部侍郎	浙西觀察使	
鄭祇德	大中 13	咸通 1.1	1 年	太子賓客	賓客〔註 53〕	
王　式	咸通 1.1	咸通 3	3 年	安南都護	武寧節度使	
鄭裔綽	咸通 3.3	咸通 4	2 年	祕書監	太子少保	
楊　嚴	咸通 5.9	咸通 8.2	3 年	（朝官）	韶州刺史	
王　諷	咸通 8.2	咸通 11	4 年	戶部侍郎		

〔註 53〕 僅言「賓客」，未知是否為「太子賓客」抑或「太子賓客分司」，故暫列為「賓客」。

李　縮	咸通 11.5	咸通 13.11	3 年	中書舍人	入　朝	
王　龜	咸通 13.11	乾符 1	2 年	同州刺史	卒	
裴延魯	乾符 1.6	乾符 3	3 年	中書舍人		
崔　璆	乾符 4.12	乾符 6	2 年	右諫議大夫		爲黃巢所執
柳　韜	乾符 6.11	廣明 1	1 年	給事中		
劉漢宏	廣明 1.11	光啓 2.12	7 年	宿州刺史	奔台州	爲董昌所敗
董　昌	光啓 3.1	乾寧 3.4	10 年	杭州刺史	卒	爲錢鏐所殺
王　搏	乾寧 3			宰相〔註54〕	宰相〔註55〕	未至鎮
錢　鏐	乾寧 3.10	天祐 4	12 年	鎮海節度使	（唐亡）	鎮海兼領

從表 5-1 及表 5-2 來看，歷任兩浙藩帥的平均任期約爲 3 年左右。其中以錢鏐在浙西 15 年最久，浙東部分亦以錢鏐在任時間最長，除錢鏐外，兩浙藩帥任期在 7 年以上（含 7 年）者尚有王緯、李錡、周寶、韓滉、李德裕、皇甫政、董昌、薛兼訓、元稹及劉漢宏等 10 人。值得注意的是除韓滉因勤於貢獻，忠於唐室而甚受德宗嘉獎外，其他如王緯及董昌、劉漢宏在任前期均有額外的進獻，而李德裕、薛兼訓及元稹等在任內亦理有善政。由於兩浙地區大部分藩帥對唐中央均秉持著忠順的態度，平日勤於政事，按時上供賦稅，國家有難時亦積極參與平亂及額外助軍及進獻。

二、兩浙藩帥的選任及其意義

在安史之亂後，因江淮地區爲唐廷經濟命脈所在，基於鞏固財源的考量，故唐中央對江淮地方大吏的選擇均十分慎重，而對於淮南、浙西、浙東這幾個攸關軍國大計的藩鎮，特別加以重視。而對其節度使的選任是以「對中央效忠心理強弱爲優先考慮條件」，〔註56〕故以中央官外調及任用文人爲優先等兩個原則來選任節度使。〔註57〕如杜牧在〈淮南監軍使院廳壁記〉中就說：

> （淮南）節度使爲軍三萬五千，居中統制二處；……故命節度使，
> 皆以道德儒學，來罷宰相，去登宰相。〔註58〕

〔註54〕因王搏任浙東藩帥時間史籍記載不一，故本處未注明月份，詳見岑仲勉，《唐史餘瀋》（台北，弘文館，1985 年 3 月初版），〈宰相王搏〉條，頁 213～216。
〔註55〕王搏改任吏部侍郎、同中書門下平章事。
〔註56〕見王壽南，〈從藩鎮之選任看安史之亂後唐中央政府對地方之控制〉，載《國立政治大學歷史學報》，第六期（1988 年 9 月），頁 7。
〔註57〕同前註。
〔註58〕見杜牧，《樊川文集》，卷一○，頁 159。

據統計，兩浙歷任節度或觀察使，曾任宰相或在任後官至宰相者共有 20 人，其中浙西曾任宰相或在任後官至宰相者共有 14 人，佔浙西全部藩帥約 30%，比率之高在江淮藩鎮中僅次於淮南；〔註 59〕兩浙藩帥任前為中央朝臣或在任後為中央朝臣者共約 72 人次，佔總人數達七成五之多，〔註 60〕足見唐廷對兩浙藩帥選任的重視。

浙西方面，在任前為宰相者，有李德裕、路隨、杜審權、楊收、曹確及趙隱等六人，而竇易直、賈餗、盧商、鄭朗、崔慎由則在任後官至宰相，〔註 61〕為使相者有韓滉、路隨、杜審權、曹確、趙隱、周寶及錢鏐等，其中名臣李德裕更三度為浙西觀察使，李德裕在任宰相後仍兩度為浙西藩帥，可見浙西地位的重要。〔註 62〕

浙東方面，曾為宰相者，有王璵、元稹及王搏等三人，而杜鴻漸、李紳等則在任後官至宰相，為使相者有韓滉、董昌及錢鏐等人。〔註 63〕

兩浙藩帥使除少數幾任外，均由中央官或曾任中央官者轉任，其中為曾任宰相及現任宰相轉任者，亦復不少。由中央官或曾任中央官轉任為藩帥者，其向心力較強，不具抗中央性，而由舊相或現任宰相出任藩帥，由於與皇帝及中央政府關係非常密切，亦多會支持中央政府的政策。因兩浙藩帥多具有上述性格，故自建節以來，直到唐末百餘年間，大致對中央政府保持恭順的態度，可由史實加以印證。

三、歷任兩浙藩帥對唐中央之支持與其成效

上文已敘及兩浙地區因經濟發達，故每年上繳兩稅、茶稅、鹽稅等賦稅甚多，而除了兩稅等正稅依時上繳外，歷任節度使或觀察使多有額外進獻，

〔註 59〕據王壽南，《唐代藩鎮與中央關係之研究》（臺北，大化書局，1980 年 9 月初版），頁 277～278，表 22「僖宗乾符六年以前江淮藩鎮任前任後情形表」統計；並參考本章第二節「兩浙歷任藩帥分析」部分詳論。

〔註 60〕據王壽南，《唐代藩鎮與中央關係之研究》，頁 814～831，〈唐代藩鎮總表·浙西〉及〈唐代藩鎮總表·浙東〉統計；並參考本章第二節「兩浙歷任藩帥分析」部分詳論。

〔註 61〕李德裕在第一次出任浙西藩帥時，還未擔任過宰相，因已列入「曾為宰相者」，故不再列出。本處統計未包括曾任宰相者。

〔註 62〕據王壽南著，《唐代藩鎮與中央關係之研究》，頁 814～831，〈唐代藩鎮總表·浙西〉統計。

〔註 63〕據王壽南著，《唐代藩鎮與中央關係之研究》，頁 814～831，〈唐代藩鎮總表·浙東〉統計，其中王搏未至鎮，故不列入計算。

兩浙藩帥在中晚唐時期，對唐廷的平亂及財政支持均有很大助益。其中以鎮海軍節度使〔註64〕韓滉對唐中央最爲支持，《舊唐書·韓滉傳》載：

> 及建中年冬，涇師之亂，德宗出幸，河、汴騷然，滉訓練士卒，鍛礪戈甲，稱爲精勁。李希既陷汴州，滉乃擇其銳卒，令裨將李長榮、王栖曜與宣武軍節劉玄佐倚角討襲，解寧陵之圍，復宋、汴之路，滉功居多。〔註65〕

由此段記載可充分瞭解韓滉對唐室的效忠，不但在經濟上支援唐廷，更訓練士卒，寧陵之役，「滉遣王栖曜率強弩數千助濮州刺史劉昌守寧陵，賊知之，解圍而遁」。〔註66〕韓滉助劉玄佐規復漕運之路，其功甚大，故德宗恩遇甚深。而在此之前，德宗興元元年（784）五月，韓滉就已遣使送綾羅四十擔詣行在，且每一擔夫「與白金一版置腰間」，又運米百艘以餉李晟，〔註67〕「時關中兵荒，米斗值錢五百，及滉米至，減五（分）之四。」〔註68〕韓滉不但進奉及助軍食，並且又出兵助官軍，對於平叛懲兇，厥功甚偉，與憲宗時淮南節度使李鄘出兵平亂助軍、進奉不遺餘力，〔註69〕同樣對於處境艱難的唐廷產生極大助力。

其後，韓滉仍持續給予唐廷有力的支持，德宗貞元二年（786）年初，因李希烈的淮西軍隊阻斷了漕運的交通線，其後汴州雖已收復，而漕運未通，以致關中乏食，當時禁軍亦因缺糧而有叛變跡象，德宗一聽到韓滉（韓滉時鎮兩浙）運米三萬斛至陝州，即告訴太子說：「米已至陝，吾父子得生矣」。〔註70〕此事充分證明當時唐廷對兩浙米糧供應的倚賴，假使這批糧食不能及時趕到，其後果可想而知。而《舊唐書·韓滉傳》對當時情形的記載頗詳：

> 而自德宗出居，及歸京師，軍用既繁，道路又阻，關中飢饉，加之

〔註64〕 鎮海軍節度使，德宗建中二年六月建節，領浙江東、西道，據《資治通鑑》，卷二三○，德宗興元元年十一月癸卯條胡注，時鎮海軍所轄除兩浙十四州外，尚領宣州，見司馬光撰，胡三省注，《資治通鑑》（臺北，世界書局，1976年初版），卷二三○，德宗興元元年十一月癸卯條，頁7447～7448。

〔註65〕 《舊唐書》，卷一二九，〈韓滉傳〉，頁3600。

〔註66〕 參見司馬光撰，胡三省注，《資治通鑑》，卷二三○，德宗興元元年二月戊申條，頁7401。

〔註67〕 參見《資治通鑑》，卷二三○，德宗興元元年五月，頁7428。

〔註68〕 《資治通鑑》，卷二三○，德宗興元元年五月，頁7429。

〔註69〕 參見拙作，《唐代淮南道研究》（臺北，中國文化大學史學所碩士論文，1997年6月），頁236。

〔註70〕 《資治通鑑》，卷二三二，德宗貞元二年四月丙寅條，頁7469。

以災蝗，江南、兩浙轉輸粟帛，府無虛月，朝廷賴焉。〔註71〕

其後，德宗嘉其忠，同年（貞元二年）十二月以韓滉兼度支諸道鹽鐵、轉運等使。且韓滉不惟盡心於王事，且以其威望，不但及時敉平了淮南大將王韶的兵變，〔註72〕又力勸宣武軍節度使劉玄佐入朝覲見，並給予以入朝所需的財物，故韓滉可謂德宗的股肱之臣。〔註73〕

而韓滉尚不是唯一兩浙藩帥出兵助朝廷討賊者，李靈曜叛於汴州時，浙西觀察使李涵亦曾遣王栖曜將兵四千爲河南掎角，〔註74〕足見兩浙藩帥對唐室的效忠程度。

而兩浙藩帥亦常爲博得皇帝歡心及舒緩唐廷財政壓力，而「競爲進奉」，據《舊唐書・食貨志》載：

> 先是興元克復京師後，府藏盡虛，諸道初有進奉，以資經費，復時有宣索。其後諸賊既平，朝廷無事，常賦之外，進奉不息。韋皋劍南有日進，李兼江西有月進，杜亞揚州、劉贊宣州、王緯李錡浙西皆競爲進奉，以固恩澤。〔註75〕

由此可見德、憲宗時浙西觀察使王緯及李錡進奉的目的在「以固恩澤」，《新唐書・李錡傳》載李錡在浙西藩帥及諸道鹽鐵轉使任內「多積奇貨，歲時奉獻，德宗昵之」，李錡所爲的確打動了德宗，故「錡因恃恩驁橫，天下榷酒漕運，錡得專之」。〔註76〕尤有甚者，裴肅爲常州刺史「乃鬻貨薪炭案牘，百賈之上，皆規利焉，歲餘又進奉，無幾，遷浙東觀察使，天下刺史進奉，自肅始也」，〔註77〕裴肅在德宗貞元十二年（796）至十四（798）年間爲常州刺史，〔註78〕正是進奉熱潮之際，《資治通鑑》，卷二三五，德宗貞元十二年（796）六月載：

〔註71〕《舊唐書》，卷一二九，〈韓滉傳〉，頁 3601。
〔註72〕《資治通鑑》，卷二三一，德宗興元元年十二月乙亥條，頁 7450。
〔註73〕《資治通鑑》，卷二三二，德宗貞元二年十一月辛丑條，頁 7474～7475。
〔註74〕《舊唐書》，卷一五二，〈王栖曜傳〉，頁 4069。
〔註75〕見《舊唐書》，卷四八，〈食貨志〉，頁 2087；時以進銀瓶互別苗頭，昔李兼進六尺銀瓶，而齊映乃進高八尺者以超之，見《舊唐書》，卷一三六，〈齊映傳〉，頁 3751。
〔註76〕《新唐書》，卷二二四上，〈李錡傳〉，頁 6382。
〔註77〕《舊唐書》，卷四八，〈食貨志〉，頁 2088。
〔註78〕見郁賢皓著，《唐刺史考全編》（合肥市，安徽大學出版社，2000 年 1 月初版），頁 2007。

> 初，上以奉天窘乏，故還宮以來尤專意聚斂，藩鎮多以進奉市恩，
> 均云「稅外方圓」，亦云「用度羨餘」。……李兼在江西有月進，韋
> 皋在西川有日進，其後常州刺史濟源裴肅以進奉遷浙東觀察使，刺
> 史進奉自肅始。〔註79〕

而各地進奉不息，甚至「日進」、「月進」，就說明了當時各藩鎮進奉的趨勢。
在陝西西安北郊坑底村窖藏，曾出土浙東觀察使裴肅所進的葵花形銀盤，〔註
80〕則是裴肅在任浙東觀察使後的進奉，而其中包括許多浙東所生產的銀
器。兩浙地區由刺史進獻及助軍者尚有苗稷及鄭式瞻，《舊唐書》，卷一三，
〈德宗紀上〉謂：「衢州刺史鄭式瞻，進絹五千匹，銀二千兩」，〔註81〕因此
次進奉有違常規，德宗「詔御史按問」，而「進物」則付左藏庫；而處州刺
史苗稷則在憲宗元和十二年（817），進助軍錢絹二萬六千疋端，麻鞋一萬量，
箭一萬隻，〔註82〕衢、處二州並非潤、蘇等大郡之匹，而其所進銀兩、錢及
絹數目卻相當大，側面顯示進獻風氣的盛行。憲宗時的李錡亦不遑多讓，據
《舊唐書‧李錡傳》載：

> 時宿師於野，饋運不集，浙西重鎮，號爲殷阜。乃以錡爲潤州刺史、
> 浙西觀察使，令設法鳩聚財貨，淮西用兵，頗賴其賦。〔註83〕

兩浙歷任藩帥韓滉、王緯、李錡、李錡及裴肅、苗稷等州刺史均竭盡所能的
進奉，以滿足唐廷的需求，除表達效忠之意外，然就其實，無疑與其政治前
途有關，而這些藩帥所進奉的大量財物，對德、憲朝唐廷對抗及掃平藩鎮產
生了積極的作用，由於德宗貞元後的進奉甚多，而戰事少，故府庫充盈，使
憲宗朝有足夠的力量來討平劉闢、王承宗等藩鎮。〔註84〕

　　中晚唐時期兩浙地區藩帥，常因對唐室助軍、進獻及進奉不遺餘力，而加
官進爵，如德宗時韓滉先爲浙江東、西道節度使，並賜號曰「鎮海」，〔註85〕

〔註79〕《資治通鑒》，卷二三五，德宗貞元十二年（796）六月辛巳條，頁7572。
〔註80〕見李長慶，〈西安北郊發現唐代金花銀盤〉，《文物》，1963年10期，頁60。
〔註81〕《舊唐書》，卷一三，〈德宗紀下〉，頁394。
〔註82〕王欽若、楊億等編，《冊府元龜》（北京，中華書局，1988年8月3版），卷一
　　　　六八，〈帝王部‧卻貢獻〉，頁2027上。
〔註83〕《舊唐書》，卷一六二，〈李錡傳〉，頁4241。
〔註84〕中央與地方的經濟關係，詳見王壽南著，《唐代藩鎮與中央關係之研究》，頁
　　　　283～299。
〔註85〕見《舊唐書》，卷一二九，〈韓滉傳〉，頁3600～3601，並參見司馬光撰，胡三
　　　　省注，《資治通鑒》（臺北，世界書局，1974年3月6版），卷二一七，德宗建

其後（貞元二年），德宗嘉其功，復兼領度支諸道鹽鐵、轉運等使，掌握財政大權。常州刺史裴肅亦因進奉而遷浙東觀察使。唐末浙東藩帥劉漢宏及董昌等在任前期仍勤於王事，其中，浙東觀察使劉漢宏在「僖宗在蜀，貢賦踵驛而西」，〔註86〕僖宗嘉之，寵其軍爲義勝軍，即授節度使。〔註87〕繼劉漢宏爲觀察使的董昌〔註88〕亦希冀上恩，在天下貢賦不入的情形下「賦外獻常參倍，旬一遣，以五百人爲率，人給一刀，後期則誅，朝廷賴其入。」，〔註89〕而每旬所發「一綱金萬兩，銀五千鋌，越綾萬五千匹」，〔註90〕因朝廷依賴董昌的進獻，故董昌累拜檢校太尉、同中書門下平章事，且封隴西郡王爵。〔註91〕

揆諸史實，浙東經濟在中唐後有長足的發展，如元稹〈唐故越州刺史河東薛公神道碑文銘〉就記載浙東觀察使薛戎在浙東理財有方，「公既歿，浙東使上公所羨之財貫繒積帛之數，凡三十有九萬，則其去他郡也可知矣」，〔註92〕三十九萬貫的羨餘雖與薛戎的善於理財有關，側面顯示浙東的經濟已有良好的基礎，才能有如此多的羨餘。〔註93〕並且因有浙東堅實的經濟基礎爲後盾，故唐末劉漢宏、董昌等藩帥才能一而再，再而三的進奉唐廷，以固其寵。

此外，唐廷爲滿足其需要，在常賦、進奉外，又巧立名目，名曰「宣索」，〔註94〕兩浙地區的浙西，就曾多次被宣索銀盆子妝具、銀妝奩等金銀器物，李德裕爲此曾多次上疏，其文曰：

中二年（781）六月庚寅條，頁7301。

〔註86〕《新唐書》，卷一〇九，〈劉漢宏傳〉，頁5488。

〔註87〕《資治通鑑》（臺北，世界書局，1974年3月6版），卷二五五，僖宗中和三年（883）十二月條，頁8301。

〔註88〕董昌原爲杭州刺史，在董昌擊敗劉漢宏後爲浙東節度使。

〔註89〕《新唐書》，卷二二五下，〈董昌傳〉，頁6466～6467。

〔註90〕見《資治通鑑》，卷二五九，昭宗乾寧元年十二月，頁8460。

〔註91〕見《新唐書》，卷二二五下，〈董昌傳〉，頁6466～6467。僖宗任命董昌爲「威勝軍節度」，錢鏐擊敗董昌後，復改爲「鎮東軍節度」，參見《新唐書》，卷二二五下，〈董昌傳〉，頁6466及《新唐書》，卷六十八，〈方鎮五〉，頁1924～1925。

〔註92〕元稹撰，《元稹集》（臺北，漢京文化出版公司，1983年10月初版），卷五三，〈唐故越州刺史兼御史中丞浙江東道觀察等使贈左散騎常侍河東薛公神道碑文銘〉，頁573。

〔註93〕《舊唐書》，卷一七四，〈李德裕傳〉，頁4521載「揚州府藏錢帛八十萬貫匹」，時在牛僧孺去任後，故應爲其在任時的羨餘，又頁4512載浙西每年「唯有留使錢五十萬貫」可用，可見浙東羨餘39萬貫，數量並不少。

〔註94〕參看李錦繡著，《唐代財政史稿》（北京，北京大學出版社，1995年7月初版），卷下，第二冊，頁1056～1062。

去年（長慶三年）二月中奉宣令進盒子，計用銀九千四百餘兩，其
時貯備，都無二三百兩，乃諸頭收市，方獲製造上供。昨又奉宣旨，
令進妝具二十件。計銀一萬三千兩，金一百三十兩。……今差人於
淮南收買，旋到旋造，星夜不輟，雖力營求，深憂不迨。〔註95〕

浙西除在前年（穆宗長慶三年，823）已進件數不詳的宣索盒子外，另據《舊
唐書・敬宗紀》記載，當年（長慶四年）七月浙西已進朝廷宣索銀妝奩二具，
九月浙西又進宣索銀粧奩二具，〔註96〕由此可看出雖李德裕上書勸諫罷進
奉，但唐廷對金銀製品需求甚殷，故仍然不時宣索。

其後，長慶四年（824）九月又詔浙西織造可幅盤條繚綾一千匹，李德裕
論曰：

況天玄鵝天馬，掬豹盤條，文彩珍奇，只合聖躬自服，今所織千匹，
費用至多，在臣愚誠，亦所未諭。〔註97〕

從李德裕的論述來看，可幅盤條繚綾除織法複雜外，費用亦十分高昂。待李
德裕上表論諫後，唐廷此次宣索方作罷。〔註98〕綜上所述，浙西因經濟發達，
因此與宣、揚、益等大郡並列為重點宣索對象，《舊唐書・韋處厚傳》云：「（韋
處厚）常奉急命於宣州徵鷹鷲及楊、益、兩浙索奇文綾綿，皆抗疏不奉命，
且引前時敕書為證，帝皆可其奏。」，〔註99〕表明敬宗時朝廷宣索之頻繁。

歷任兩浙藩帥之所以能如此勤於上貢、助軍及進奉，除因兩浙堅實的經
濟基礎外，希冀上恩亦是重要的原因。雖當時國政日壞，已無法像元和中興
一樣重振大唐雄風，但兩浙藩鎮對唐廷在財力上的支援，仍然是延續唐帝國
命脈的重要支撐。

表5-3 中晚唐時期兩浙地區進奉、助軍及宣索一覽表

時　間	進奉者	內　容	資料出處
德宗興元元年（784）	鎮海軍節度使韓滉	遣使送綾羅四十擔詣行在，每一擔夫「與白金一版置腰間」，又運米百艘以餉李晟	《資治通鑑》，卷二三〇，德宗興元元年五月條

〔註95〕見《舊唐書》，卷一七四，〈李德裕傳〉，頁4512。
〔註96〕《舊唐書》，卷一七上，〈敬宗紀〉，頁511～512。
〔註97〕見《舊唐書》，卷一七四，〈李德裕傳〉，頁4513。
〔註98〕見《舊唐書》，卷一七上，〈敬宗紀〉，頁512。
〔註99〕見《舊唐書》，卷一五九，〈韋處厚傳〉，頁4185。

德宗時 （779～805） 〔註100〕	常州刺史裴肅	乃鬻貨薪炭案牘，百賈之上，皆規利焉，歲餘又進奉。	《舊唐書》，卷四八，〈食貨志〉
德宗時 （779～805）	浙西藩帥、諸道鹽鐵轉使李錡	多積奇貨，歲時奉獻，德宗昵之	《新唐書》，卷二二四上，〈李錡傳〉
德宗貞元十七年（801）	衢州刺史鄭式瞻	進絹五千匹，銀二千兩	《舊唐書》，卷一三，〈德宗紀下〉
憲宗元和十一年（816）至十二年（817）	浙西觀察使李翛	令設法鳩聚財貨，淮西用兵，頗賴其賦	《舊唐書》，卷一六二，〈李翛傳〉
憲宗元和十二年（817）	處州刺史苗稷	進助軍錢絹二萬六千疋端，麻鞋一萬量，箭一萬隻	《冊府元龜》，卷一六八，〈帝王部・卻貢獻〉
穆宗長慶三年（823）二月	浙西觀察使李德裕	浙西進件數不詳的宣索盉子，計用銀九千四百餘兩	《舊唐書》，卷一七四，〈李德裕傳〉
敬宗長慶四年（824）七月	浙西觀察使李德裕	奉宣旨，令進妝具二十件，計銀一萬三千兩，金一百三十兩。	《舊唐書》，卷一七四，〈李德裕傳〉
敬宗長慶四年（824）九月	浙西觀察使李德裕	浙西又進宣索銀粧奩二具	《舊唐書》，卷一七上，〈敬宗紀〉
敬宗長慶四年（824）九月	浙西觀察使李德裕	又詔浙西織造可幅盤條繚綾一千匹	《舊唐書》，卷一七四，〈李德裕傳〉
僖宗時 （874～888）	浙東觀察使劉漢宏	貢賦踵驛而西	《新唐書》，卷一〇九，〈劉漢宏傳〉
昭宗乾寧元年（894）	浙東觀察使董昌	每旬所發「一綱金萬兩，銀五千鋌，越綾萬五千匹」	《資治通鑑》，卷二五九，昭宗乾寧元年十二月條

第三節　唐末兩浙藩鎮對唐廷態度之轉變及其影響

前文已述及兩浙藩帥大多恪忠謹守，對唐室支持不遺餘力。在兩浙數十位藩帥中只有李錡、董昌等少數藩帥為亂，且為時均不長。其原因在於兩浙為賦稅重地，故即使在財政窘困時，也必須討平叛亂，《新唐書・王播附王式傳》載：

> 寧國劇賊仇甫亂，明越觀察使鄭祗德不能討，宰相選式往代，詔

〔註100〕裴肅在德宗貞元十四年九月為浙東觀察使，其「乃鬻貨薪炭案牘，百賈之上，皆規利焉」之情事，應在此之前，但未能確定是何時。

　　可，……式奏：「盜若猖狂，天誅不亟決，東南征賦闕矣，寧得以億
萬之計乎，兵多則功速費寡，二者孰利？」，帝顧左右曰：「宜與兵」。
〔註101〕

由此段記載可見，在浙東地區發生仇（裘）甫叛變事件時，朝廷即使在經費
有限下，仍然必須出兵平亂，其原因就於要保其「東南征賦」。故浙西觀察使
李錡叛變，不到二個月就被部下綁送京師處斬，〔註102〕而浙東威勝軍節度使
董昌在稱帝後，遭到昔日部將鎮海節度使錢鏐的質疑，其後錢鏐遣大將顧全
武率軍猛攻越州，董昌不敵，不久後亦為其所擒。〔註103〕可見朝廷對於兩浙
地區的藩帥，不但慎選且一旦發生問題，均火速處理，使其不致擴大。故兩
浙藩帥大多奉公守法，忠於唐室，貢賦不絕。

　　浙西李錡本宗室，態度忠謹，且頗受德宗重視，《新唐書‧李錡傳》載李
錡在浙西藩帥及諸道鹽鐵轉使任內「多積奇貨，歲時奉獻，德宗昵之」，李
錡所為的確打動了德宗，故「錡因恃恩驁橫，天下榷酒漕運，錡得專之」，〔註
104〕李錡可能因志得意滿，恃寵而驕，且其後雖得鎮海軍號，但卻失利權（鹽
鐵轉運使），加上憲宗欲其歸朝，故殺留後反，並分兵謀據浙西數州，但後來
因其甥及大將謀去李錡歸朝，為部下所擒，不旋踵而亡。〔註105〕

　　浙東董昌原為石鏡鎮將，〔註106〕其後趁亂入據杭州，其後，浙東義勝軍
節度使劉漢宏數攻其境，昌軍皆敗之，董昌以錢鏐率軍攻越州，數戰皆勝，
取得越州後，董昌自為浙東節度使。〔註107〕時浙西後樓兵劉浩作亂，逐藩帥
周寶，推薛朗為帥，錢鏐出兵平亂，逐劉浩並執薛朗，剖其心以祭周寶，昭
宗即以錢鏐為杭州防禦使。

　　董昌初任浙東節度時，勤於對唐廷的貢獻，其「賦外獻常參倍，旬一遣，
以五百人為率，人給一刀，後期則誅，朝廷賴其入。」，〔註108〕而每旬所發「一
綱金萬兩，銀五千鋌，越綾萬五千匹」，〔註109〕朝廷因董昌的進獻，故為之加

〔註101〕《新唐書》，卷一六七，〈王播附王式傳傳〉，頁5120。
〔註102〕《新唐書》，卷二二四上，〈李錡傳〉，頁6382～6383。
〔註103〕見《新唐書》，卷二二五下，〈董昌傳〉，頁6468～6469。
〔註104〕《新唐書》，卷二二四上，〈李錡傳〉，頁6382。
〔註105〕《新唐書》，卷二二四上，〈李錡傳〉，頁6382～6383。
〔註106〕《新唐書》，卷二二五下，〈董昌傳〉，頁6466。
〔註107〕《新唐書》，卷二二五下，〈董昌傳〉，頁6468～6469。
〔註108〕《新唐書》，卷二二五下，〈董昌傳〉，頁6466～6467。
〔註109〕見《資治通鑑》，卷二五九，昭宗乾寧元年十二月，頁8460。

號「威勝軍」，董昌並累拜檢校太尉、同中書門下平章事，且封隴西郡王爵，可謂位極人臣。〔註110〕

　　威勝軍節度使董昌之所以前後判若兩人，相當大原因在於在其志大意滿，虐下爲樂，其下屬爲免受苦，乃勸其稱帝。〔註111〕《新唐書‧董昌傳》載：

> 而小人意足，寖自侈大，託神以詭眾。始立生祠，刳香木爲軀，内金玉紈素爲肺府，冕而座，妻媵侍別帳，百倡吹鼓於前，屬兵列護門阤。……昌得郡王，叱曰：「朝廷負我，吾奉金帛不貲，何惜越王不吾與？吾當自取之！」下厭其虐，乃勸爲帝。〔註112〕

董昌又廣求祥瑞，獻之者皆重賞，沈迷於讖緯之學，於乾寧二年稱帝，國號「大越羅平」，建元「天冊」，自稱「聖人」。〔註113〕錢鏐原爲董昌舊部，景福二年爲鎮海軍節度使，後見其稱帝，乃出兵攻之，起初有規勸之意，董昌亦受其勸告，並送勸進者數人於錢鏐，且待罪。其後，可能因錢鏐想一統兩浙，〔註114〕故向朝廷請命討伐董昌，遣其將顧全武攻浙東，連戰皆捷，遂進圍越州，殺董昌，錢氏自此遂取得兩浙地區，〔註115〕昭宗以錢鏐爲鎮海軍、鎮東軍節度使。

　　唐末江淮地區藩帥，對朝廷先恭後踞者不勝枚舉，像李錡、董昌的例子並非特例，如淮南節度使高駢也是前期恭順，進獻不絕，後期則踞傲無禮，貢賦不入，甚或反叛，後爲其部將畢師鐸、楊行密相攻下敗亡，而兩浙的李錡及董昌同樣在任前期十分恭順，對唐廷貢獻不絕，其後反相漸露，均爲其下屬所攻而敗亡，可謂有相同下場。〔註116〕

〔註110〕見《新唐書》，卷二二五下，〈董昌傳〉，頁 6466～6467。僖宗任命董昌爲「威勝軍節度」，錢鏐擊敗董昌後，復改爲「鎮東軍節度」，參見《新唐書》，卷二二五下，〈董昌傳〉，頁 6466 及《新唐書》，卷六十八，〈方鎮五〉，頁 1924～1925。

〔註111〕《新唐書》，卷二二五下，〈董昌傳〉，頁 6467。

〔註112〕《新唐書》，卷二二五下，〈董昌傳〉，頁 6467。

〔註113〕《新唐書》，卷二二五下，〈董昌傳〉，頁 6467，而《新五代史》，卷六七，〈吳越世家〉，頁 838 記其國號爲「羅平」，改元「順天」。

〔註114〕《新唐書》，卷二二五下，〈董昌傳〉，頁 6468；唯《新五代史》，卷六七，〈吳越世家〉，頁 838，記載是朝廷要錢鏐進討董昌在先，錢鏐出兵在後，與此不同。

〔註115〕此時潤、常二州爲楊吳領土，故實際取得之領土爲唐世兩浙十一州之地。

〔註116〕淮南高駢的事蹟詳見見黃清連，〈高駢縱巢渡淮——唐代藩鎮對黃巢叛亂的態度研究之一〉，載《大陸雜誌》，第八〇卷第一期（1990 年 1 月）、孫永如，〈高駢史事考辨〉，載史念海主編，《唐史論叢》第五輯（西安，三秦出版社，1990 年初版）及拙作，《唐代淮南道研究》（台北，中國文化大學史學所碩士論文，1997 年 6 月），第五章第二節「陳少遊、高駢對中央態度之改變」部分，頁 239～245。

江淮地區在安史亂後百餘年間，向爲唐帝國的賦稅重地，其中兩浙及淮南二地區對唐廷的財政貢獻尤大，在唐末以前，二鎮歷任節度或觀察使亦多奉公謹守，不但進奉不遺餘力，甚至出兵平叛，屢建功勳。〔註 117〕及至唐末浙東董昌、淮南高駢等藩帥，對唐廷的態度由忠順轉爲中立或反叛，江淮地區也因此賦稅不入，使唐王朝在無兵無餉的情形下，終至衰亡，故以兩浙、淮南爲代表的江淮藩鎮，在唐末對朝廷態度的轉變，是促使唐帝國衰亡的重要原因之一。

第四節　吳越立國的經濟基礎及其建設

吳越國是由錢鏐所建立，在唐末五代時期，據 13 州之地，享國達 82 年，爲十國中最長者。錢鏐在昭宗乾寧三年（896）時即領有兩浙地區，後唐莊宗同光二年（924）十月，受封爲吳越國王，直宋太宗太平興國三年（978）始納土歸國。錢鏐自從與徐溫休兵後，兩浙地區承平 20 餘年，在戰火綿延的五代時期中，無異是經濟發展的絕佳環境。而吳越國的疆域雖包括兩浙地區，但較之唐代兩浙 13 州仍少潤、常二州，僅餘 11 州，〔註 118〕而自蘇州析置秀州及其後取得閩國福州，故仍爲 13 州，外加衣錦軍，共 13 州 1 軍。〔註 119〕

唐末兩浙中的蘇、杭、睦、婺、衢等州均歷經戰火摧殘，其中蘇、婺二州且經楊行密及錢鏐軍數度爭奪，其破壞極大。前章已述及戰亂對城市經濟的打擊常是致命性的，唐代最大經濟都會揚州即主要因戰亂因素而衰微。故錢氏有國之初，即面臨民生凋敝，百廢待舉之情勢，其要務是恢復農業生產，且實行「保境安民」政策，〔註 120〕經數十年生養，大致恢復唐末之舊，部分地區的經濟發展甚至超過唐末。特別在首都杭州及浙東諸州，此時唐末兩浙經濟中心蘇州因位居前線，對經濟發展反而相當不利，故其經濟落後於杭州。

吳越對悠關農業發展的水利建設著力甚深，共有築捍海塘、常設太湖及

〔註 117〕如淮南李廓、鎮海軍節度使韓滉及浙西觀察使李涵等。
〔註 118〕五代時期，兩浙除潤、常二州爲吳、南唐領土外，兩浙其他州縣均爲吳越領土，本節主要探討的對象爲吳越國所轄地區。
〔註 119〕見王溥撰，《五代會要》（臺北，世界書局，1979 年 2 月 4 版），卷二〇，〈州縣分道改置〉及《新五代史》卷六七，〈吳越世家〉，頁 842。
〔註 120〕也有學者提出不同意見，認爲錢氏的「保境安民」國策並未徹底執行，參見李志庭撰，〈也談錢鏐"保境安民"國策〉，《中國史研究》，1997 年第 3 期，頁 92～98。

西湖撩淺軍及整治越州鏡湖、鄞縣東錢湖等水利工程共約 15 項，[註 121] 其中整治鄞縣東錢湖工程及開鑿連江東湖溉田工程較大，連江東湖工程溉田可達萬頃以上。水利建設的大量興修，使吳越國的農業有很大的進展。

表 5-4　吳越國農田水利工程表[註 122]

名　　稱	規　　模	作　　用	備　註
錢氏捍海塘	自六和塔至艮山門	防止海潮浸淹	
整治太湖水系	常設撩淺軍築堤閘、浚河渠	防澇防旱擴大耕地面積	
撩淺西湖	常設撩淺軍	灌田、飲水	
開鑿水井	數百口	民生用水	
整治鄞縣東錢湖	疊石為塘八十里	可灌田萬畝	
鏡湖工程	築堤開塘	灌田、飲水	
築堰治水	余杭武義長樂等 縣築堤堰	防澇防旱	
開鑿連江東湖	周回二十里	可灌田萬餘頃	
疏浚涌金池	浚深和連接運河	積蓄湖水供民飲	
龍山浙江閘		阻遏海水倒灌	
楊家堰、長川	臨平、海鹽兩處	控制潮水內灌	
遏潮閘	嘉興、松江沿海而東	防潮浸入	
制水閘	太倉、常熟、江陰、武進設堰閘	控制水勢	
保安橋和半道紅堰		積蓄湖水	
疏浚嘉興南湖	周回三十里	灌溉	

　　此外，吳越國也著力於屯田，而以浙西為主要屯田地區，沈夏、馬綽、杜

〔註 121〕參見周峰主編，《吳越首府杭州》（杭州，浙江人民出版社，1997 年 6 月初版），頁 57。

〔註 122〕本表參見薛居正等撰，邵晉涵輯，《舊五代史》（臺北，鼎文書局，1992 年 4 月 7 版），卷一三三，〈世襲列傳〉，頁 1766～1776；歐陽修撰，徐無黨注，《新五代史》（臺北，鼎文書局，1994 年 6 月 6 版），卷六七，〈吳越世家〉，頁 835 ～844；吳任臣撰，《十國春秋》，收入新校本《新五代史附十國春秋》（臺北，鼎文書局，1990 年 11 月 5 版），卷七七～八二，〈吳越一〉至〈吳越六〉，頁 486～547 及袁宣萍，〈善誘黎元八蠶桑柘──吳越國杭州絲綢〉，載周峰主編，《吳越首府杭州》（杭州，浙江人民出版社，1997 年 6 月初版），頁 57。

建徽及沈崧等即曾任營田副使，﹝註123﹞營田使例由藩帥兼任，在中唐以後已成慣例，而吳越國主既奉中原正朔，則自然兼任營田使。自錢鏐而後，錢元瓘及錢弘佐等繼任者亦兼任營田使，足見屯田制度仍然存在，﹝註124﹞錢俶時「又置營田卒數千人，以淞江辟土而耕」﹝註125﹞其下注文曰：「一云吳越時開墾田土，修理水利，米一石不過錢數十文，按宋高宗時知楊州晁公武言『吳越墾荒田而不加稅，故無曠土』」，﹝註126﹞表明吳越國鼓勵開墾荒田政策的成功。

在手工業部分，吳越國的造船業承繼了唐代兩浙地區的雄厚基礎，在唐代基礎上又有所發揮。吳越國進貢中原政權，由於吳及南唐的阻隔，過去均經由陸路北上，自吳將劉信克虔州後，吳越的朝貢團乃改由海道入貢，但因海象難測，常有溺斃。﹝註127﹞錢俶歸朝後，其親戚家人及管內官吏所乘入宋京之船隻，多達 1,044 艘，﹝註128﹞可見其造船業的發達。而據《十國春秋‧吳越六》記載，吳越國所進貢的金銀裝飾龍鳳船航多達 200 艘，﹝註129﹞吳越國能製造如此大量且華麗的龍舟，側面顯示吳越國造船業技術的進步。

吳越國的紡織業亦有相當發展，雖因史料缺乏，未能逐條引證，但從其能製作高難度的異文吳綾及羅等絲織品，並能以新的編織技術來製造「金條紗」等新產品，足見其絲織業的技術亦較唐代有長足進步。如從產量來說，以《冊府元龜‧帝王部‧納貢獻》所載，僅五代時期吳越國歷年所獻的紡織品，就達綾、絹 259,000 疋，﹝註130﹞綿 340,000 兩，絲 10,000 兩，異文吳綾 9,000 疋，金條紗 3,500 疋及錦綺綾羅 1,200 疋，﹝註131﹞如再加上入宋後的進獻，更爲驚人。﹝註132﹞如此大的生產量，除從賦稅中徵發外，大型的手工業作坊應是不可少的，足見其規模甚大。

吳越國的製瓷業因秘色瓷而聲名大噪，據《冊府元龜‧帝王部‧納貢獻》

﹝註123﹞ 參見《十國春秋》，卷七七～七九，〈吳越一〉～〈吳越三〉，並參見鄭學檬，《五代十國史研究》（上海，上海人民出版社，1991 年 4 月初版），頁 123。
﹝註124﹞ 詳見鄭學檬，《五代十國史研究》，頁 123。
﹝註125﹞ 《十國春秋》，卷八二，〈吳越五〉，頁 532。
﹝註126﹞ 《十國春秋》，卷八二，〈吳越五〉，頁 532。
﹝註127﹞ 見《新五代史》，卷六七，〈吳越世家〉，頁 843。
﹝註128﹞ 《十國春秋》，卷八二，〈吳越六〉，頁 543。
﹝註129﹞ 《十國春秋》，卷八二，〈吳越六〉，頁 547。
﹝註130﹞ 綾、絹爲不同精美度之絲織品，但因史籍中常混合計算，故將二者合併列出。
﹝註131﹞ 其中含錦綺 500 疋、錦綺綾羅 500 疋及羅 200 疋，因原文未分類，故合併列出。
﹝註132﹞ 參見表 5～5「吳越國進貢表」

統計，吳越進貢的秘色瓷器有標明數量者有 200 餘件，其他尚有件數不明的金銀裝飾瓷器（見表5-5「吳越國進貢表」）。然據《十國春秋・吳越六》卷末論曰，稱吳越所輸貢的金銀裝飾陶（瓷）器達十四萬餘件，〔註133〕雖未知其何所本，亦表明吳越國製瓷業的發達。

製茶業在吳越國時期亦蓬勃發展，《冊府元龜・帝王部・納貢獻》記載，吳越國所貢獻的大茶、腦源茶等合計達 299,600 斤（見表5-5「吳越國進貢表」），其中腦源茶為新品種，而據《南部新書》的記載：「唐制，湖州造茶最多，謂之『顧渚貢焙』。歲一萬八千四百八斤，焙在長城縣西北」，〔註134〕以生產量最大的湖州顧渚，每年產量也不過一萬八千斤，而吳越國的疆域尚不包括產多種名茶的常州，30 萬斤的茶葉，約等於顧渚16年產量，可見其數量之大。而兩浙地區雖為產茶區，但無論採茶、揉茶及製茶均需大量人力，如此巨量的茶葉生產，所耗費的人力十分驚人，〔註135〕可能將影響糧食作物的生產，故曰吳越末年民窮財困，是十分可能發生的現象。

商業部分，《舊五代史》，卷一三三，〈世襲列傳・吳越〉記載吳越國「航海所入，歲貢百萬，王人一至，所遺至廣，故朝廷寵之，為群藩之冠。」〔註136〕從其對外貿易收入每年達百萬，可知吳越國在商業貿易十分興盛。又《舊五代史》，卷一三三，〈世襲列傳・吳越〉載僧人契盈「廣順初，遊戲錢塘，一旦，陪吳越王遊碧浪亭，時潮水初滿，舟楫輻輳，望之不見其首尾」，〔註137〕從「舟楫輻輳，望之不見其首尾」語，亦可知來往杭州的商船、運輸船極多，顯示杭州商業貿易的繁盛。而《新五代史・吳越世家》載吳越「又多掠得嶺南商賈寶貨」，〔註138〕側面顯示吳越國的商業相當繁榮，否則不會吸引如此多的「嶺南商賈」來其地進行商品交換及貿易。

五代時錢氏對都城杭州亦有相當建設，錢鏐因杭州工商業發達，人口增加，故擴大城垣以納之，故羅隱，〈杭州羅城記〉載：「東眄巨浸，輳閩粵之舟櫓，北倚郭邑，通之寶貨」，〔註139〕即是明證，杭州城在錢鏐擴建後周長達

〔註133〕《十國春秋》，卷八二，〈吳越六〉，頁547。
〔註134〕錢易撰，黃壽成點校，《南部新書》（北京，中華書局，2002年6月初版），戊部，頁66。
〔註135〕參見《全唐詩》，卷三一四，袁高，〈茶山詩〉，頁782上。
〔註136〕《舊五代史》，卷一三三，〈世襲列傳〉，頁1774。
〔註137〕《舊五代史》，卷一三三，〈世襲列傳〉，頁1775引《五代史補》。
〔註138〕《新五代史》，卷六七，〈吳越世家〉，頁843。
〔註139〕羅隱撰，潘慧惠校注，《羅隱集校注》（杭州，浙江古籍出版社，1995年6月

70 里，爲當時兩浙地區城市規模最大者。〔註 140〕《舊五代史・世襲列傳》亦稱杭州城「邑屋之繁會，江山之雕麗，實東南之勝概也」。〔註 141〕由於杭州是吳越的首府，故經錢氏 80 餘年的努力經營，杭州已成爲名符其實的「東南名郡」。〔註 142〕

　　吳越國雖疆域較唐兩浙地區爲小，但其對中原政權的貢獻卻不見減少，五代初期是爲了牽制強鄰吳及南唐，其後則是要示好於後周及新興的趙宋。僅從在錢氏對中原政權的進奉，就可看出其在經濟方面較唐代有所進展，據不完全統計，吳越國對後唐、後晉、後漢、後周等北方政權的進獻，在金銀器物方面共有金帶一條，金器 800 件，銀 85,000 兩，銀器 12,000 件，而銀器的製造除費工外，所耗費的銀兩往往十分驚人，故實際進銀遠不只此數。〔註 143〕

　　在紡織品部分，合計綾、絹 259,000 疋〔註 144〕，綿 340,000 兩，絲 10,000兩，異文吳綾 9,000 疋，金條紗 3,500 疋，錦綺綾羅 1,200 疋〔註 145〕；另有農產品，其中大茶、腦源茶等合計達 299,600 斤，乾薑 11 萬斤，蘇木 10 斤及稻米二十萬石等「方物」〔註 146〕。如再加上入宋後的進獻，更爲驚人〔註 147〕。故《舊五代史》，卷一三三，〈世襲列傳〉史臣曰：

初版），〈雜著〉，頁 597。
〔註 140〕有關杭州城規模，參見《羅隱集校注》，〈雜著〉，頁 599 注引《吳越備史》；兩浙各州城規模參見斯波義信著，方健、何忠禮譯，《宋代江南經濟史研究》（南京，江蘇人民出版社，2001 年 1 月初版），頁 295～299 及張劍光著，《唐五代江南工商業布局研究》（南京，江蘇古籍出版社，2003 年 5 月初版），頁361；二書所載各州城牆周長大都類似，應爲同一資料來源。其中蘇州城周長42 里居次，潤、常等州城周長均在 26～27 里之間，但因各州規模記載時間上有先後之別，故應作爲參考較爲妥當。
〔註 141〕薛居正等撰，邵晉涵輯，《舊五代史》（臺北，鼎文書局，1992 年 4 月 7 版），卷一三三，〈世襲列傳〉，頁 1771。
〔註 142〕《全唐文》，卷三一六，頁 1417 中，〈杭州刺史廳壁記〉
〔註 143〕《十國春秋》，卷八二論曰提到吳越歷年所進貢的財物，僅銀一項就達 1,100,000兩，雖較本處所統計 85,000 兩高出甚多，但因大型銀器製作所費銀兩甚多，從李德裕所言「昨又奉宣旨，令進妝具二十件。計銀一萬三千兩，金一百三十兩」，推估每造一金銀器費銀達 650 兩，以此推之，吳越國所進的銀器達 12,000 件，雖有大、小之別，而其費銀兩當不在少數。吳越國所進貢的大量銀兩及銀器，表明其經濟力及銀生產量均大幅提高，才有能力進獻如天文數字的銀兩。
〔註 144〕綾、絹爲不同精美度之絲織品，但因史籍中常混合計算，故將二者合併列出。
〔註 145〕其中含錦綺 500 疋、錦綺綾羅 500 疋及羅 200 疋，因原文未分類，故合併列出。
〔註 146〕見《冊府元龜》，卷一六九，〈帝王部・納貢獻〉，頁 2034 上。
〔註 147〕參見表 5～5「吳越國進貢表」

> 自唐末亂離，海內分割，荊、湖、江、浙，各據一方，翼子貽孫，
> 多歷年所。……唯錢氏之守杭、越，逾八十年，蓋事大勤王之節，
> 與荊楚、湖湘不侔矣。〔註148〕

就說明了吳越國的保境安民政策及對中原王朝的貢獻是受到肯定的。

表 5-5　吳越國進貢表〔註149〕

時　間	進獻者	內　容　數　量	備　註
後唐莊宗同光二年（924）九月	錢　詢	方物、銀器、越綾、吳綾、越絹、龍鳳衣、絲鞋、屐子，進萬壽節金器盤、龍鳳綿織成紅羅縠袍襖衫段、五色長連衣段、綾絹、金稜秘色瓷器、銀裝花櫚木廚子、金排方盤龍帶御衣、白龍瑙紅地龍鳳被、紅藤龍鳳箱等	
後唐莊宗同光三年（925）五月	錢　鏐	孔雀二	
後唐莊宗同光三年（925）十月	錢元瓘、錢元璙	各金銀綿綺數千件、御服、犀帶、九經書史、漢唐書其四百二十三卷	
後唐莊宗同光四年（926）正月	錢　鏐	佛頭螺子青一、山螺子青十、婆薩石蟹子四、空青四，其表不題	
後唐明宗天成四年（929）八月	錢　鏐	袁韜進銀五千兩、茶二萬七千斤謝恩，加其諸子官	
後唐廢帝清泰元年（934）九月	錢元瓘、錢元球等四人	獻銀五千兩，綾絹五千疋，又錢元球及諸弟等四人共貢銀七千兩，綾絹七千疋	
後唐廢帝清泰二年（935）九月		兩浙貢茶、香綾、絹三萬六千計	
後唐廢帝清泰二年（935）九月	錢元瓘	進銀、綾絹各五千兩、疋，綿綺五百，連金花食器二千兩、金稜秘色磁器二百事	

〔註148〕《舊五代史》，卷一三三，〈世襲列傳〉，頁1776。

〔註149〕參見《冊府元龜》，卷一六九，〈帝王部・納貢獻〉，頁2035～2045及吳任臣撰，《十國春秋》，卷七七~八二，〈吳越一〉至〈吳越六〉，頁486～547。唐代部分以《冊府元龜》所記較詳，《十國春秋》內容則大致相同，而條數較《冊府元龜》略少，最大不同之處，在於年號的使用及記載，在錢鏐時《十國春秋》用吳越年號如天寶、寶正等，而《冊府元龜》則直接用後唐年號；而其中若干條記載，二書時間記載不同，且差異甚大，甚至有相差達2、3年者，疑為傳抄之誤，從成書時間及事件順序來看，應以《冊府元龜》為是，故二書時間歧異處，本表原則上以《冊府元龜》記載為準。而宋代部分，因《冊府元龜》未載，故以《十國春秋》為主要資料來源。本表中「進獻者」為具其名奉獻者，而非實際進獻者。

後唐廢帝清泰二年（935）	錢元璙、錢元球	各貢銀、綾羅、器物等	未載何月
後晉高祖天福二年（937）十月	錢元瓘	進銀五千兩、絹四千疋、吳越異紋綾一千疋、羅二百疋，又進金帶、御衣、雜寶、茶器、金銀裝創并細紅甲寶裝弓箭弩等，又進雜細香藥一千斤、牙五株、眞珠二十斤及茶五萬斤	
後晉高祖天福二年（937）十月丙戌	錢元瓘	金器五百兩、銀一萬兩、吳越異紋綾八千疋、金條紗三千疋、絹二萬疋、綿九萬兩、大茶、腦源茶共六萬四千斤，又進大排方通犀瑞象腰帶	
後晉高祖天福二年（937）十月戊子	錢元瓘	又進眞珠二十斤、牙三十株、乾姜（薑）五萬斤、蘇木五萬斤、雜白五十斤	
後晉高祖天福六年（941）十月己丑	錢元瓘	又進金帶一條、金器三百兩、銀八千萬兩、綾三千疋、絹二萬疋、金條紗五百疋、綿五萬兩、茶三萬斤，謝恩加守尙書令	
後晉高祖天福六年（941）十月辛卯	錢元瓘	又進象牙、諸色香藥、軍器、金裝茶床、金銀稜器、細茶、法酒事件萬餘	
後晉少帝天福七年（942）十一月	錢弘佐〔註150〕	鋌銀五千兩、絹五千疋、絲一萬兩謝恩封吳越國王；又貢細甲、弓弩、箭、扇子等，又貢蘇木二萬斤，乾薑三萬斤，茶二萬五千斤及秘色瓷器、鞋履、細酒、糟薑、細紙等。	
後晉開運二年（945）十月	錢弘佐	進謝恩授守太尉冊命銀五千兩、綾五千疋、絹一萬疋，又茶一萬八百斤、腦源茶三萬四千斤，又進乳香、黃散香其一千斤，又進乾薑三萬斤、蘇木三萬斤、箭笴一萬莖、諸色戎仗等物，又進啟聖節金大排方座龍腰帶一條、御衣一襲十六事、金花銀器一千五百兩、御服、綿綺綾羅五百疋。	
後晉開運二年（945）十一月		兩浙貢茶三萬四千斤及香藥兵仗。	
後周太祖廣順二年（952）十一月	錢弘俶〔註151〕	兩浙貢御衣、犀帶、金銀裝兵仗、金銀器、綾絹、茶、香藥物、秘色瓷器、鞍屧、海味、酒等。	

〔註150〕 《冊府元龜》載爲弘佐，《十國春秋》載：「忠獻王名宏佐，字元祐」，見卷八一，〈吳越四〉，頁525。《舊五代史》，卷一三三，〈世襲列傳〉及《新五代史》，卷六七，〈吳越世家〉皆曰名佐，莫衷一是，似與錢弘俶因避諱，而去弘字相同。

〔註151〕 原名錢弘俶，爲避諱而去弘字，單名俶字：《十國春秋》載：「忠懿王名俶字文德，初名宏俶」，見卷八一，〈吳越五〉，頁531。《舊五代史》，卷一三三，〈世襲列傳〉及《新五代史》，卷六七，〈吳越世家〉皆曰名俶。

後周太祖廣順三年（953）十一月	錢弘俶	貢謝恩綾絹二萬八千疋、銀器六千兩、綿五萬兩、茶三萬五十（千）斤、御衣兩襲、通犀帶、戲龍金帶、香藥、瓷器、銀裝甲仗、法酒、海味等。	
後周世宗顯德三年（956）十一月	錢　俶	進銀五千兩、綾一萬疋，又進天清節金花銀器千五百兩，又貢御服、金帶、綿綺綾羅等	
後周世宗顯德五年（957）二月	錢　俶	（世宗）幸揚州，壬申，吳越王錢俶進御衣、犀帶、綾絹、白金、香藥等，又進供軍稻米二十萬石。	
後周世宗顯德五年（957）四月	錢　俶	進綾、絹各二萬疋、銀一萬兩稱謝恩賜國信	
後周世宗顯德五年（957）閏七月	錢　俶	銀五千兩、絹二萬疋、銀器三千兩、細衣段二千連，又御衣、盤龍犀帶等。	
後周世宗顯德五年（957）八月	錢　俶	銀五千兩、絹萬疋、稱賀車駕還京，又進龍舫一隻、天祿舫一隻，皆以白金飾之。	
後周世宗顯德五年（957）十一月	錢　俶	茶三萬四千八百斤、綿五萬兩及香藥器甲等。	
後周世宗顯德五年（957）十二月	錢　俶	銀五千兩、絹三萬疋、綿十萬兩，稱謝恩賜國信，又進賀正錢一千貫、絹一千疋。	
宋太祖開寶二年（969）八月	錢　俶	貢秘色瓷器	
宋太祖開寶九年（976）二月	錢　俶	貢犀玉帶及寶玉金器五千餘事、上酒一千罐	
宋太祖開寶九年（976）二月	錢　俶	遣世子惟濬進通犀帶、金玉寶器，又貢白金（銀）十萬兩、絹五萬疋，乳香五萬斤	
宋太祖開寶九年（976）三月	錢　俶	獻白金（銀）六萬兩、絹六萬段謝恩	
宋太祖開寶九年（976）六月	錢　俶	進宋銀、絹、綿以萬計	
宋太祖開寶九年（976）十一月	錢　俶	遣惟渲進通天犀帶、金器五百事，玳瑁五百事、塗金銀香龍等巨萬詣宋稱賀	
宋太宗太平興國三年（978）三月	錢　俶	上法酒五百罐、金銀器物三千兩、綾綿一萬、龍鳳香等二萬事	
宋太宗太平興國五年（980）三月	錢　俶	金裝定器二千事、水晶瑪瑙寶裝器皿三十事、珊瑚樹一枝	
宋太宗太平興國六年（981）八月	錢　俶	白龍腦香一百斤、金銀陶器五百事	

在吳越國的多次進貢中，絲織品是重要的貢物。絹是一般的絲織品，而綾、錦則是較高級的絲織品，如越州所生產的「繚綾」、「異文吳綾」等均是其中的佼佼者，羅與「金條紗」〔註152〕均是吳越所生產的特級絲織品，故其上貢數量遠較綾、絹爲少。瓷器部分，秘色瓷器有標明數量者亦僅200餘件，可見其珍貴一斑，尙有其他件數不明的金銀裝飾瓷器。從吳越國對中原政權的鉅額貢獻，顯示兩浙地區的經濟較唐代有一步的發展，才能有如此龐大規模的貢獻。〔註153〕

在周世宗取南唐淮南地後，吳越主的進奉更是頻繁，如周世宗顯德五年（957）間，吳越國共進奉六次之多，且貢品數量均較往年爲多，如在顯德五年四月，一次就進奉了銀萬兩、綾絹各二萬疋。在顯德五年十二月，進奉的數字更大，光絹就有三萬疋、綿十萬兩，可能與後周取得淮南地，對吳越國產生的壓力有關。〔註154〕

事實上，入宋後錢氏對宋王朝的進獻有增無減，據《十國春秋》記載，開寶九年（976）二月，吳越王入宋朝覲，遣世子惟濬進通犀帶、金玉寶器，又貢白金（銀）十萬兩、絹五萬疋，乳香五萬斤，三月又獻白金（銀）六萬兩、絹六萬段謝恩（參見表 5-5「吳越國進貢表」），期間雖宋帝屢有賞賜，但與吳越國所貢獻數量相差甚遠，故《十國春秋》卷八二論曰：

> 錢氏據有兩浙幾及百年，武肅以來，善事中國，保障偏方，厥功鉅矣。宋興後，王益傾資修貢獻。……竭十三州之物力以供大國務得中朝心，國以是而漸貧，民以是而得安。〔註155〕

《十國春秋》的作者吳任臣，一方面認爲錢氏耗盡兩浙物力以供中朝，另一方面，又稱許其保境安民之功，但無論如何評價，兩浙地區在錢氏的經營下，經濟發展較唐代更進一步，乃是不爭的事實，故雖有若干負面評價，〔註156〕仍

〔註152〕「金條紗」應是以金、銀線與經絲或緯絲，間隔排列織成的條狀花紋的紗織物，參見袁宣萍，〈善誘黎元八蠶桑柘——吳越國杭州絲綢〉，收入周峰主編，《吳越首府杭州》（杭州，浙江人民出版社，1997年6月初版），頁63。

〔註153〕也有學者認爲錢氏對人民剝削過度，才能有如此大數量的進貢，見《新五代史》，卷六七，〈吳越世家〉，頁843。

〔註154〕顯德五年春正月，後周世宗連克壽、濠、泗、楚等戰略要地，南唐屏障盡失，後南唐國主李景迫於情勢，乃盡獻淮南地，上表稱臣。南唐在十國中最爲強大，南唐向後周稱臣納貢，對其他江南各國的壓力可想而知。

〔註155〕《十國春秋》，卷八二，〈吳越六〉，頁547上。

〔註156〕如《新五代史·吳越世家》末云：「錢氏兼有兩浙幾百年，其人比諸國號爲怯

不致影響錢氏治兩浙的歷史功績。唐代兩浙地區的農、工、商業發展為五代時期吳越國奠下良好的經濟基礎；而由吳越國所奠下的堅實基礎，更開啓了兩浙路在宋代經濟上領先的局面。〔註157〕

弱，而俗喜淫侈，偷生工巧，自鏐世常重斂其民以事奢僭，下至雞魚卵穀，必家至而日取，每笞一人以責其負，則諸案吏各持其簿列於廷，凡一簿所負，唱其多少，量為笞數，以次唱而笞之，少者猶積數十，多者至笞百餘，人尤不勝其苦。」見《新五代史》，卷六七，〈吳越世家〉，頁 843。

〔註157〕據北宋熙寧十年商稅統計，兩浙路僅商稅一項即達 867,714 貫，居全國第一位，參見《宋會要輯稿》〈食貨〉，卷十五～十七及程民生，《宋代地域經濟》（開封，河南大學出版社，1996 年 5 月初版 2 刷），頁 220；並參見林敏明，〈宋代對兩浙路的經營〉，收入《中國歷史學會史學集刊》第 28 期（1996 年 8 月），頁 167～220。

第六章　結　論

　　兩浙地區東鄰大海，北瀕長江，南接福建，地理位置十分優越，加以運河中穿其境，河渠密佈，富茶鹽之利及銅鐵之饒，工商業極為發達。兩浙地區在安史亂後，因當時關中殘破，唐廷需仰賴江淮之供給，而兩浙地區因其農業進步，手工業及商業的發展，而成為極為富庶的地區，加上福建、嶺南各地賦稅物資均由運河北上，兩浙地區正位在這唐帝國的生命線上，故成為唐中央政府賦稅收入的重要地區。

　　兩浙地區因其地位的重要，受到了唐中央政府的特別關注，故對其藩帥之選任亦非常慎重，兩浙歷任節度或觀察使，曾任宰相或卸任後官至宰相者共有 20 人，其中浙西曾任宰相或卸任後官至宰相者共有 14 人，佔浙西全部藩帥比例達 30%，比率之高在江淮藩鎮中僅次於淮南；兩浙藩帥任前為中央朝臣或卸任後為中央朝臣者共約 72 人次，比例亦達總數的七成五之多，足見唐廷對兩浙藩帥選任的重視。

　　兩浙地區的潤、常、蘇、杭等州均位於南北大運河的關鍵位置，擁有自六朝以來堅實的經濟基礎，故城市經濟均十分發達。其中潤州因位於運河及長江的交接處，且與全國最大經濟都會揚州僅一江之隔，故成為兩浙、福建及嶺南等地賦稅、茶、鹽等物資的集散地，使得潤州不但人口迅速增加，工商業也隨之繁榮興盛，唐前期為兩浙地區最繁榮的城市。

　　蘇州則在唐後期因經濟持續發展，不僅成為兩浙及江南地區的經濟中心，至北宋時期，更躋身全國最大經濟都會。位於兩浙地區中心位置的杭州，則在唐代已有相當發展，五代時期為吳越國都城，且因錢氏的致力建設，因而成為兩浙地區的中心城市；宋室南渡後，杭州成為國都，而極度繁榮。兩

浙地區潤、常、蘇、杭等州經濟的繁榮，帶動了周邊地區的經濟發展，故城市經濟的蓬勃發展，亦是唐五代時期兩浙地區經濟得以進步繁榮的重要原因。

　　兩浙地區因經濟進步且繁榮，而成為唐政府的重要經濟支柱，兩浙對唐中央的賦稅及其他財政上的貢獻，是使李唐政權在安史亂後，能延續百年之久的重要因素。在安史亂後，兩浙地區一直扮演著「東南財源型」的藩鎮，以經濟性為其主要功能。但到了德宗時因朱泚、李希烈之亂，鎮海軍節度使韓滉致力於勤王，出兵助解寧陵之圍，又多次運糧濟軍，使兩浙不僅是財賦重地，更成為唐廷在軍事上的有力支援。其後浙東雖有董昌的稱帝事件及裘甫之亂，但兩浙仍不失為唐廷在財源上的重要支柱。到了乾寧四年（897）錢鏐擊滅董昌，其地盤擴至浙東，遂兼鎮海、鎮東兩軍節度使，其後受封為吳越王，並擴地至十三州一軍，仍不改對中原王朝的恭順態度，對後唐、後晉、後周及趙宋的貢獻以巨萬計，〔註1〕而錢氏得以在亂世中保持其境內安定，對兩浙經濟發展甚有助益。

　　值得稱道的是由錢鏐所建立的吳越國，在唐末五代戰亂時期，享國達八十二年（897～978），〔註2〕為十國中最長者。吳越國未經戰火，政權即和平轉移，而成為趙宋的一部分，相較於朝代更迭的中原地區及飽受戰火的淮南地區，兩浙地區可說是得天獨厚。兩浙在錢氏的經營下，欣欣向榮，奠下宋代兩浙路成為全國經濟最發達地區的根基，是兩浙地區在五代時期的發展，仍顯出其重要性，故猶具探討價值。

　　包括兩浙在內的江淮地區，在唐五代時期之所以有如此快速的經濟成長，六朝時期所奠定的經濟基礎，及隋代開通的江南運河，所帶來的便利交通及龐大商機固然功不可沒，而自六朝以降經濟重心南移所產生的時代背景，亦是江淮地區經濟得以持續發展繁榮的重要動力；而兩浙地區的經濟亦在這有利的情況下，得到充分的發展。雖然中國古代經濟重心的轉移的過程

〔註1〕 詳見本書第五章表5～5「吳越國進貢表」及相關敘述。表5～5僅就史有明文者加以統計，吳越國所進貢的財物，在金銀器物方面共有金帶一條，金器800件，銀85,000兩，銀器12,000件，而銀器的製造除費工外，所耗費的銀兩往往十分驚人，故實際進銀遠不只此數。在紡織品部分，合計綾、絹259,000疋，綿340,000兩，絲10,000兩，異文吳綾9,000疋，金條紗3,500疋，錦綺綾羅1,200疋；另有農產品，其中大茶、腦源茶等合計達299,600斤，乾薑11萬斤，蘇木10斤及稻米二十萬石等「方物」，如再加上入宋後的進獻，則更為驚人。

〔註2〕 吳越國的國祚，有82年、85年等說法，本書以897年錢鏐受鎮東節鉞為計算起點。

直到南宋時才全部完成，〔註3〕但從唐代兩浙地區的經濟發展來看，毫無疑問的，兩浙地區的繁榮正是在經濟重心南移的背景下所促成的，並與整個江淮地區的興起同步，可以說是整個江淮地區經濟發展的縮影。

　　今謹以本書做為對兩浙地區經濟發展的初步研究，希望他日能對此課題做更深入、全盤性的探討。

〔註 3〕 參見鄭學檬〈唐五代江南經濟研究述評〉，頁 81～82；該文收入中國唐史學會編，《中國唐史學會論文集》（西安，三秦出版社，1991 年 9 月初版）；而從兩浙地區的經濟發展情況來看，唐末五代時期可謂初步完成期。

後　記

　　本書是在個人博士論文的基礎上加以修改後付梓。博士論文之完成承蒙王吉林老師悉心指導及教誨，口試委員孫同勛教授、任育才教授、高明士教授及邱添生教授在論文審查時，提出了許多寶貴的意見，惠我良多；而廈門大學鄭學樣教授亦在論文撰寫階段，予以關注並惠賜大著，使論文的內容更爲充實，在此特申謝忱。淡江大學歷史學系教授黃繁光老師對於城市分佈的變遷惠賜卓見，使論文更殝完善。而王怡辰及桂齊遜兩位教授在論文的選題及完成階段，亦惠我良多；而傅安良、歐淑惠兩位學長及鍾佳伶、朱浩毅、陳冠穎等學友，亦在論文初審及口試時協助甚多，在此一併致謝。最後，要特別感謝支持我辭去專職工作，使我可以專心完成博士學業的家人，倘若沒有家人的鼓勵和期許，或許也就沒有了這本小書。

　　應該要說明的是，本書的部分內容曾經修改後發表於《淡江史學》及《史學彙刊》等學術性期刊。由於個人博士論文寫成於民國九十四年，故本書所使用的資料及研究成果，大部分侷限在九十四年以前，因此未能吸收九十四年以後所發表或出版的相關研究成果，此點要向讀者說明及致歉。

附　圖

附圖一　兩浙地區位置示意圖

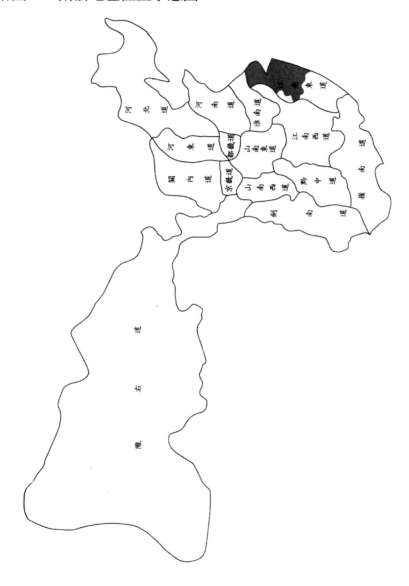

說明：1. 標黑色的爲兩浙地區所在位置。
　　　2. 參考譚其驤《中國歷史地圖集》繪製。

附圖二　兩浙地區各州分佈圖（開元二十九年）

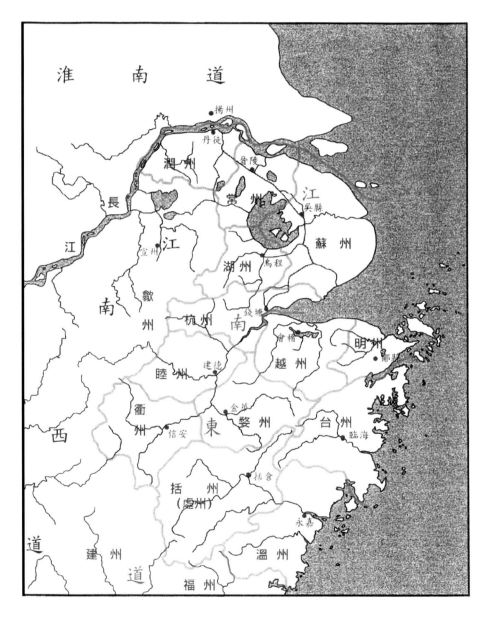

資料來源：譚其驤《中國歷史地圖集》第五冊《隋唐五代時期》

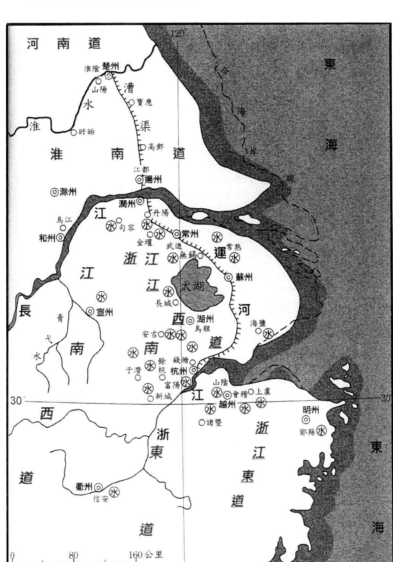

附圖

附圖三　唐代兩浙地區農田水利圖

說明：1. 標示"⽔"爲有農田水利設施的州縣
　　　2. 參考史念海《河山集》第五輯繪製。

附圖四　五代圖之一（後梁與十國）

選自王恢著《中國歷史地理》附圖

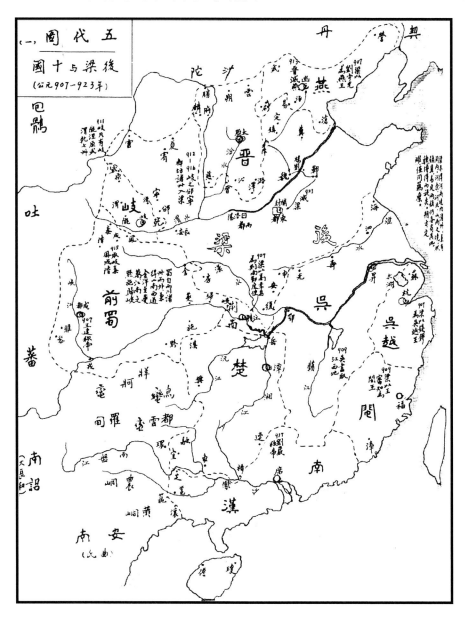

附圖五　五代圖之二（後唐與七國）

選自王恢著《中國歷史地理》附圖

附圖六　五代圖之三（後晉七國與後漢六國）

選自王恢著《中國歷史地理》附圖

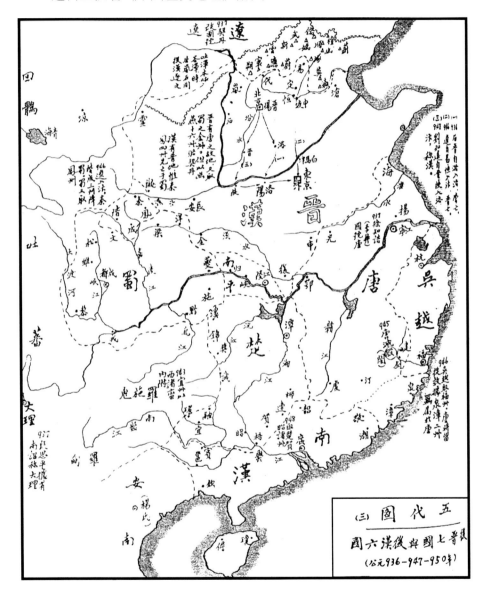

參考書目

一、史　籍（以姓氏筆劃爲序）

1. 王溥（宋）撰，《唐會要》，一○○卷，上海，上海古籍出版社，1991 年初版。

2. 王溥（宋）撰，《五代會要》，三○卷，臺北，世界書局，1979 年 2 月 4 版。

3. 王讜（宋）撰，周勛初校證，《唐語林校證》（上、下），八卷，北京，中華書局，1997 年 12 月初版 2 刷。

4. 王夫之（清）撰，《讀通鑑論》，三○卷，臺北，漢京文化事業公司，1984 年 7 月再版。

5. 王定保（五代）撰，姜漢椿校注，《唐摭言校注》，上海，上海社會科學院出版社，2003 年 1 月初版，312 頁。

6. 王欽若、楊億（宋）等編，《冊府元龜》，一○○○卷，北京，中華書局，1988 年 8 月 3 版。

7. 王象之（宋）撰，《輿地紀勝》，二○○卷，臺北，文海出版社，1971 年 10 月 2 版。

8. 元開（日）撰，汪向榮校注，《唐大和上東征傳》，一卷，北京，中華書局，2000 年 4 月初版，與《日本考》合刊。

9. 元稹（唐）撰，《元稹集》，六○卷，附外集八卷及篇目索引，臺北，漢京文化出版公司，1983 年 10 月初版。

10. 白居易（唐）撰，《白居易集》，七一卷，北京，中華書局，1991 年 7 月。

11. 司馬光（宋）撰，胡三省（元）注，《資治通鑑》，二九四卷，附胡氏《通鑑釋文辨誤》十二卷，陳垣《通鑑胡注表微》二十篇，臺北，世界書局，1974 年 3 月 6 版。

12. 朱長文（宋）撰，金菊林點校，《吳郡圖經續記》，三卷，南京，江蘇古籍出版社，1999 年 8 月初版。

13. 伊本・胡爾達玆比赫（阿拉伯）撰，宋峴譯注，《道里邦國志》，北京，中華書局，1991 年 12 月初版，283 頁。

14. 宋綬、宋敏求（宋）編，《唐大詔令集》，一三○卷，臺北，鼎文書局，1978 年 4 月再版。

15. 杜佑（唐）撰，王文錦等點校，《通典》，二○○卷，北京，中華書局，1992 年再版。

16. 杜牧（唐）撰，斐延翰編，《樊川文集》，二○卷，附《外集》、《別集》，臺北，漢京文化出版公司，1983 年 11 月初版。

17. 李白（唐）撰，王琦注，《李太白全集》，三六卷，北京，中華書局，2003 年 10 月初版 8 刷。

18. 李昉、宋白（宋）等輯，《文苑英華》，一○○○卷，臺北，大化書局，1977 年 5 月。

19. 李昉（宋）等編，《太平廣記》，五○○卷，臺北，文史哲出版社，1987 年 5 月再版。

20. 李昉（宋）等編，《太平御覽》，一○○○卷，臺北，大化書局，1977 年 5 月初版。

21. 李華（唐）撰，《李遐叔文集》，四卷，收入《文淵閣四庫全庫》，臺北，商務印館，1983 年。

22. 李肇（唐）撰，《唐國史補》，三卷，收入楊家駱主編，《唐國史補等八種》；臺北，世界書局，1991 年 6 月 4 版。

23. 李吉甫（唐）撰，賀次君點校，《元和郡縣圖志》，今存三四卷，附繆荃孫《元和郡縣圖志闕卷逸文》三卷，北京，中華書局，1995 年 1 月初版 2 刷。

24. 李希泌主編，《唐大詔令集》（補編），上海，上海古籍出版社，2003 年 12 月初版。

25. 李林甫（唐）等撰，《唐六典》，三○卷，北京，中華書局，1992 年 1 月初版。

26. 沈約等（南朝梁）撰，《宋書》，一○○卷，新校標點本，臺北，鼎文書局，1987 年 1 月 5 版。

27. 吳縝（宋）撰，《新唐書糾繆》，二○卷，附錄一卷，收入《新舊唐書合鈔並附編十六種》第七冊：臺北，鼎文書局，1973 年 5 月初版。

28. 吳綱主編，《全唐文補遺》（1～7），西安，三秦出版社，1994 年～2000 年。

29. 吳任臣（清）撰，《十國春秋》，一一四卷，收入新校本《新五代史附十

國春秋》：臺北，鼎文書局，1990 年 11 月 5 版。

30. 吳廷燮（清）撰，《唐方鎮年表》，八卷，附《考證》二卷，上海開明書店《二十五史補編本》，北京，中華書局景印，1991 年 3 月初版 6 刷。

31. 吳松弟編撰，《兩唐書地理志匯釋》，合肥市：安徽教育出版社，2002 年 7 月初版，849 頁。

32. 周紹良、趙超等編，《唐代墓誌匯編》，二冊，上海，上海古籍出版社，1992 年 11 月初版，2574 頁。

33. 周紹良、趙超等編，《唐代墓誌匯編續集》，上海，上海古籍出版社，2001 年 12 月初版，1178 頁。

34. 周勛初主編，《唐人軼事匯編》（上、下），上海，上海古籍出版社，1995 年 12 月初版，2236 頁。

35. 柳宗元（唐）撰，王國安箋釋，《柳宗元詩箋釋》，四卷，附諸家評論輯要，上海，上海古籍出版社，1993 年 9 月初版。

36. 韋應物（唐）撰，陶敏、王友勝校注，《韋應物集校注》，一〇卷，附拾遺及附錄，上海，上海古籍出版社，1998 年 12 月初版。

37. 房玄齡（唐）等撰，《晉書》，一三〇卷，新校標點本，臺北，鼎文書局，1976 年 10 月初版。

38. 皇甫遵（漢）撰，周生春校注考證，《吳越春秋輯校匯考》，上海古籍出版社，1997 年 7 月初版。

39. 姚思廉（唐）撰，《陳書》，三六卷，新校標點本，臺北，鼎文書局，1986 年 10 月 5 版。

40. 洪邁（宋）撰，《容齋隨筆》，共五集七四卷，附《宋史洪邁傳》，上海，上海古籍出版社，1996 年 3 月初版。

41. 洪亮吉撰，謝鍾英（清）補注，《補三國疆域志補注》，一五卷，上海開明書店《二十五史補編》本，北京，中華書局，1991 年 3 月初版 6 刷。

42. 洪亮吉（清）撰，《東晉疆域志》，四卷，上海開明書店《二十五史補編》本，北京，中華書局，1991 年 3 月初版 6 刷。

43. 范曄（南朝宋）、司馬彪（西晉）等撰，《後漢書》，一三〇卷，新校標點本，臺北，鼎文書局，1977 年 9 月初版。

44. 范成大（宋）撰，陸振岳校點，《吳郡志》，五〇卷，南京，江蘇古籍出版社，1999 年 8 月初版。

45. 計有功（宋）撰，王仲鏞校勘箋證，《唐詩紀事校箋》（二冊），八一卷，附錄一五篇：成都：巴蜀書社，1989 年 8 月初版。

46. 班固（漢）等撰，《漢書》，一〇〇卷，新校標點本，臺北：鼎文書局，1991 年 9 月 7 版。

47. 孫光憲（五代）撰，賈二強點校，《北夢瑣言》，北京：中華書局，2002 年 6 月初版。

48. 馬令（宋）撰，《南唐書》，三〇卷，《四部叢刊續編・史部》，臺北：商務印書館，1976 年 6 月臺 2 版，第 11 冊，頁 5157～5274。

49. 高適（唐）撰，劉開揚箋注，《高適詩集編年集注》，臺北：漢京文化事業公司，1983 年 9 月初版。

50. 張鷟（唐）撰，趙守儼點校，《朝野僉載》（與《隋唐嘉話》合刊），北京，中華書局，1997 年 12 月初版 2 刷。

51. 張鷟（唐）撰，田濤、郭成偉校注，《龍筋鳳髓判校注》，北京，中國政法大學出版社，1996 年 1 月初版。

52. 張宏庸編注，《陸羽全集》，桃園，茶學文學出版社，1985 年 3 月初版，133 頁。

53. 張敦頤（宋）撰，張忱石點校，《六朝事跡編類》，上海，上海古籍出版社，1995 年 1 月初版，167 頁。

54. 彭定求、沈三曾（清）等纂修，《全唐詩》，九〇〇卷，附知不足齋本日本上毛河世寧輯《全唐詩逸》三卷，共二冊；上海，上海古籍出版社，1990 年 4 月初版 6 刷。

55. 黃永武主編，《敦煌寶藏》，一三〇冊，臺北，新文豐出版事業公司，1981 年初版。

56. 陳壽（西晉）撰、裴松之（南朝劉宋）注，《三國志》，六十五卷，臺北，新校標點本，洪氏出版社，1984 年 8 月 2 版。

57. 陳尚君輯校，《全唐詩補編》，三冊，北京，中華書局，1992 年 10 月初版，1796 頁。

58. 崔致遠（新羅）撰，《桂苑筆耕集》，二〇卷，收錄於《叢書集成新編》，第六〇冊，頁 91～144；臺北，新文豐出版事業公司，1984 年初版。

59. 許嵩（唐）撰，孟昭庚等點校，《建康實錄》，二十卷，上海，上海古籍出版社，1987 年初版。

60. 傅璇琮、徐海榮、徐吉軍主編，《五代史書彙編》，共十冊，杭州，杭州出版社，2004 年初版。

61. 路振（宋）撰，《九國志》，一二卷，《宛委別藏叢書》，第 43 冊；臺北，商務印書館，1981 年 10 月初版。

62. 陸游（宋）撰，《南唐書》，一五卷，收錄於四部叢刊史部，第 11 冊，頁 5275～5372；臺北：商務印書館，民國 1976 年 6 月臺 2 版。

63. 陸贄（唐）撰，劉澤民點校，《陸宣公集》，二二卷，附輯補及附錄；杭州，浙江古籍出版社，1988 年 10 月初版。

64. 路廣微（唐）撰，曹林娣校注，《吳地志》，二卷，南京，江蘇古籍出版

社，1999 年 8 月初版。

65. 董誥（清）等編，《全唐文》，一○○○卷，附陸心源輯，《唐文拾遺》七二卷、《唐文續拾遺》一六卷；勞格、岑仲勉兩位學者〈讀全唐文札記〉及全唐文作者索引，共五冊：上海，上海古籍出版社，1993 年 11 月初版 2 刷。

66. 樂史（宋）撰，《太平寰宇記》，一三○卷，臺北，文海出版社，1979 年初版。

67. 歐陽修、宋祁（宋）等撰，《新唐書》，二二五卷，新校標點本，臺北，鼎文書局，1992 年 1 月 7 版。

68. 歐陽修撰，徐無黨（宋）注，《新五代史》，七四卷，新校標點本，附吳任臣（清）《十國春秋》，一一四卷：臺北，鼎文書局，1994 年 6 月 6 版。

69. 劉昫（後晉）等撰，《舊唐書》，二○○卷，新校標點本，臺北，鼎文書局，1992 年 5 月 7 版。

70. 劉肅（唐）撰，許德楠等點校，《大唐新語》，北京，中華書局，1997 年 12 月初版 3 刷。

71. 劉長卿（唐）撰，儲仲君箋注，《劉長卿詩編年箋注》，北京，中華書局，1996 年 7 月初版。

72. 劉禹錫（唐）撰，《劉賓客集》，臺北，臺灣中華書局，1983 年 12 月臺 2 版。

73. 劉禹錫（唐）撰，蔣維崧等箋注，《劉禹錫詩集編年箋注》，濟南，山東大學出版社，1997 年 9 月初版。

74. 劉義慶（南朝宋）撰，余嘉錫箋疏，《世說新語箋疏》，臺北，仁愛書局，1984 年 10 月初版。

75. 劉緯毅，《漢唐方志輯佚》，北京，北京圖書館出版社，1997 年 12 月初版，440 頁。

76. 盧照鄰（唐）撰，祝尚書箋注，《盧照鄰集箋注》，上海，上海古籍出版社，1994 年 12 月初版。

77. 蔡次薛編，《中國工商稅收史資料選編》第三輯隋唐五代部分，北京，中國財政經濟出版社，1992 年 9 月初版，262 頁。

78. 錢易（宋）撰，黃壽成點校，《南部新書》，北京，中華書局，2002 年 6 月初版。

79. 錢儼（宋）撰，《吳越備史》，四卷，收入四部叢刊續編史部，臺北，商務印書館，1976 年 6 月臺 2 版。

80. 戴孚（唐）撰，方詩銘輯校，《廣異記》，原二○卷，方氏自《太平廣記》等書輯校（與唐臨，《冥報記》合刊），北京，中華書局，1992 年 3 月初版。

81. 薛居正（宋）等撰，邵晉涵（清）輯，《舊五代史》，一五〇卷，新校標點本；臺北，鼎文書局，1992 年 4 月 7 版。

82. 蕭統（梁）編，李善（唐）注，《文選》，六〇卷，臺北，華正書局，1984 年初版。

83. 蕭子顯（蕭梁）撰，《南齊書》，五九卷，新校標點本，臺北，鼎文書局，1987 年 1 月 5 版。

84. 裴庭裕（唐）撰，《東觀奏記》，三卷，田廷柱點校；與鄭處誨（唐），《明皇雜錄》合刊；北京，中華書局，1994 年 9 月初版。

85. 魏收（北齊）撰，《魏書》，一三〇卷，新校標點本，附謝啟崑（清）撰，《西魏書》，二四卷；臺北，鼎文書局，1993 年 10 月 7 版。

86. 魏徵、令狐德棻（唐）等撰，《隋書》，八五卷，新校標點本，臺北，鼎文書局，1987 年 5 月 5 版。

87. 韓愈（唐）撰，馬通伯校注，《韓昌黎文集校注》，八卷，附外集二卷及附錄，香港，中華書局，1991 年 11 月重印。

88. 羅隱（唐）撰，潘慧惠校注，《羅隱集校注》，含《甲乙集》、《讒書》、《兩同書》及《廣陵妖亂志》等及雜撰、附錄；杭州，浙江古籍出版社，1995 年 6 月初版。

89. 釋圓仁（日）撰，白化文等校註，周一良審閱，《入唐求法巡禮行記校注》，四卷，河北，花山文藝出版社，1992 年初版。

90. 顧祖禹（清）撰，《讀史方輿紀要》，一三〇卷，附錄四卷；臺北，樂天出版社，1973 年 10 月初版。

91. 權德輿（唐）撰，《權載之文集》，一九卷，收入《宋蜀刻本唐人集叢刊》，上海，上海古籍出版社，1994 年 9 月初版。

二、一般論著

（一）中　文

1. 王恢撰，《中國歷史地理》，二冊，臺北，學生書局，1976 年出版，141 頁。

2. 王儀撰，《隋唐與後三韓關係及日本遣隋使遣唐使運動》，臺北，臺灣中華書局，1972 年 12 月初版，148 頁。

3. 王謇撰，《宋平江城坊考》，附條目索引，南京，江蘇古籍出版社，1999 年 8 月初版，401 頁。

4. 王永興撰，《陳門問學叢稿》，江西，江西人民出版社，1993 年 11 月初版，443 頁。

5. 王吉林撰，《唐代宰相與政治》，臺北，文津出版社，1999 年 6 月初版，263 頁。

6. 王仲犖撰,《隋唐五代史》,二冊,上海,上海人民出版社;上冊,1992年3月初版2刷;下冊,1990年12月初版,共1444頁。

7. 王仲犖撰,《魏晉南北朝史》,二冊,上海,上海人民出版社,1990年3月初版6刷,1069頁。

8. 王仲犖撰,《敦煌石室地志殘卷考釋》,上海,上海古籍出版社,1993年9月初版,317頁。

9. 王仲犖撰,《金泥玉屑叢考》,北京,中華書局;1998年8初版,440頁。

10. 王長俊主編,《江蘇文化史論》,南京,南京師範大學出版社,1999年4月初版,467頁。

11. 王賽時撰,《唐代飲食》,濟南,齊魯書社,2003年3月初版,276頁。

12. 王衛平、王建華等撰,《蘇州史紀》(古代部分),蘇州,蘇州大學出版社,2000年8月初版2刷,255頁。

13. 王壽南撰,《唐代藩鎮與中央關係之研究》,臺北,大化書局,1980年9月初版,1020頁。

14. 王壽南撰,《唐代宦官權勢之研究》,臺北,正中書局,1992年4月臺初版3刷,181頁。

15. 王壽南撰,《唐代政治史論集》,臺北,商務印書館,1977年7月初版,341頁。

16. 木宮泰彥撰,陳捷譯,《中日交通史》,臺北,三人行出版社,1974年7月初版,462頁。

17. 中村圭爾、辛德勇編,《中日古代城市研究》,北京,中國社會科學出版社,2004年3月初版,290頁。

18. 中國社會科學院歷史研究所,魏晉隋唐史研究室編,《隋唐五代史論撰目錄》,蘇州,江蘇古籍出版社,1985年4月初版,602頁。

19. 中國唐史學會編,《中國唐史學會論文集》,西安,三秦出版社,1991年9月初版,265頁。

20. 中國硅酸鹽學會主編,《中國陶瓷史》,北京,文物出版社,1997年6月初版3刷,494頁。

21. 牛致功撰,《唐代碑石與文化研究》,西安,三秦出版社,2002年3月初版,510頁。

22. 平岡武夫編,《唐代的曆》,上海,上海古籍出版社,1990年9月初版,381頁。

23. 平岡武夫、市原亨吉編,《唐代的行政地理》,上海,上海古籍出版社,1989年11月初版,382頁。

24. 平岡武夫、市原亨吉編,《唐代的詩人》,上海,上海古籍出版社,1991

年 1 月初版，178 頁。

25. 平岡武夫、市原亨吉、今井清等編，《唐代的詩篇》（二冊），上海，上海古籍出版社，1991 年 1 月初版，1822 頁。

26. 加藤繁撰，譯者不詳，《唐宋時代之金銀研究》，臺北，新文豐出版社，1974 年 12 月初版，551 頁。

27. 加藤繁撰，譯者不詳，《中國經濟史考證》，臺北，稻鄉出版社，1991 年 2 月初版，854 頁。

28. 史念海撰，《中國史地論稿（河山集）》，臺北，弘文館出版社，1986 年 1 月初版，329 頁。

29. 史念海主編，《唐史論叢》（第二輯），西安，陝西人民出版社，1987 年 1 月，356 頁。

30. 史念海主編，《唐史論叢》（第三輯），西安，三秦出版社，1987 年 1 月初版。

31. 史念海主編，《唐史論叢》（第四輯），西安，三秦出版社，1988 年 6 月初版，306 頁。

32. 史念海主編，《唐史論叢》（第五輯），西安，三秦出版社，1990 年 7 月初版，304 頁。

33. 史念海撰，《中國歷史人口地理和歷史經濟地理》，臺北，學生書局，1991 年 11 月初版，289 頁

34. 史念海撰，《河山集》（第五輯），山西，山西人民出版社，1991 年 12 月初版。

35. 史念海主編，《唐史論叢》（第六輯），西安，三秦出版社，1995 年 12 月初版。

36. 史念海撰，《唐代歷史地理研究》，北京，中國社會科學出版社，1998 年 12 月初版，533 頁。

37. 史念海撰，《河山集》（第七輯），西安，陝西師大出版社，1999 年 1 月初版，588 頁。

38. 朱雷主編，《唐代的歷史與社會》，武漢，武漢大學出版社，1997 年 4 月初版，580 頁。

39. 朱大渭等撰，《魏晉南北朝社會生活史》，北京，中國社會科學出版社，1998 年 8 月初版，527 頁。

40. 朱玉龍撰，《五代十國方鎮年表》，北京：中華書局，1997 年 6 月初版，654 頁。

41. 朱惠勇撰，《中國古船與吳越古橋》，杭州：浙江大學出版社，2001 年 12 月初版 2 刷，399 頁。

42. 全漢昇撰，《中國經濟史論叢》，二冊，香港，新亞研究所，1972 年 8 月初版，815 頁。

43. 全漢昇撰，《中國經濟史研究》，二冊，臺北，稻鄉出版社，1991 年 1 月初版，1015 頁。

44. 江蘇省六朝史研究會、江蘇省社科院歷史所編，《古代長江下游的經濟開發》（西安，三秦出版社，1989 年 8 月初版），292 頁。

45. 江蘇省社聯歷史學會、江蘇省社科院歷史所編，《江蘇史論考》，南京市，江蘇古籍出版社，1989 年 10 月初版。

46. 岑仲勉撰，《岑仲勉史學論文選集》，北京，中華書局，1990 年 7 月初版，797 頁。

47. 岑仲勉撰，《岑仲勉史學論文續集》，北京，中華書局，2004 年 8 月初版，408 頁。

48. 岑仲勉撰，《唐史餘瀋》，臺北，弘文館出版社，1985 年 9 月初版，278 頁。

49. 岑仲勉撰，《通鑑隋唐紀比事質疑》，臺北，九思出版公司，1978 年 5 月臺一版，420 頁。

50. 岑仲勉撰，《隋書求是》，北京，中華書局，2004 年 4 月新一版，378 頁。

51. 吳楓撰，《隋唐歷史文獻集釋》，河南，中州古籍出版社，1987 年 9 月初版，349 頁。

52. 吳玉貴撰，《資治通鑑疑年錄》，北京，中國社會科學出版社，1994 年 7 月初版，318 頁。

53. 吳汝煜等編，《唐五代交往詩索引》，上海：上海古籍出版社，1993 年 5 月初版，1503 頁。

54. 吳松弟撰，《中國移民史》（隋唐五代卷），福州市：福建人民出版社，1997 年 7 月初版，458 頁。

55. 李志庭撰，《浙江地區開發探源》，南昌，江西教育出版社，1997 年 9 月初版，372 頁。

56. 李伯重撰，《唐代江南農業的發展》，北京，農業出版社，1990 年 10 月初版，338 頁。

57. 李伯重撰，《多視角看江南經濟史》，北京，三聯書店，2003 年 5 月初版，505 頁。

58. 李孝聰主編，《唐代地域結構與運作空間》，上海，上海辭書出版社，2003 年 8 月初版，463 頁。

59. 李廷先撰，《唐代揚州史考》，江蘇，江蘇古籍出版社，1992 年 5 月初版，612 頁。

60. 李寅生撰，《論唐代文化對日本文化的影響》，成都，巴蜀書社出版社，2001 年 11 月初版，216 頁。

61. 李萬生撰，《南北朝史拾遺》，西安，三秦出版社，2003 年 4 月初版，188 頁。

62. 李錦繡撰，《唐代財政史稿》（上卷），三冊，北京，北京大學出版社，1995 年 7 月初版，1277 頁。

63. 李錦繡撰，《唐代財政史稿》（下卷），二冊，北京，北京大學出版社，2001 年 6 月初版，1357 頁。

64. 李學勤、徐吉軍主編，《長江文化史》（上、下冊），南昌，江西教育出版社，1996 年 10 月 2 版，1362 頁。

65. 杜瑜撰，《中國經濟重心南移——唐宋間經濟發展的地區差異》，臺北，五南出版社，2005 年 4 月初版，546 頁。

66. 谷川道雄撰，馬彪譯，《中國中世社會與共同體》，北京，中華書局，2002 年 12 月初版，333 頁。

67. 谷川道雄撰，李濟滄譯，《隋唐帝國形成史論》，上海，上海古籍出版社，2004 年 10 月初版，362 頁。

68. 汪向榮撰，《古代中日關係史話》，上海古籍出版社，1999 年 2 月初版，232 頁。

69. 邱添生撰，《唐宋變革期的政經與社會》，臺北，文津出版社，1999 年 6 月初版，229 頁。

70. 周峰主編，《隋唐名郡杭州》，杭州，浙江人民出版社，1997 年 6 月初版，251 頁。

71. 周峰主編，《吳越首府杭州》（修訂版），杭州，浙江人民出版社，1997 年 6 月初版，370 頁。

72. 周長山撰，《漢代城市研究》，北京，人民出版社，2001 年 10 月初版。

73. 周勛初撰，《唐人筆記小說考索》，江蘇，江蘇古籍出版社，1996 年 5 月初版，294 頁。

74. 武秀成撰，《『舊唐書』辨証》，上海，上海古籍出版社，2003 年 5 月初版，353 頁。

75. 武漢大學中國三至九世紀研究所編，《中國前近代史理論國際學術研討會論文集》，漢口，湖北人民出版社，1997 月初版，865 頁。

76. 房仲甫、李二和撰，《中國水運史》，北京，新華出版社，2003 年 1 月初版，334 頁

77. 柳春藩撰，《秦漢魏晉經濟制度研究》，哈爾濱，黑龍江人民出版社，1993 年 10 月初版，339 頁。

78. 姜錫東撰，《宋代商人和商人資本》，北京，中華書局，2002 年 12 月初版，415 頁。

79. 胡戟等主編，《二十世紀唐研究》，北京，中國社會科學出版社，2001 年 1 月初版，958 頁。

80. 胡如雷撰，《隋唐五代社會經濟史論稿》，北京，中國社會科學出版社，1996 年 12 初版，394 頁。

81. 施堅雅主編，葉光庭等譯，陳橋驛校，《中華帝國晚期的城市》，北京，中華書局，2002 年 4 月初版 2 刷，832 頁。

82. 郁賢皓撰，《唐刺史考全編》（1～5 冊），合肥市，安徽大學出版社，2000 年 1 月初版，3489 頁，附索引一冊，368 頁。

83. 高敏主編，《魏晉南北朝經濟史》，上海，上海人民出版社，1996 年 9 月初版，1093 頁。

84. 高敏撰，《南北史掇瑣》，鄭州市，中州古籍出版社，2003 年 8 月初版，702 頁。

85. 高明士撰，《戰後日本的中國史研究》，臺北，明文書局，1986 年 6 月增訂新版，417 頁。

86. 高明士撰，《隋唐貢舉制度》，臺北，文津出版社，1999 年 6 月初版，442 頁。

87. 高明士撰，《東亞古代的政治與教育》，臺北，臺灣大學出版中心，2004 年初版，446 頁。

88. 唐宋運河考察隊編，《運河訪古》，上海，人民出版社，1985 年 5 月出版，427 頁。

89. 唐文基主編，《福建古代經濟史》，福州，福建教育出版社，1995 年初版，643 頁。

90. 唐任伍撰，《唐代經濟思想研究》，北京，北京師範大學出版社，1996 年 3 月初版，287 頁。

91. 唐長孺撰，《三至六世紀江南大土地所有制的發展》，上海，人民出版社，1957 年初版，103 頁。

92. 唐長孺撰，《魏晉南北朝史論拾遺》，北京，中華書局，1983 年 5 月初版，285 頁。

93. 唐長孺撰，《魏晉南北朝隋唐史三論》，武漢，武漢大學出版社，1992 年 12 月初版，493 頁。

94. 唐長孺撰，《魏晉南北朝史論叢》（外一種），河北，河北教育出版社，2002 年 1 月初版 2 刷，651 頁。

95. 宮崎市定撰，邱添生譯，《中國史》，臺北，華世出版社，1980 年初版，637 頁。

96. 馬正林編撰，《中國城市歷史地理》，濟南，山東教育出版社，1999 年 9 月初版 2 刷，478 頁。

97. 馬植杰撰，《三國史》，北京，人民出版社，1994 年 1 月初版 1 刷，465 頁。

98. 郭鋒撰，《唐史與敦煌文獻論稿》，北京，中國社會科學出版社，2002 年 10 月初版，506 頁。

99. 孫洪升撰，《唐宋茶葉經濟》，北京，社會科學文獻出版社，2001 年 1 月初版，366 頁。

100. 桑原騭藏撰，楊鍊譯，《唐宋貿易港研究》，臺北，商務印書館，1966 年 8 臺 1 版，154 頁。

101. 凍國棟撰，《唐代的商品經濟與經營管理》，武昌，武漢大學出版社，1990 年初版，197 頁。

102. 凍國棟撰，《唐代人口問題研究》，武昌，武漢大學出版社，1993 年 2 月初版，490 頁。

103. 凍國棟撰，《中國人口史》第二卷（隋唐五代時期），上海，復旦大學出版社，2002 年 11 月初版，677 頁。

104. 徐連達撰，《唐朝文化史》，上海，復旦大學出版社，2003 年 11 月初版，514 頁。

105. 徐庭雲主編，《中國社會通史‧隋唐五代卷》，太原，山西教育出版社，1996 年初版，557 頁。

106. 翁俊雄撰，《唐初政區與人口》，北京，北京師範大學，1990 年 8 月初版，291 頁。

107. 翁俊雄撰，《唐朝鼎盛時期政區與人口》，北京，首都師範大學，1995 年 9 月初版，282 頁。

108. 翁俊雄撰，《唐代人口與區域經濟》，臺北，新文豐出版事業公司，1995 年 9 月初版，653 頁。

109. 翁俊雄撰，《唐後期政區與人口》，北京，首都師範大學，1999 年 12 月初版，314 頁。

110. 許輝、蔣福亞主編，《六朝經濟史》，江蘇，江蘇古籍出版社，1993 年 7 月初版，404 頁。

111. 堀敏一撰，韓昇編，韓昇、彭建英譯，《隋唐帝國與東亞》，昆明，雲南人民出版社，2002 年 1 月初版，163 頁。

112. 陳文華撰，《農業考古》，北京，文物出版社，2002 年 2 月初版，205 頁。

113. 陳尚君撰，《唐代文學叢考》，北京，中國社會科學出版社，1997 年 10 月初版，548 頁。

114. 陳明光撰，《漢唐財政史論》，長沙，岳麓出版社，2003 年 10 月初版，330 頁。

115. 陳寅恪撰，《隋唐制度淵源略論稿》、《唐代政治史述論稿》（合刊），臺北，里仁書局，1984 年 8 月再版，304 頁。

116. 陳寅恪撰，《陳寅恪讀書札記——新舊唐書之部》，上海，上海古籍出版社，1989 年 4 月再版，397 頁。

117. 陳寅恪撰，《元白詩箋證稿》，北京，三聯書店，2001 年 4 月初版，383 頁。

118. 陳衍德、楊權撰，《唐代鹽政》，西安，三秦出版社，1990 年 12 月初版，186 頁。

119. 陳國燦、奚建華撰，《浙江古代城鎮史研究》，合肥，安徽大學出版社，2000 年 1 月初版，357 頁。

120. 陳國燦、劉健明撰，《全唐文職官叢考》，武漢大學出版社，1997 年 5 月初版，502 頁。

121. 陳國燦撰，《斯坦因所獲吐魯番文書研究》，武漢大學出版社，1997 年初版。

122. 陳萬里撰，《瓷器與浙江》，上海，中華書局，1946 年。

123. 陳橋驛撰，《陳橋驛方志論集》，杭州，杭州大學出版社，1997 年 8 月初版，514 頁。

124. 陳橋驛撰，《吳越文化論叢》，北京，中華書局，1999 年 12 月初版，577 頁。

125. 馮先銘撰，《中國陶瓷》，上海，上海古籍出版社，1997 年 10 月初版 7 刷，656 頁。

126. 張弓撰，《唐朝倉廩制度初探》，北京，中華書局，1986 年初版，175 頁。

127. 張國剛撰，《唐代藩鎮研究》，長沙，湖南教育出版社，1987 年 12 月初版，269 頁。

128. 張國剛主編，《隋唐五代史研究概要》，天津，天津教育出版社，1996 年 9 月初版，1185 頁。

129. 張澤咸撰，《唐五代賦役史草》，北京，中華書局，1989 年 10 月初版，498 頁。

130. 張澤咸撰，《唐代工商業》，北京，中國社會科學出版社，1995 年 12 月初版，498 頁。

131. 張澤咸撰，《唐代階級結構研究》，鄭州市，中州古籍出版社，1996 年 1 月初版，516 頁。

132. 張澤咸撰，《隋唐時期農業》，臺北，文津出版社，1999 年 6 月初版，369

頁。

133. 張曉旭撰，《蘇州碑刻》，蘇州，蘇州大學出版社，2000 年 8 月初版，225 頁。

134. 張學恕撰，《中國長江下游經濟發展史》，南京，東南大學出版社，1990 年初版。

135. 張劍光撰，《唐五代江南工商業布局研究》，南京，江蘇古籍出版社，2003 年 5 月初版，471 頁。

136. 黃正建撰，《唐代衣食住行研究》，北京，首都師範大學出版社，1998 年 4 月初版，221 頁。

137. 黃永年撰，《唐代史事考釋》，臺北，聯經文化事業公司，1998 年 1 月初版，643 頁。

138. 黃約瑟、劉健明合編，《隋唐史論集》，香港，香港大學亞洲研究中心，1993 年初版，324 頁。

139. 黃約瑟撰、劉健明編，《黃約瑟隋唐史論集》，北京，中華書局，1997 年 12 月初版，226 頁。

140. 黃玫茵撰，《唐代江西地區開發研究》，臺北，國立臺灣大學出版社，1996 年初版，275 頁。

141. 黃淑梅撰，《六朝太湖流域的發展》，臺北，聯鳴文化有限公司，1982 年 3 月再版，189 頁。

142. 黃惠賢、李文瀾編，《古代長江中游的經濟開發》，漢口，武漢出版社，1988 年 1 月初版，482 頁。

143. 黃新亞撰，《消逝的太陽——唐代城市生活長卷》，長沙，湖南出版社，1996 年 9 月初版，272 頁。

144. 黃今言主編，《秦漢江南經濟述稿》，南昌，江西人民出版社，1999 年 5 月初版。

145. 黃展岳撰，《先秦兩漢考古與文化》，臺北，允晨文化，1999 年 8 月初版。

146. 陶希聖、武仙卿撰，《南北朝經濟史》，臺北，食貨出版社，1979 年 4 月。

147. 斯波義信撰，方健、何忠禮譯，《宋代江南經濟史研究》，南京，江蘇人民出版社，2001 年 1 月初版，646 頁。

148. 瑞特（Arthur F. Wright）等撰，陶晉生等譯，《唐史論文選集》，臺北，幼獅文化事業有限公司，1990 年 12 月初版，339 頁。

149. 程民生撰，《宋代地域經濟》，開封，河南大學出版社，1996 年 5 月初版 2 刷，358 頁。

150. 程存潔撰，《唐代城市史研究初篇》，北京，中華書局，2002 年 11 初版，296 頁。

151. 傅宗文撰,《宋代草市鎮研究》,福州,福建人民出版社,1991 年 9 月初版,604 頁。

152. 寧可主編,《中國經濟通史 —— 隋唐五代經濟卷》,北京,經濟日報出版社,2000 年 8 月初版,703 頁。

153. 楊遠撰,《西漢至北宋中國經濟文化向南發展》,二冊,臺北,商務印書館,1991 年初版,826 頁。

154. 齊濤撰,《魏晉隋唐鄉村社會研究》,濟南,山東人民出版社,1995 年 1 月初版,246 頁。

155. 齊東方撰,《唐代金銀器》,北京,中國社會科學出版社,1999 年 5 月初版,464 頁。

156. 齊東方撰,《隋唐考古》,北京,文物出版社,2002 年 10 月初版,242 頁。

157. 馮賢亮撰,《明清江南地區的環境變動與社會控制》,上海,上海人民出版社,2002 年 8 月初版,547 頁。

158. 萬繩楠等撰,《中國長江流域開發史》,合肥,黃山書社,1997 年 6 月初版,383 頁。

159. 樂承耀撰,《寧波古代史綱》,寧波,寧波出版社,1999 年 12 月初版 2 刷,458 頁。

160. 葛劍雄撰,《中國移民史》（先秦至魏晉南北朝時期）,福州市,福建人民出版社,1997 年 7 月初版。

161. 裴安平、熊建華撰,《長江流域的稻作文化》,武漢,湖北教育出版社,2004 年 8 月初版,513 頁。

162. 黎虎撰,《魏晉南北朝史論》,北京,學苑出版社,1999 年 7 月初版 2 刷,622 頁。

163. 劉玉峰撰,《唐代工商業形態論稿》,濟南,齊魯書社,2002 年 9 月初版,310 頁。

164. 劉志寬等撰,《十大古都商業史略》,北京,中國財政經濟出版社,1990 年 5 月初版。

165. 劉希爲撰,《隋唐交通》,臺北,新文豐出版社,1992 年 3 月臺 1 版,296 頁。

166. 劉昭民撰,《中國歷史上氣候之變遷》,臺北,商務印書館,1992 年 12 月修訂版 1 刷,307 頁。

167. 劉淑芬撰,《六朝的城市與社會》,臺北,學生書局,1992 年 10 月初版,480 頁。

168. 諸葛計撰,《吳越史事編年》,杭州,浙江古籍出版社,1989 年 6 月初版。

169. 潘鏞撰,《隋唐時期的運河與漕運》,西安,三秦出版社,1986 年 5 月,

128 頁。

170. 鄭學檬撰,《五代十國史研究》,上海,上海人民出版社,1991 年 4 月初版,236 頁。

171. 鄭學檬主編,《中國賦役制度史》,廈門,廈門大學出版社,1994 年 8 月初版,726 頁。

172. 鄭學檬、冷敏述主編,《唐文化研究論文集》,上海,上海人民出版社,1994 年 11 月初版,603 頁。

173. 鄭學檬撰,《中國古代經濟重心南移和唐宋江南經濟研究》,長沙,岳麓出版社,2003 年 10 月修訂再版,382 頁。

174. 臧嶸撰,《隋唐五代史論》,石家莊,河北教育出版社,2000 年 1 月初版,405 頁。

175. 蔣兆成撰,《明清杭嘉湖社會經濟研究》,杭州,浙江大學出版社,2002 年 1 月初版,488 頁。

176. 盧華語撰,《唐代桑蠶絲綢研究》,北京,首都師範大學出版社,1995 年 11 月初版,198 頁。

177. 謝和耐撰,耿 昇譯,《中國五～十世紀的寺院經濟》,臺北,商鼎文化出版社,1993 年初版,419 頁。

178. 戴偉華撰,《唐方鎮文職僚佐考》,天津,天津古籍出版社,1994 年 1 月初版,683 頁。

179. 戴偉華撰,《唐代使府與文學研究》,桂林,廣西師範大學出版社,1998 年 5 月初版,278 頁。

180. 錢穆撰,《古史地理論叢》,北京,三聯出版社,2004 年 8 月初版,302 頁。

181. 錢公麟、徐亦鵬撰,《蘇州考古》,蘇州,蘇州大學出版社,2000 年 8 月初版,251 頁。

182. 應岳林、巴兆祥撰,《江淮地區開發探源》,南昌,江西教育出版社,1997 年 10 月初版,363 頁。

183. 鞠清遠撰,《唐代財政史》,臺北,食貨出版社,1978 年 12 月臺再版,170 頁。

184. 魏明孔撰,《隋唐手工業研究》,甘肅人民出版社,1999 年初版。

185. 魏嵩山撰,《太湖流域開發探源》,江西教育出版社,1993 年 4 月初版,284 頁。

186. 羅宗真撰,《魏晉南北朝考古》,北京,文物出版社,2001 年 6 月初版。

187. 羅傳棟主編,《長江航運史》(古代部分),北京,人民交通出版社,1991 年 6 月,460 頁。

188. 譚其驤撰,《長水集》,二冊,上海,上海人民出版社,1987 年初版。

189. 譚其驤撰,《長水集》(續編),北京,人民出版社,1994 年 12 月初版, 494 頁。

190. 譚其驤撰,《長水粹編》,石家莊,河北教育出版社,2001 年 5 月初版 2 刷,494 頁。

191. 韓國磐撰,《南北朝經濟史略》,廈門,廈門大學出版社,1990 年 10 月 初版,351 頁。

192. 嚴其林、程建撰,《京口文化》,南京,南京大學出版社,2001 年 1 月初 版,333 頁。

193. 嚴耕望撰,《中國歷史地理──隋‧唐‧五代十國篇》,收入中國歷史地 理(二),臺北,中華文化出版事業委員會,1954 年初版。

194. 嚴耕望撰,《唐史研究叢稿》,香港,新亞研究所,1969 年初版,656 頁。

195. 嚴耕望撰,《嚴耕望史學論文選集》,臺北,聯經出版事業公司,1991 年 5 月初版,658 頁。

196. 龔向農撰,《舊唐書札迻》,成都,四川大學出版社,1990 年 4 月初版, 199 頁。

(二)日 文

1. 仁井田陞撰,《唐令拾遺》,東京,東京大學出版會,1964 年,1006 頁。

2. 谷川道雄編,《日中國際共同研究──地域社會在六朝政治文化所起的 作用》,日本,玄文社,1989 年 3 月初版,292 頁。

3. 佐伯富撰,《中國鹽政史の研究》,京都,法律文化社,1988 年 9 月第 2 刷,807 頁,索引 105 頁。

4. 周藤吉之撰,《唐宋社會經濟史研究》,東京,東京大學出版會,1965 年 3 月發行,上、下卷,929 頁;索引 12 頁。

5. 周藤吉之撰,《宋代經濟史研究》,東京,東京大學出版會,1971 年 7 月 第 2 刷。

6. 宮崎市定撰,《東洋的近世》,收入《宮崎市定全集》第二卷(岩波書店, 1992 年初版)。

7. 梅原郁編,《中國近世の都市と文化》,京都大學人文科學研究所,1984 年 3 月版,518 頁。

8. 愛宕元撰,《中國的城郭城市》,中央公論社,1991 年,220 頁。

9. 愛宕元撰,《唐代地域社會史研究》,京都,同朋舍出版,1997 年 2 月, 506 頁。

(三)英 文

1. Edited by Arthur F. Wright &Denis Twitchett, *Perspectives on the T'ang*, New Haven and London:Yale University Press, 1973.

2. Eisenstadt, S.N., *The Political Systems of Empires*, New York：The Free Press of Glencoe, 1967.

3. Skinner, G. William ed., *The City in Late Imperial China*, Stanford：Stanford University Press, 1977.

三、期刊論文

（一）中　文

1. 大澤正昭撰，牟發松譯，〈唐宋時代的小生產方式及其發展階段〉，收入武漢大學中國三至九世紀研究所編，《中國前近代史理論國際學術研討會論文集》（漢口，湖北人民出版社，1997 年 5 月初版），頁 443～465。

2. 日野開三郎撰，黃正建譯，〈唐代商稅考〉，收入劉俊文主編，《日本學者研究中國史論著選譯》第四卷（六朝隋唐）（北京，中華書局，1992 年 7 初版），頁 405～444。

3. 王平撰，〈「安史之亂」對唐朝對外交通的影響〉，《黔南民族師專學報》（哲社版），1996 年 1 月，頁 77～80；87。

4. 王子今撰，〈試論秦漢氣候變遷對江南經濟文化發展的意義〉，《學術月刊》，1994 年 9 月，頁 62～69。

5. 王力平撰，〈唐肅、代、德時期的南路運輸〉，收入《古代長江中游的經濟開發》（漢口，武漢出版社，1988 年 1 月），頁 331～345。

6. 王吉林撰，〈南詔與晚唐關係之研究〉，《華岡學報》第七期（1973 年 7 月），頁 283～353。

7. 王永平撰，〈兩漢時期江南士人行跡述略〉，《中國史研究》，1997 年第 4 期，頁 39～49。

8. 王永興撰，〈唐代土貢資料繫年——唐代土貢研究之一〉，收入《北京大學學報》，1982 年第 4 期，頁 60～65；59。

9. 王永興撰，〈敦煌寫本唐開元水部式校釋〉，收入《敦煌吐魯番文獻研究論集》第三輯（北京，北京大學，1986 年 2 月），頁 4～67。

10. 王永興撰，〈試論唐代紡織業的地理分佈〉，收入《陳門問學叢稿》（江西，江西人民出版社，1993 年 11 月初版），頁 309～336。

11. 王仲犖撰，〈唐天寶初年地志殘卷考釋〉，收入氏撰，《敦煌石室地志殘卷考釋》（上海，上海古籍出版社，1993 年 9 月），頁 1～75。

12. 王仲犖撰，〈從茶葉經濟發展歷史看中國封建社會的一個特徵〉，收入氏撰，《蠟華山館叢稿》（北京：中華書局，1987 年 4 月初版），頁 119～155。

13. 王志高、周維林撰，〈南京江寧出土東吳買地卷〉，《中國文物報》，1996 年 5 月 5 日。

14. 王洪軍撰，〈唐代的茶葉生產——唐代茶葉史研究之一〉，《齊魯學刊》，

1987 年第 6 期，頁 14～21。

15. 王洪軍撰，〈唐代水利管理及其前後期興修重心的轉移〉，《齊魯學刊》，1999 年 4 月，頁 77～81。

16. 王朝中撰，〈唐安史亂後漕糧年運量驟降原因初探〉，《中國社會經濟史研究》，1984 年 3 月，頁 67～76。

17. 王賽時撰，〈論唐代的造船業〉，《中國史研究》，1998 年 2 月，頁 70～78。

18. 王賽時撰，〈唐代的酒肆〉，《中國飲食文化基金會訊》，2001 年 11 月，頁 39～45。

19. 王壽南撰，〈唐代藩鎮與宦官〉，《思與言》，第七卷第一期，1969 年 5 月，頁 45～49。

20. 王壽南撰，〈從藩鎮之選任看安史之亂後唐中央政府對地方之控制〉，《國立政治大學歷史學報》第六期，1988 年 9 月，頁 1～18。

21. 甘懷真撰，〈唐代官人的宦遊生活——以經濟生活爲中心〉，載《第二屆唐代文化研討會論文集》（臺北，中國唐代學會出版，1995 年 9 月），頁 39～60。

22. 牛致功撰，〈圓仁目睹的唐武宗滅佛〉，載《陝西師範大學歷史系學術論文集》（西安，陝西人民教育出版社，1994 年 1 月初版），頁 242～255。

23. 牛致功撰，〈圓仁筆下的「茶」〉，載氏撰《唐代碑石與文化研究》（西安，三秦出版社，2002 年 3 月初版），頁 273～283。

24. 牛致功撰，〈圓仁目睹的新羅人——讀《入唐求法巡禮行記》札記〉，載氏撰《唐代碑石與文化研究》（西安，三秦出版社，2002 年 3 月初版），頁 260～272。

25. 孔祥星撰，〈唐代江南和四川地區絲織業的發展——兼論新疆吐魯番出土的絲織品〉，收入《唐史研究論文集》（西安，陝西人民出版社，1983 年 9 月）。

26. 方亞光撰，〈六朝隋唐時期的金陵與廣陵〉，收入《古代長江下游的經濟開發》（西安，三秦出版社，1989 年 8 月初版），頁 92～102。

27. 方亞光撰，〈論唐代江蘇地區的經濟實力〉，《中國史研究》，1993 年第 1 期，頁 31～41。

28. 石受祿撰，〈六朝時期京口港和商業都會的形成〉，收入《古代長江下游的經濟開發》（西安，三秦出版社，1989 年 8 月初版），頁 240～246。

29. 石雲濤撰，〈唐後期方鎮使府僚佐遷轉〉，載《魏晉南北朝隋唐史資料》，第十四期（1996 年）。

30. 石墨林撰，〈《吐魯番出土文書》錄文本、圖文本簡明目錄對照表〉，載《魏晉南北朝隋唐史資料》，第十五期（1997 年），頁 206～210。

31. 石墨林撰，〈《吐魯番出土文書》錄文本、圖文本簡明目錄對照表（續完）〉，

載《魏晉南北朝隋唐史資料》，第十六期（1998 年），頁 354～355。

32. 石墨林撰，〈三種新出版吐魯番文書人名地名索引〉，載《魏晉南北朝隋唐史資料》，第十八期（2001 年），頁 218～252。

33. 史念海撰，〈論唐代揚州和長江下游的經濟地區〉，《揚州師院學報》，1982年第 2 期，頁 21～27。

34. 史念海撰，〈春秋戰國時代農工業的發展及其地區的分佈〉，收入氏撰《中國史地論稿（河山集）》（臺北，弘文館出版社，1986 年 1 月初版），頁 87～118。

35. 史念海撰，〈隋唐時期長江下游農業的發展〉，收入氏撰，《中國史地論稿（河山集）》（臺北，弘文館出版社，1986 年 1 月初版），頁 239～254。

36. 史念海撰，〈隋唐時期自然環境的變遷及與人為作用的關係〉，《歷史研究》，1990 年第 1 期，頁 51～63。

37. 史念海撰，〈兩《唐書》列傳人物本貫的地理分佈〉，《河山集》第五輯（山西，山西人民出版社，1991 年 12 月初版），頁 402～501。

38. 史念海撰，〈隋唐時期的交通與都會〉，《唐史論叢》第六輯（西安，三秦出版社，1995 年 12 月初版），頁 1～57。

39. 史念海撰，〈隋唐時期運河和長江的水上交通及其沿岸的都會〉，《河山集》第七輯（西安，陝西師大出版社，1999 年 1 月初版），頁 174～211。

40. 田廷柱撰，〈新羅僧人入唐求法與佛教東漸〉，收入朱雷主編，《唐代的歷史與社會》（武漢，武漢大學出版社，1997 年 4 月初版），頁 430～440。

41. 全漢昇撰，〈唐宋時代揚州經濟景況的繁榮與衰落〉，收入氏撰，《中國經濟史論叢》（香港，新亞研究所，1972 年 8 月），上冊，頁 1～28。

42. 全漢昇撰，〈唐宋帝國與運河〉，收入氏撰，《中國經濟史研究》（臺北，稻鄉出版社，1991 年 1 月），上冊，頁 265～396。

43. 朱江撰，〈朝鮮半島和揚州的交通〉，《揚州師院學報》，1988 年第 1 期，頁 126～129 及頁 132。

44. 朱雷撰，〈唐代「均田制」實施過程中「受田」與「私田」的關係及其他〉，載《魏晉南北朝隋唐史資料》，第十四期（1996 年）。

45. 朱祖德撰，〈唐代揚州的盛況及其繁榮因素試析〉，《淡江史學》，第十期（1999 年 6 月），頁 277～298。

46. 朱祖德撰，〈唐代浙江地區的經濟發展〉，《淡江史學》，第十二期（2001年 12 月），頁 1～22。

47. 朱祖德撰，〈試論唐代蘇州繁榮的經濟基礎〉，《淡江史學》，第十三期（2001年 12 月），頁 91～103。

48. 朱祖德撰，〈唐五代兩浙地區城市分佈的變遷〉，載《史學彙刊》第二十期（2005 年 12 月），頁 123～154。

49. 朱祖德撰,〈三國時期孫吳的經濟發展〉,載《興大人文學報》第三八期（2007 年 3 月），頁 371～396。

50. 朱祖德撰,〈唐代越州經濟發展探析〉,載《淡江史學》第十八期,（2007 年 9 月）頁 21～42。

51. 岑仲勉撰,〈唐代兩稅基礎及其牽連的問題〉,收入氏撰,《岑仲勉史學論文續集》,（北京,中華書局,2004 年 8 月初版），頁 17～36。

52. 辛德勇撰,〈唐高僧籍貫及駐錫地分佈〉,載史念海主編,《唐史論叢》（第四輯）（西安,三秦出版社,1988 年 6 月初版）頁 287～306。

53. 牟發松撰,〈略論唐代的南朝化傾向〉,《中國史研究》,1996 年第 2 期,頁 51～64。

54. 吳震撰,〈敦煌石室寫本唐天寶初年『郡縣公廨本錢簿』校注並跋〉,《文史》第十三輯,頁 89～145；《文史》第十四輯,頁 67～112。

55. 吳松弟撰,〈唐後期五代江南地區的北方移民〉,《中國歷史地理論叢》,1996 年第 3 期。

56. 吳松弟撰,〈就《兩宋蘇州經濟考略》致方健先生〉,《中國歷史地理論叢》,2000 年第 3 期,頁 241～245。

57. 吳松弟撰,〈盛唐時期的人口遷移及其地域特點〉,載李孝聰主編,《唐代地域結構與運作空間》（上海,上海辭書出版社,2003 年 8 月初版）,頁 151～217。

58. 何徵撰,〈五代吳越國錢鏐與浙江越窯〉,《陶瓷研究》,2001 年 3 月,頁 35～37；41。

59. 何海燕撰,〈近二十餘年來中國漢唐城市地理研究概述〉,載中村圭爾、辛德勇編,《中日古代城市研究》（北京,中國社會科學出版社,2004 年 3 月初版）,頁 58～83。

60. 何榮昌撰,〈六朝時期長江下游商業的發展〉,收入《古代長江下游的經濟開發》（西安,三秦出版社,1989 年 8 月初版）,頁 247～255。

61. 汪家倫撰,〈東晉南朝江南農田水利的發展〉,載江蘇省六朝史研究會編,《六朝史論集》（合肥,黃山書社,1993 年 9 月初版）,頁 94～105。

62. 李文瀾撰,〈唐代長江中游水患與生態環境諸問題的歷史啟示〉,《江漢論壇》（武漢）,1999 年第 1 期,頁 60～64。

63. 李軍撰,〈論早期越窯青瓷〉,《東南文化》,1999 年第 4 期,頁 88～96。

64. 李天石撰,〈唐代江蘇地區農業經濟發展述論〉,《南京師大學報》（社科版）,1991 年第 3 期,頁 43～49。

65. 李伯重撰,〈略論唐代的「日絹三尺」〉,收入《唐史論叢》第二輯（西安,陝西人民出版社,1987 年 1 月）,頁 101～118。

66. 李伯重撰,〈「江南地區」之界定〉,收入氏撰,《多視角看江南經濟史》

（北京，三聯書店，2003 年 5 月初版），頁 447～460。

67. 李志庭撰，〈唐末杭州城垣界址之我見〉，《杭州大學學報》，1996 年第 4 期。

68. 李志庭撰，〈也談錢鏐"保境安民"國策〉，《中國史研究》，1997 年第 3 期，頁 92～98。

69. 李孝聰撰，〈唐代城市的形態與地域結構——以坊市制的演變爲線索〉，載李孝聰主編，《唐代地域結構與運作空間》（上海，上海辭書出版社，2003 年 8 月初版），頁 248～306。

70. 李廷先撰，〈唐代江、淮地區的賦稅〉，《揚州師院學報》，1990 年第 3 期，頁 119～123。

71. 李季平、王洪軍撰，〈唐代淮南、江南兩道的茶葉生產〉，收入江蘇省六朝史研究會、江蘇省社科院歷史所編，《古代長江下游的經濟開發》（西安，三秦出版社，1989 年 8 月初版），頁 184～194。

72. 杜文玉撰，〈唐五代時期江西地區社會經濟的發展〉，《江西社會科學》，1989 年第 4 期，頁 103～108。

73. 邱添生撰，〈由政治形態看唐宋間的歷史演變〉，《大陸雜誌》第四九卷第六期，1974 年 12 月，頁 14～35。

74. 邱添生撰，〈由田制與稅法看唐宋間的歷史演變〉，《師大歷史學報》第四期，1976 年 4 月，頁 103～140。

75. 邱添生撰，〈由貨幣經濟看唐宋間的歷史演變〉，《師大歷史學報》第五期，1977 年 4 月，頁 229～252。

76. 邱添生撰，〈論唐宋間的歷史演變〉，《幼獅月刊》第四七卷第五期，1978 年 5 月，頁 45～50。

77. 邱添生撰，〈論唐宋變革期的歷史意義 —— 以政治、社會、經濟之演變爲中心〉，《師大歷史學報》第七期，1979 年 5 月，頁 83～111。

78. 辛德勇撰，〈唐高僧籍貫及駐錫地分佈〉，《唐史論叢》第四輯（西安，三秦出版社，1988 年 6 月初版），頁 287～306。

79. 林立平撰，〈唐代江南地區的開發〉，《史學集刊》，1984 年第 2 期，頁 33～36。

80. 林立平撰，〈試論唐宋之際城市分佈重心的南遷〉，《暨南學報》，1989 年第 2 期，頁 71～81。

81. 林立平撰，〈中唐後城市生活的「俗世化」趨向〉，載中國唐史學會編，《中國唐史學會論文集》（西安，三秦出版社，1991 年 9 月初版）頁 229～247。

82. 林文勛撰，〈唐代茶葉產銷的地域結構及對全國經濟聯繫的影響〉，載李孝聰主編，《唐代地域結構與運作空間》（上海，上海辭書出版社，2003 年 8 月初版），頁 218～247。

83. 林敏明撰，〈宋代對兩浙路的經營〉，《中國歷史學會史學集刊》第 28 期（1996 年 8 月），頁 167～220。

84. 浙江文物管理委員會，〈杭州水田畈遺址發掘報告〉，載《考古學報》，1960 年第 2 期。

85. 周少華撰，〈古銀錠湖青瓷窯址考古記 —— 兼談越窯相關問題〉，《中國古陶瓷研究》（第五輯）（北京，紫禁城出版社，1999 年 11 月初版），頁 125～133。

86. 周秀蓉撰，〈唐宋浙江茶文化繁榮原因探析〉，《浙江社會科會》，1999 年第 5 期。

87. 孟文鏞撰，〈唐代越州經濟的發展〉，《紹興師專學報》，1985 年第 4 期。

88. 孟昭庚、張學鋒撰，〈論唐代江南在唐帝國地位的演變〉，載江蘇省六朝史研究會、江蘇省社科院歷史所編，《古代長江下游的經濟開發》（西安，三秦出版社，1989 年 8 月初版），頁 114～127。

89. 武漢市博物館，〈閱馬場五代吳國墓〉，收入《江漢考古》，1998 年 3 期，頁 67～72。

90. 查屏球撰，〈新補《全唐詩》102 首 —— 高麗《十抄詩》中所存唐人佚詩〉，《文史》，2003 年第 1 期，頁 140～168。

91. 俞永炳撰，〈試談絲綢之路上的唐城〉，收入《漢唐與邊疆考古研究》（第一輯）（北京，科學出版社，1994 年 8 月），頁 169～172。

92. 姜光斗、顧啟撰，〈韋應物任蘇州刺史時的建樹和晚唐概況〉，收入《蘇州大學學報》（哲社版），1986 年 4 期，頁 122～126。

93. 袁英光、李曉路撰，〈唐代文風南興及其經濟原因管窺〉，載江蘇省六朝史研究會、江蘇省社科院歷史所編，《古代長江下游的經濟開發》（西安，三秦出版社，1989 年 8 月初版），頁 277～291。

94. 姚關穆撰，〈唐代創建的杭州都市給水系統〉，《自來水會刊》，第 21 卷 2 期，2001 年 9 月。

95. 高明士撰，〈隋唐使臣赴倭及其禮儀問題〉，《台大歷史學報》第 23 期（1999 年 6 月），頁 199～238。

96. 高明士撰，〈從律令制的演變看唐宋間的變革〉，《台大歷史學報》第 32 期（2003 年 12 月），頁 1～31。

97. 高榮盛撰，〈唐代江淮漕運的歷史考察〉，《安徽史學》，1998 年第 3 期。

98. 唐剛卯撰，〈「庫露真」與「裹䋽」 —— 唐代漆器研究之一〉，載《魏晉南北朝隋唐史資料》，第十七期（2000 年），頁 178～187。

99. 唐啟淮撰，〈唐五代時期湖南地區社會經濟的發展〉，《中國社會經濟史研究》，1985 年第 4 期，頁 22～34。

100. 徐孝忠撰，〈淺識壽州窯〉，《中國古陶瓷研究》（第五輯）（北京，紫禁城

出版社，1999 年 11 月初版），頁 19～22。

101. 夏定域撰，〈吳越錢氏之文化〉，《文瀾學報》第一期，1935 年 1 月。

102. 夏善宏撰，〈從唐詩看唐代商業〉，《社會科學學報》，1999 年 7 月。

103. 費省撰，〈論唐代的人口分佈〉，《中國歷史地理論叢》，1988 年第 2 輯，頁 111～158。

104. 費省撰，〈唐代藝術家籍貫的地理分佈〉，載史念海主編，《唐史論叢》（第四輯）（西安，三秦出版社，1988 年 6 月初版），頁 109～146。

105. 桑原隲藏撰，黃約瑟譯，〈歷史上所見的南北中國〉，收入劉俊文編，《日本學者研究中國史論著選譯》第一卷（通論）（北京，中華書局，1992 年 7 初版），頁 19～68。

106. 宮崎市定撰，黃約瑟譯，〈東洋的近世〉，收入劉俊文編，《日本學者研究中國史論著選譯》第一卷（通論）（北京，中華書局，1992 年 7 初版），頁 153～242。

107. 施和金撰，〈唐宋時期經濟重心南移的地理基礎〉，《南京師範大學學報》，1991 年第 3 期，頁 35～42。

108. 翁俊雄撰，〈唐代長江三角洲核心地區經濟發展初探〉，載江蘇省六朝史研究會、江蘇省社科院歷史所編，《古代長江下游的經濟開發》（西安，三秦出版社，1989 年 8 月初版），頁 15～36。

109. 翁俊雄撰，〈唐後期民戶遷徙與兩稅法〉，收入氏撰，《唐代人口與區域經濟》（臺北，新文豐出版事業公司，1995 年 9 月初版），頁 211～248。

110. 翁俊雄撰，〈開元、天寶之際的逃戶〉，收入氏撰，《唐代人口與區域經濟》（臺北，新文豐出版事業公司，1995 年 9 月初版），頁 199～210。

111. 翁俊雄撰，〈唐代虎、象的行蹤〉，載《唐研究》第三卷（北京，北京大學，1997 年初版），頁 381～394。

112. 凍國棟撰，〈唐代蘇州商品經濟發展初探〉，《蘇州大學學報》，1988 年 3 期。

113. 凍國棟撰，〈六朝至唐吳郡大姓的演變〉，《魏晉南北朝隋唐史資料》，1997 年 6 月，頁 19～27。

114. 凍國棟撰，〈唐代的小農經濟與經營方式管見〉，收入《中國前近代史理論國際學術研討會論文集》，頁 477～500。

115. 凍國棟撰，〈唐代長江下游地區的開發與市場的擴展〉，收入《古代長江下游的經濟開發》，頁 222～239。

116. 凍國棟撰，〈隋代人口的若干問題管見〉，載《魏晉南北朝隋唐史資料》，第十四期（1996 年），頁 109～121。

117. 凍國棟撰，〈羅隱《吳公約神道碑》所見唐末之"杭州八都"〉，載《魏

晉南北朝隋唐史資料》第十五期（1997 年 6 月），頁 94～99。

118. 凍國棟撰，〈隋唐時期的人口政策與家族法 —— 以析戶、合貫（戶）爲中心〉，載《唐研究》第四卷（1998 年 12 月初版），頁 319～335。

119. 徐明德撰，〈論唐代揚州國際大港的繁榮與歷史地位〉，載《揚州研究》（臺北，聯經出版事業公司，1996 年 8 月初版），頁 139～178。

120. 徐明德撰，〈論七至九世紀亞洲第一國際商貿大港 —— 中國揚州港〉，《杭州大學學報（哲社版）》，1998 年第 1 期，頁 24～33。

121. 柴德賡撰，〈從白居易詩文中論証唐代蘇州的繁榮〉，《江蘇師院學報》，1979 年 1、2 期。

122. 孫永如、張建生撰，〈論唐代後期淮南道鹽業與社會經濟的發展〉，收入《古代長江下游的經濟開發》，頁 195～203。

123. 孫永如撰，〈高駢史事考辨〉，收入《唐史論叢》，第五輯（西安，三秦出版社，1990 年 7 月），頁 208～222。

124. 莊華峰撰，〈五代時期東南諸國的政策與經濟開發〉，《中國史研究》，1998 年第 4 期，頁 96～106。

125. 曾一民撰，〈唐魯國公孔戣治廣州之政績〉，收入黃約瑟、劉健明編，《隋唐史論集》（香港，香港大學亞洲研究中心出版，1993 年），頁 93～105。

126. 曾一民撰，〈李唐對嶺南的經營〉，收入朱雷主編，《唐代的歷史與社會》（武漢，武漢大學出版社，1997 年 4 月初版），頁 150～172。

127. 曹爾琴撰，〈唐代經濟重心的南移〉，《歷史地理》，第二輯，頁 147～155。

128. 曹爾琴撰，〈唐長安的商人與商業〉，收入《唐史論叢》第二輯（西安，陝西人民出版社，1987 年 1 月），頁 118～136。

129. 梁勵撰，〈南唐建國史略〉，《歷史教學》，1997 年第 9 期，頁 46～47。

130. 梁庚堯撰，〈宋元時代的蘇州〉，載氏撰《宋代社會經濟史論集》（臺北，允晨文化出版事業公司，1997 年 4 月）。

131. 梁庚堯撰，〈宋代太湖平原農業生產問題的再檢討〉，《臺大文史哲學報》第 54 期（2001 年 5 月），頁 261～303。

132. 梁庚堯撰，〈宋元時蘇州的農業發展〉，收入許倬雲等編，《第二屆中國經濟史研討會論文集》（臺北，中央圖書館漢學中心，1983 年）。

133. 成一農撰，〈唐代的地緣政治結構〉，載李孝聰主編，《唐代地域結構與運作空間》（上海，上海辭書出版社，2003 年 8 月初版），頁 8～59。

134. 康才媛撰，〈唐代文人飲茶文化〉，載《中國歷史學會史學集刊》第 30 期（臺北，中國歷史學會，1998 年 10 月初版），頁 113～137。

135. 黃正建撰，〈韓愈日常生活研究〉，載《唐研究》第四卷（北京，北京大學，1998 年 12 月初版），頁 251～273。

136. 黃宣佩、吳貴芳、楊嘉祐等撰，〈從考古發現談上海成陸年代及港口發展〉，《文物》，1976 年第 11 期，頁 45～55。

137. 黃盛璋撰，〈唐代礦冶分布與發展〉，《歷史地理》第七輯，頁 1～13。

138. 黃清連撰，〈高駢縱巢渡淮──唐代藩鎮對黃巢叛亂的態度研究之一〉，《大陸雜誌》，八○卷一期，民國 1990 年 1 月，頁 3～22。

139. 黃錫之撰，〈太湖障堤中吳江塘路的歷史變遷〉，《蘇州大學學報》，1988 年第 3 期，頁 112～114。

140. 張國剛撰，〈唐代藩鎮類型及其動亂特點〉，《歷史研究》，1983 年 4 期，頁 98～110。

141. 張學鋒撰，〈菰菜、蓴羹、鱸魚膾與吳人的鄉思〉，載江蘇省六朝史研究會編，《六朝史論集》（合肥，黃山書社，1993 年 9 月初版）。

142. 張澤咸撰，〈漢唐時期的茶葉〉，載《文史》，第十一輯（1981 年 3 月），頁 61～79。

143. 張澤咸撰，〈試論漢唐間的水稻生產〉，載《文史》，第十八輯，頁 33～68。

144. 張澤咸撰，〈唐代的誕節〉，《魏晉南北朝隋唐史資料》，第十一輯（1991 年 6 月），頁 129～137。

145. 張澤咸撰，〈唐代的五金生產〉，《新史學》，第二卷第三期，1991 年 9 月，頁 67～98。

146. 張劍光撰，〈唐代藩鎮割據與商業〉，《文史哲》，1997 年 4 月，頁 74～80。

147. 張劍光、鄒國慰撰，〈略論唐代環太湖地區經濟的發展〉，《蘇州大學學報》，1999 年 3 月，頁 98～105。

148. 張劍光、鄒國慰撰，〈唐五代環太湖地區的水利建設〉，《南京大學學報》，1999 年 3 月，頁 114～121。

149. 張偉然撰，〈唐人心目中的文化區域及地理意象〉，載李孝聰主編，《唐代地域結構與運作空間》（上海，上海辭書出版社，2003 年 8 月初版），頁 307～412。

150. 許輝撰，〈東晉、南朝前期徐、揚地區經濟的發展及其產生的影響〉，收入谷川道雄編，《日中國際共同研究──地域社會在六朝政治文化所起的作用》（日本，玄文社，1989 年 3 月初版）。

151. 郭正忠撰，〈吳畝、浙尺、湖步──唐宋之際太湖流域的特殊步畝與尺度〉，《浙江學刊》，1993 年 6 月，頁 65～69。

152. 郭黎安撰，〈魏晉隋唐之間江淮地區水利業發展述論〉，《江海學刊》（南京），1988 年第 3 期，頁 118～124。

153. 陳勇撰，〈唐代長江下游大地產的發展〉，《四川師範學院學報》，1996 年第 4 期。

154. 陳勇、劉秀蘭撰,〈唐後期長江下游戶口考〉,《中國史研究》,1997 年第 4 期,頁 84～97。

155. 陳勇撰,〈唐後期的人口南遷與長江下游的經濟發展〉,《華東師大學報》,1996 年第 5 期,頁 84～90。

156. 陳勇、黃修明撰,〈唐代長江下游的茶葉生產與茶葉貿易〉,《中國社會經濟史研究》,2003 年第 1 期,頁 11～22。

157. 陳雄撰,〈論隋唐宋元時期寧紹地區水利建設及其興廢〉,《中國歷史地理論叢》,1999 年第 1 期。

158. 陳鋒撰,〈試論唐宋時期漕運的沿革與變遷〉,《中國經濟史研究》,1999 年第 3 期,頁 83～93。

159. 陳仲安、牟發松撰,〈《隋書·地理志》州郡縣名便檢（州名編）〉,載《魏晉南北朝隋唐史資料》,第十六期（1998 年）,頁 223～268。

160. 陳尚君撰,〈唐詩人占籍考〉,收入《唐代文學叢考》（北京,中國社會科學出版社,1997 年 10 月初版）,頁 138～170。

161. 陳尚君撰,〈毛文錫《茶譜》輯考〉,收入《唐代文學叢考》（北京,中國社會科學出版社,1997 年 10 月初版）,頁 421～432。

162. 陳尚勝撰,〈唐代的新羅僑民社區〉,《歷史研究》,1996 年第 1 期,頁 161。

163. 陳衍德撰,〈唐代專賣收入初探〉,《中國經濟史研究》,1988 年第 1 期,頁 30。

164. 陳國燦撰,〈吐魯番出土漢文文書與唐史研究〉,收入黃約瑟、劉健明編,《隋唐史論集》（香港,香港大學亞洲研究中心出版,1993 年）,頁 295～301。

165. 陳橋驛撰,〈浙江省歷史時期的自然災害〉,《中國歷史地理論叢》,1987 年第 1 輯,頁 5～18。

166. 陳橋驛撰,〈古代紹興地區天然森林的破壞及其對農業的影響〉,載氏撰《吳越文化論叢》（北京,中華書局,1999 年 12 月初版）,頁 258～281。

167. 陳橋驛撰,〈古代鑒湖興廢與山會平原水利〉,載氏撰《吳越文化論叢》（北京,中華書局,1999 年 12 月初版）,頁 230～257。

168. 陳橋驛撰,〈《吳越春秋》及其記載的吳、越史料〉,載氏撰《吳越文化論叢》（北京,中華書局,1999 年 12 月初版）,頁 93～105。

169. 陳橋驛撰,〈浙東運河的變遷〉,載氏撰《吳越文化論叢》,頁 346～353。

170. 陳橋驛撰,〈歷史時期紹興城市的形成與發展〉,載氏撰《吳越文化論叢》,頁 354～380。

171. 陳橋驛撰,〈歷史時期西湖的發展和變遷〉,載氏撰《吳越文化論叢》,頁 106～118。

172. 童光俠撰，〈唐代陶瓷與陶瓷詩歌〉，《中國陶瓷工業》，第 6 卷 1 期（1999 年 3 月），頁 44～47。

173. 萇嵐撰，〈中國唐五代時期外銷日本的陶瓷〉，載《唐研究》第四卷（北京，北京大學出版社，1998 年初版）。

174. 馮漢鏞撰，〈唐宋時代的造船業〉，《歷史教學》，1957 年第 10 期，頁 10～14。

175. 楊志玖撰，〈試論唐代藩鎮割據的社會基礎〉，《歷史教學》，1980 年 6 期，頁 24～28。

176. 楊希義撰，〈略論唐代的漕運〉，《中國史研究》，1984 年第 2 期，頁 53～66。

177. 楊章宏撰，〈歷史時期嘉湖地區水利事業的發展與興廢〉《中國歷史地理論叢》，1986 年第 1 輯。

178. 斯波義信撰，郁越祖譯，盧雲校，〈長江下游地區的城市化和市場發展〉（摘譯），載復旦大學歷史地理研究所編，《歷史地理研究》第 1 輯（上海，復旦大學出版社，1986 年 5 月初版），頁 392～404。

179. 斯波義信撰，洪偶譯，〈長江下游城市化和市場的發展〉（摘譯），載復旦大學歷史地理研究所編，《歷史地理研究》第 2 輯（上海，復旦大學出版社，1990 年 9 月初版），頁 399～407。

180. 斯波義信撰，〈寧波及其腹地〉，載施堅雅主編，葉光庭等譯，陳橋驛校，《中華帝國晚期的城市》（北京，中華書局，2002 年 4 月初 版 2 刷），頁 469～526。

181. 詹宗佑撰，《《新唐書》史文校正整理初稿——紀、傳之部 1980～1999〉，《建國學報》第 19 期（2000～6）

182. 詹宗佑撰，《《新唐書》史文校正整理初稿——志之部 1980～2000〉，《建國學報》第 20 期（2001～6）

183. 詹宗佑撰，《《新唐書》史文校正整理初稿——表之部 1980～2000〉，《建國學報》第 20 期（2001～6）。

184. 虞浩旭撰，〈論唐宋時期往來中日間的「明州商幫」〉，《浙江學刊》，1998 年第 1 期。

185. 廖志豪撰，〈兩漢時期的蘇州〉，《蘇州教育學院學報》，1994 年 12 月，頁 51～54。

186. 蔡乃武撰，《《茶經‧四之器》質疑——兼論甌窯、越窯、邢窯及相互關係〉，《文物春秋》，1997 年增刊，頁 191～193。

187. 蔡乃武撰，〈越窯的燒造歷史及其範圍散論〉，《中國古陶瓷研究》（第五輯）（北京，紫禁城出版社，1999 年 11 月初版），頁 33～38。

188. 臧嶸撰，〈關於五代十國時期北方和南方經濟發展估價的幾點看法〉，收

入氏撰，《隋唐五代史論》（石家莊，河北教育出版社，2000 年 1 月初版），頁 326～333。

189. 樂祖謀撰，〈歷史時期寧紹平原城市的起源〉《中國歷史地理論叢》，1986 年第 1 輯。

190. 劉希為撰，〈隋唐交通的特點及其歷史地位〉，載中國唐史學會編，《中國唐史學會論文集》（西安，三秦出版社，1991 年 9 月初版），頁 213～228。

191. 劉淑芬撰，〈三至六世紀浙東地區的經濟發展〉，載氏撰，《六朝的城市與社會》（臺北，學生書局，1992 年 10 月初版），頁 195～254。

192. 黎虎撰，〈唐代的酒肆及其經營方式〉，《浙江學刊》，1998 年第 3 期。

193. 鄭建華撰，〈越窯貢瓷與相關問題〉，《紀念浙江省文物考古研究所建所二十週年論文集》，1999 年 1 期，頁 174～201。

194. 鄭建華撰，〈浙江青白瓷業遺址初論〉，《中國古陶瓷研究》（第五輯）（北京，紫禁城出版社，1999 年 11 月初版），頁 179～187。

195. 鄭學檬撰，〈唐五代太湖地區經濟試探〉，《學術月刊》，1983 年 2 期，頁 19～24。

196. 鄭學檬撰，〈五代時期長江流域及江南地區的農業經濟〉，《歷史研究》，1985 年 4 期，頁 32～44。

197. 鄭學檬撰，〈關于唐五代太湖地區社會經濟發展問題的再認識〉，收入《古代長江下游的經濟開發》，頁 81～91。

198. 鄭學檬撰，〈唐五代江南經濟研究述評〉，收入《中國唐史學會論文集》（西安，三秦出版社，1991 年 9 月），頁 73～83。

199. 鄭學檬撰，〈唐代、德兩朝黨爭和兩稅法〉，收入黃約瑟、劉健明編，《隋唐史論集》（香港，香港大學亞洲研究中心出版，1993 年），頁 76～83。

200. 鄭學檬撰，〈唐江南地區文化特色初論〉，收入《唐文化研究》（上海，上海人民出版社，1994 年 11 月初版），頁 73～85。

201. 鄭學檬撰，〈從《狀江南》組詩看唐代江南的生態環境〉，收入《唐研究》第一卷（北京，北京大學出版社，1995 年 12 月初版），頁 377～384。

202. 鄭學檬撰，〈唐五代長江中游經濟發展的新動向〉，收入《中國古代經濟重心南移和唐宋江南經濟研究》（長沙，岳麓出版社，1996 年 6 月初版），頁 177～192。

203. 鄭學檬撰，〈唐代江南文士群體初探（上）〉，收入朱雷主編，《唐代的歷史與社會》（武漢，武漢大學出版社，1997 年 4 月初版），頁 378～389。

204. 鄭學檬撰，〈唐代江南文士群體初探（下）〉，收入《中國前近代史理論國際學術研討會論文集》（漢口，湖北人民出版社，1997 年 5 月初版），頁 351～368。

205. 潘泰泉撰，〈唐代無錫〉，收入鄭學檬、冷敏述等主編，《唐文化研究論文

集》（上海，上海人民出版社，1994 年 11 月初版），頁 86～96。

206. 齊勇鋒撰，〈中晚唐賦入「止於江南八道」說辨疑〉，收入《唐史論叢》第二輯（西安，陝西人民出版社，1987 年 1 月），頁 80～100。

207. 瞿安全、楊小旻撰，〈《五代史》州郡縣名索引（州名編）〉，載《魏晉南北朝隋唐史資料》，第十六期（1998 年），頁 269～341。

208. 謝元魯撰，〈揚一益二〉，收入《唐史論叢》第三輯（西安，三秦出版社，1987 年 1 月），頁 231～273。

209. 謝純龍撰，〈隋唐早期上林湖越窯〉，《陶瓷研究》，《東南文化》，1999 年第 4 期，頁 97～101

210. 顏亞玉撰，〈唐中後期淮南農業的發展〉，《中國社會經濟史研究》，1984 年 4 期，頁 72～77。

211. 簡修煒、葛壯撰，〈六朝工商業與長江下游的經濟開發〉，收入《古代長江下游的經濟開發》（西安，三秦出版社，1989 年 8 月初版），頁 204～221。

212. 簡修煒撰，〈漢唐間生產關係的變革和六朝經濟的發展〉，《學術研究》，1994 年第 1 期，頁 86～93。

213. 藍勇撰，〈唐代氣候變化與唐代歷史興衰〉，《中國歷史地埋論叢》，2001 年 3 月，頁 4～15。

214. 韓茂莉撰，〈唐宋之際揚州經濟興衰的地理背景〉，《中國歷史地理論叢》，1987 年第 1 輯，頁 109～118。

215. 韓茂莉撰，〈宋代江南水稻的品種及其地埋分佈〉，《古代文獻研究集林》第 3 輯（1995 年 8 月初版），頁 195～203。

216. 韓國磐撰，〈五代時南中國的經濟發展及其限度〉，原刊《歷史教學》，1958 年 8 月號；收入氏撰，《隋唐五代史論集》（北京，三聯書店，1979 年 10 月），頁 234～266。

217. 韓國磐撰，〈隋唐五代時的生產力發展〉，收入氏撰，《隋唐五代史論集》（北京，三聯書店，1979 年 10 月），頁 88～132。

218. 韓國磐撰，〈唐代宣歙鎮之雄富〉，《江海學刊》，1992 年第 3 期。

219. 韓國磐撰，〈南北朝隋唐與百濟新羅的往來〉，《歷史研究》，1994 年第 2 期，頁 21～42。

220. 蕭夢龍撰，〈吳國青銅器的發展、特色、成就〉，《蘇州大學學報》（哲學社會科學版），1997 年第 1 期。

221. 魏明孔撰，〈略論唐代的手工業作坊與行會〉，《西北師範大學學報》，1989 年 2 月，頁 91～95。

222. 魏明孔撰，〈隋代的軍事手工業初探〉，載朱雷主編，《唐代的歷史與社會》（武漢，武漢大學出版社，1997 年 4 月初版），頁 304～316。

223. 魏明孔撰，〈隋唐手工業與居家飲食結構的改善〉，《首都師範大學學報》，1997 年 6 月。

224. 魏明孔撰，〈隋唐手工業與我經濟重心的南北易位〉，《中國經濟史研究》，1999 年第 2 期，頁 49～58。

225. 魏嵩山撰，〈杭州城市的興起及其城區的發展〉，《歷史地理》，第一輯（1981 年），頁 160～168。

226. 魏嵩山撰，〈丹陽湖區圩田開發的歷史過程〉，《歷史地理研究》，第一輯（1981 年），頁 146。

227. 魏嵩山撰，〈北宋以前江南地區的開發過程及其在全國經濟地位的歷史演變〉，收入《古代長江下游的經濟開發》，頁 1～17。

228. 譚其驤撰，〈海鹽縣的建置沿革、縣治遷移和轄境變遷〉《長水集》（續編）（北京，人民出版社，1994 年 12 月初版），頁 274～286。

229. 譚其驤撰，〈浙江各地區的開發過程與省界、地區界的形成〉，《歷史地理研究》（第一輯）（上海，復旦大學出版社，1986 年初版），頁 146。

230. 羅宗真撰，〈六朝時期全國經濟重心的南移〉，《江海學刊》，1984 年第 3 期。

231. 羅宗真撰，〈從出土的瓷器看唐代揚州的繁榮〉，《龍語文物藝術》，第 8 期（1991 年 8 月），頁 108～114。

232. 嚴耕望撰，〈景雲十三道與開元十六道〉，《中研院史語所集刊》三六本，1965 年 12 月，頁 115～121。

233. 嚴耕望撰，〈唐代紡織工業之地理分佈〉，原刊《大陸雜誌》第 13 卷第 17 期，後收入氏撰，《唐史研究叢稿》（香港，新亞研究所，1969 年初版），頁 645～656。

234. 嚴耕望撰，〈唐代揚州南通大江三渠道〉，《新亞學報》第 17 期（1994 年 8 月），頁 185～236。

235. 權奎山撰，〈關於唐宋瓷器上的「官」和「新官」字款問題〉，《中國古陶瓷研究》（第五輯）（北京，紫禁城出版社，1999 年 11 月初版），頁 222～229。

（二）日　文

1. 日野開三郎撰，〈五代鎮將考〉，《東洋學報》，第二五卷二號，頁 54～85，1938 年 2 月。

2. 周藤吉之撰，〈唐末淮南高駢の藩鎮體制と黃巢徒黨との關係について —— 新羅末の崔致遠の撰『桂苑筆耕集』を中心として ——〉，《東洋學報》，第六八卷第三、四號，頁 1～36，1987 年。

3. 伊原　弘撰，〈唐宋時代の浙江における都市の變遷 —— 宋平江圖解讀作業 ——〉，《中央大學文學部紀要》，史學科二四號，1979 年。

4. 伊原　弘撰，〈江南における都市形態の變遷──宋平江圖解析作業──〉，《宋代の社會と文化》，汲古書院，1983 年。

5. 佐藤武敏撰，〈敦煌發現唐水部式殘卷譯註──唐代水利史料研究の二──〉，《中國水利史研究》二，頁 42～56，1967 年。

6. 佐藤武敏撰，〈唐代地方における水利設施の管理〉，《中國水利史研究》三，頁 1～19，1967 年 12 月。

7. 青山定雄撰，〈唐宋時代の轉運使及び發運使〉，《史學雜誌》卷四四九，頁 295～326，昭和 8 年 9 月。

8. 高橋繼男撰，〈唐後半期に於ける度支使・鹽鐵轉運使系巡院の設置について〉，《集刊東洋學》三〇，頁 23～41，1973 年 12 月。

9. 高橋繼男撰，〈唐代後半期における巡院の地方監察業務について〉，收入《星博士退官紀念中國史論集》，頁 41～60，1978 年。

10. 高橋繼男撰，〈唐後半期，度支使・鹽鐵轉運使系巡院名增補考〉，《東洋大學文學部紀要》三九（史學科篇 11），頁 31～58，1986 年。

11. 高橋繼男撰，〈唐代後半期の度支・鹽鐵轉運巡院制に關する若干の考察〉，《第三屆中國唐代文化學術研討會論文集》（臺北，中國唐代學會出版，1997 年 6 月），頁 443～464。

12. 宮崎市定撰，〈部曲から佃戶へ（上）（下）──唐宋間社會變革の一面一〉，《東洋史研究》，二九卷四號，頁 30～65，1971 年 3 月；三〇卷一號，頁 1～32，1971 年 6 月。

13. 宮薗和禧撰，〈唐代における造船所の分佈について──特に木材との關連において──〉，《九州共立大學紀要十三卷一號》，頁 33～57，1978 年 12 月。

14. 堀　敏一撰，〈藩鎮親衛軍の權力構造〉，《東洋文化研究所紀要》二〇，頁 75～149，1960 年 3 月。

15. 愛宕　元撰，〈唐代の揚州城とその郊區〉，收入梅原郁編，《中國近世の都市と文化》（京都大學人文科學研究所，1984 年 3 月），頁 247～288；修訂後收入氏著，《唐代地域社會史研究》（京都，同朋舍出版，1997 年 2 月），頁 357～413。

16. 愛宕　元撰，〈唐代州縣城郭の規模と構造〉，載《第一屆國際唐代學術會議論文集》（臺北，學生書局，1989 年 28 月初版），頁 647～695。

17. 礪波　護撰，〈唐宋時代における蘇州〉，收入梅原郁編，《中國近世の都市と文化》（京都大學人文科學研究所，1984 年 3 月）。

四、學位論文

1. 王怡辰撰，《中晚唐榷鹽與政局的關係》，臺北，中國文化大學史研所碩士論文，1989 年 6 月，336 頁。

2. 朱祖德撰，《唐代淮南道研究》，臺北，中國文化大學史研所碩士論文，1997 年 6 月，329 頁。

3. 林政忠撰，《唐代的商人——並論政商關係》，臺北，中國文化大學史學所碩士論文，1997 年 12 月。

4. 林思綺撰，《春秋末年的吳楚關係》，臺北，國立師範大學歷史所碩士論文，1997 年。

5. 周義雄撰，《五代時期的吳越》，臺北，中國文化大學史學所碩士論文，1995 年 6 月，220 頁。

6. 邵承芬撰，《唐代江南道研究——以經濟發展爲探討重心》，臺北，中國文化大學史學所博士論文，2004 年 6 月，335 頁。

7. 俞坦濬撰，《北宋前期太湖流域賦稅之研究（西元 978～1067）》，臺北，中國文化大學史學所碩士論文，1987 年。

8. 桂齊遜撰，《唐代河東軍研究》，臺北，中國文化大學史研所碩士論文，1991 年 6 月，472 頁。

9. 桂齊遜撰，《唐代「判」的研究——以唐律與皇權的互動關係爲中心》，臺北，中國文化大學史研所博士論文，1996 年 6 月。

10. 陳欽育撰，《唐代茶葉之研究》，臺北，中國文化大學史研所碩士論文，1988 年 6 月，268 頁。

11. 陳瑋靜撰，《唐代長江中下游地區瓷器手工業之研究》，臺北，中國文化大學史研所博士論文，2001 年 3 月。

12. 黃嵐鎔撰，《中國中古時期錢塘江流域開發研究》，嘉義，國立中正大學歷史研究所碩士論文，2003 年 6 月。

13. 張雲撰，《春秋時代的吳國》，臺北，臺灣大學史研所碩士論文，1993 年。

14. 張恩賜撰，《宋代淮南兩浙行政區劃及其人口升降》，臺北，中國文化大學史學研究所碩士論文，1968 年，74 頁。

15. 康才媛撰，《唐代越窯青瓷的研究》，臺北，中國文化大學史學所博士論文，1997 年 6 月。

16. 楊淑洪撰，《唐代漕運運輸之研究》，臺北，中國文化大學史研所博士論文，1994 年 6 月，388 頁。

17. 鍾快鳴撰，《唐代東南地區經濟開發的研究》，臺北，政治大學歷史研究所碩士論文，1977 年 6 月。

18. 顧立誠撰，《唐宋之際自北向南的移民與其影響》，臺北，國立臺灣大學歷史學研究所碩士論文，2002 年 6 月。

19. 魏嚴堅撰，《安史亂後唐代鹽業之發展——以江淮地區爲重心》，臺中，東海大學歷史研究所碩士論文，1987 年。